基于主-客观安全性的云南高速公路运营风险评估技术与对策

张开文 和永军 王晓安 杨 俊 高玉慧 等 著

人民交通出版社

北 京

内 容 提 要

本书通过对基于主-客观安全性的云南高速公路运营风险评估技术与对策进行研究，建立了一系列科学、有效、实用的高速公路主-客观安全性关系模型、方法和体系，能够用于尽早发现和消除对运营安全性有影响的危险隐患因素，为高速公路的安全性养护管理、事故多发路段改善对策提供科学依据。

本书对于从事我国高原、山区公路设计、施工和科研工作具有重要借鉴价值，亦可供相关大中专院校师生参考使用。

图书在版编目(CIP)数据

基于主-客观安全性的云南高速公路运营风险评估技术与对策／张开文等著.—北京：人民交通出版社股份有限公司，2024.6
ISBN 978-7-114-19552-5

Ⅰ.①基… Ⅱ.①张… Ⅲ.①高速公路—交通运输管理—运营管理—风险评价—研究—云南 Ⅳ.①F542.874

中国国家版本馆 CIP 数据核字(2024)第 106865 号

Jiyu Zhu-Keguan Anquanxing de Yunnan Gaosu Gonglu Yunying Fengxian Pinggu Jishu yu Duice

书　　名：	基于主-客观安全性的云南高速公路运营风险评估技术与对策
著　作　者：	张开文　和永军　王晓安　杨　俊　高玉慧　等
责任编辑：	黎小东　朱伟康
责任校对：	孙国靖　卢　弦　刘　璇
责任印制：	刘高彤
出版发行：	人民交通出版社
地　　址：	(100011)北京市朝阳区安定门外外馆斜街3号
网　　址：	http://www.ccpcl.com.cn
销售电话：	(010)59757973
总　经　销：	人民交通出版社发行部
经　　销：	各地新华书店
印　　刷：	北京市密东印刷有限公司
开　　本：	710×1000　1/16
印　　张：	24.75
字　　数：	418千
版　　次：	2024年6月　第1版
印　　次：	2024年6月　第1次印刷
书　　号：	ISBN 978-7-114-19552-5
定　　价：	150.00元

(有印刷、装订质量问题的图书，由本社负责调换)

《基于主-客观安全性的云南高速公路运营风险评估技术与对策》

编写人员

主　　编： 张开文　和永军　王晓安　杨　俊　高玉慧

参编人员： 杨　童　李志中　蒙　奕　马　聪　张　云
　　　　　　傅　蕊　熊蓝青　计　斌　王　璐　张春文
　　　　　　何　磊　桑　东　尹睿祺　徐　民　陈　瑶
　　　　　　赵　伟　李昊明　赵鹏燕　赵志攀　张为猛
　　　　　　吴　瑾　毛肖杰　郭　季　朱云波　彭国栋
　　　　　　刘　宇　张　艳　侯效伟　张　翔　常国威
　　　　　　刘　兵　肖兰波　昂洪生　陈金宏　马致鹏
　　　　　　汪　杰

前　言

在以云南为代表的高原地区，大量高速公路穿越高山峡谷地带。受地形、地貌、气候条件、经济条件制约，连续长陡下坡路段、连续弯道、桥隧连续相接，给云南省公路建设和安全保障带来诸多不利影响。高速公路安全隐患突出和易于暴露，交通事故多发路段危险程度高。只有有效降低交通事故数和危险程度，高速公路才能真正发挥经济桥梁作用。

高速公路运营安全性与公路用户的交通行为直接相关，而交通行为又与高速公路客观运营环境，包括道路几何线形、交通管制设施、天气特征及管理方式等有关。以往针对道路交通安全的研究只注重分析用户主观交通行为或客观运营环境的单一特征，忽视了道路交通系统中主-客观因素组合影响效果评价。本书通过对基于主-客观安全性的云南高速公路运营风险评估技术与对策进行研究，建立了一系列科学、有效、实用的高速公路主-客观安全性关系模型、方法和体系，用于尽早发现和消除对运营安全性有影响的危险隐患因素，为高速公路安全性养护管理、事故多发路段改善对策提供科学依据。

本书共分为6章。第1章绪论，分析了国内外高速公路安全评价、高速公路运营环境、生理心理反应测试、高速公路安全性改善研究现状，列出了本书主要内容。第2章高速公路客观运营环境及安全性评价，通过对高速公路客观运营环境的研究，提出了高速公路客观安全性指标和客观风险评估模型。第3章高速公路用户感知及主观安全性评价，通过对高速公路用户运营环境感知的研究，提出了高速公路用户主观安全性评价模型。第4章基于主-客观安全性的运营风险评估与管理，通过研究分析高速公路主观安全性与客观安全性变化对高速公路实际安全状态的影响及发展规律，提出了用于评价高速公路运营安全性的事故率分析指标；在此基础上，提出了基于高速公路主-客观安全性的养护管理指标及评价方法。第5章高速公路运营风险评估技术与改善，分别对高速公路定期安全性评价、高速公路运营风险分析、高风险路段静态改善对策、高风险路段动态预防技术、改善措施后评价进行了研究。第6章工程应用，分别以云南保龙、元磨、昆石、罗富四条高速公路为依托，对高速公路客观安全性评价和主-客观安全性综合评价应用示范成果进行了介绍。

本书依托交通运输部西部交通建设科技资金课题"基于主-客观安全性的云南高速公路运营风险评估技术与对策"（项目编号：2009318791034）和云南省交通科学研究院有限公司自主立项科研项目"公路运营安全风险评估技术和重大自然灾害下应急保障关键技术应用研究"（项目编号：JKYZLX-2023-18）的研究成果编写而成。本书对从事高原及山区高速公路设计、施工、运营管理等科研人员具有一定的借鉴价值。

由于编写人员水平有限，书中难免存在不足和疏漏之处，敬请读者批评指正。

作　者

2024年3月

目 录

第1章 绪论 ··· 1
1.1 概况 ··· 1
1.2 国内外研究现状 ··· 2
1.3 本书主要内容 ··· 20

第2章 高速公路客观运营环境及安全性评价 ··· 23
2.1 高速公路客观运营环境分析 ··· 23
2.2 高速公路客观安全性指标 ··· 56
2.3 高速公路客观风险评估模型 ··· 95
2.4 本章小结 ··· 124

第3章 高速公路用户感知及主观安全性评价 ··· 126
3.1 高速公路用户运营环境感知 ··· 128
3.2 高速公路用户主观安全性评价模型 ··· 162
3.3 本章小结 ··· 209

第4章 基于主-客观安全性的运营风险评估与管理 ··· 210
4.1 高速公路主-客观安全性关系模型 ··· 210
4.2 高速公路运营风险评估方法 ··· 225
4.3 本章小结 ··· 235

第5章 高速公路运营风险评估技术与改善 ··· 236
5.1 高速公路定期安全性评价 ··· 236
5.2 高速公路运营风险分析 ··· 256
5.3 高风险路段静态改善对策 ··· 263
5.4 高风险路段动态预防技术 ··· 286
5.5 改善措施后评价 ··· 320
5.6 本章小结 ··· 341

第6章　工程应用·································· 342
6.1　依托工程情况······························ 342
6.2　高速公路客观安全性评价·············· 345
6.3　高速公路主-客观安全性综合评价··· 363

结语·· 384
参考文献······································ 386

第1章 绪 论

1.1 概 况

云南高原山区地形、地貌、地质条件复杂,气候多变,经济发展基础较为滞后。公路建设环境基础条件薄弱,穿越高山峡谷地带,成本造价高等因素,导致云南高速公路线形设计受限,连续长陡下坡路段、连续弯道、桥隧连续相接。如元磨高速公路全长147.37km,有桥梁456座、隧道30座,最大纵坡6%,最长的一个连续坡有将近30km长。罗富高速公路穿越峡谷地带,全长79.3km,有特大桥93座、中小桥43座、隧道10座。岩河隧道至者桑段(K36+375~K27+110)全长9.265km,落差416.43m(高程811.00~394.57m),平均纵坡度大于4.5%,最大纵坡度6%,最小曲线半径430m。地形、地貌、工程环境条件、经济条件的限制,给云南省公路建设和安全保障带来诸多制约因素,加之驾驶人违法超载、超限严重,超速行驶等危险驾驶行为,常常导致道路安全隐患突出和易于暴露,交通事故频发。以元磨高速公路为例,该公路大风垭口至红光农场段为长约27km的陡坡路段,海拔高差1010m,最大纵坡6%,自建成通车以来交通事故数量超过千起,给当地经济和社会发展带来严重影响。为了保证高速公路安全运营,有效减少交通事故的不利影响,对基于主-客观安全性的云南高速公路运营风险评估技术与对策进行研究十分必要。

本书旨在建立一系列科学、有效、实用的高速公路主-客观安全性关系模型、方法和体系,用于尽早发现和消除对运营安全性有影响的危险隐患因素,为高速公路的安全性养护管理、高风险路段改善对策提供科学依据。基于主-客观安全性的云南高速公路运营风险评估技术与对策,可应用于山区高速公路安全运营风险识别、评估和相应对策措施的制定,其技术可应用于公路养护阶段、高风险路段整治阶段,对预防和减少交通事故危害具有重要意义。只有有效降低交通事故数和危险程度,高速公路才能真正发挥经济桥梁作用,造福于当地百姓,推动地方经济高速发展和维护社会稳定。

1.2 国内外研究现状

道路交通安全风险评估贯穿于道路设计、施工、运营及管养全过程,不同阶段道路交通安全分析与评价的目标和内容不尽相同。因此,各阶段都需要选择有针对性的交通安全分析与评价方法。近年来,国内外学者在运营公路的主观性安全影响因素及客观感知等方面开展了大量研究,针对运营公路的交通安全分析与评价方法已形成较为成熟的理论模型。现有研究多从高速公路运营环境、人体反应及公路改善技术这几个方面着手,具体研究情况如下。

1.2.1 高速公路安全评价的发展

1.2.1.1 国外研究发展

1987年,英国运输部提出要在2000年使交通事故减少1/3,于是在1988年颁布的一项法律中规定,所有道路权力机构必须采取必要的措施去降低新建道路的交通事故隐患。1989年,英国出版第一部行车安全评价的指导性文件《道路安全评价字典与实践》;1990年,英国率先出版了《道路安全评价指南》。

随后,澳大利亚开始采用行车安全评价技术。1991年,新南威尔士道路管理部门颁布了《道路安全评价手册》。1994年,维多利亚州道路管理部门出版了《道路安全评价》,书中给出了关于行车安全评价程序完整的实践指南,同时也列出了随后被各个国家广泛采用的安全评价表,是一部关于行车安全评价的系统性文献。

美国提出行车安全评价的概念虽然晚于欧洲,但其相关工作却早已在进行。这些相关工作主要有微观行车安全评价模型的研究、危险区段的识别与改造、各种交通设施的安全性能分析等。美国联邦公路局(FHWA)还专门组织开展了针对道路安全的系统性研究,并于2000年推出交互式公路安全设计模型(IHSDM)测试版,作为实施道路安全评价的辅助决策平台。

德国道路与交通研究协会于 2002 年 8 月发布《道路安全评价建议》,作为全国范围内开展道路安全评价工作的指南。德国的道路安全评价系统与美国的 IHSDM 有着完全不同的思路,它既未建立复杂的数学模型,也不依赖于计算机程序,而是纯粹从实用出发,根据以往针对道路交通事故特点和规律的大量研究成果,提出了一份详细的评价清单,供评价人员使用。相应的改善措施则是以照片的形式给出。

研究表明,公路安全评价可有效地预防交通事故,降低交通事故率及严重程度,减少公路开通后运营管理费用。根据已开展安全评价的国家统计结果,安全评价的回报率是其投入的 15~40 倍。

随着交通信息采集技术的发展,国外学者开始从微观层面就道路自身因素对交通安全的影响开展了大量研究。Zegeer 等就断面布置对道路安全的影响进行了分析。Squiresbg 比较了不同中央分隔带类型的事故率。Krammes 分析了线形设计连续性对交通安全的影响。Babkov 认为,要得到安全的道路线形,一个线形单元与其连续的线形单元运行车速的差值不应超过后者的 15%。Lamm 等分别提出了基于运行车速与设计车速相关的道路线形设计安全性评价方法和基于运行车速变化的道路线形均衡性评价方法。20 世纪 70 年代,Yu Jason 建立了一个基于车速和受伤人数的道路安全水平指标。在 Yu Jason 的研究成果基础上,Kaub 建立了一个基于受伤风险的道路安全服务水平等级模型。Spring 研究了采用地理信息系统(GIS)确定事故多发位置的方法。美国联邦公路局将 GIS 与安全分析技术进行整合,开发了基于 GIS 的道路安全分析软件。

目前,国外交通安全评价的主要方法包括相对事故率法、时间序列分析法、回归分析法、系统分析法和交通冲突法等。这些方法均是基于大量事故统计资料,对影响交通安全的因素进行定性分析。然后,运用一定的数学理论建立交通事故与各因素之间的定量关系,来反映道路交通安全水平。例如 R. J. Smeed 教授根据欧洲 20 个国家 10 余年的交通事故资料,通过对事故次数与机动车及人口数量进行回归分析,建立了斯密德模型。苏联巴布可夫教授提出的"事故率系数法"采用系统分析的方法,分析各种道路因素与事故之间的关系,得出各种道路因素对交通安全的影响系数,将某路段上各种道路因素安全系数的乘积作为路段的安全系数进行道路安全评价。

总的来说,国外对于交通安全评价的研究较早,已经从最初的绝对数字指标模式转换为相对数字指标和评价模型方式,基本建立起完整的道路交通安全评价指标体系以及各阶段的安全评价方法。

1.2.1.2 国内研究发展

我国国内开展道路交通安全评价始于20世纪80年代末,相比于国外发达国家来说起步稍晚,经过了事故统计分析、交通安全评价、交通事故预测、交通事故预防四个阶段。在发展过程中,产生了事故绝对数法、相对事故率法、层次分析法、模糊评价方法、模型法、事故强度分析法、质量控制法、冲突点法等一系列行车安全水平和管理水平评价方法。

20世纪90年代,我国借鉴国外道路安全评价技术,开展了新疆国省道干线公路安全评价程序和道路事故黑点鉴别方法研究,提出了道路安全问题严重程度的分级指标,制定了适合新疆地区的道路安全评价组织形式与步骤,提出了事故频率累计曲线的新黑点鉴别方法。目前,道路安全评价技术和事故黑点鉴别技术在我国逐步得到推广应用,很多公路在设计阶段即通过安全评价,修改不合理的设计方案,在运营阶段通过定期安全评价与黑点鉴别,及时发现安全问题并进行改善,有效提高了公路交通安全水平。

2000年,冯桂炎主编的《公路设计交通安全审查手册》一书出版。该手册从安全的角度对相关规范进行了重新审视,对确保设计安全质量和完善设计方案具有一定的借鉴作用。2004年,刘运通编写的《道路交通安全指南》出版。该指南从道路交通事故、道路安全核查和交通安全保障三个方面,对道路交通安全项目的理论和方法进行了阐述,提出了道路安全核查理论体系,建立了四项理论体系,分别为交通事故研究体系、交通安全的仿真研究体系、人/车单元的试验研究体系和其他安全性能指标的研究体系,并对道路交通安全的评价方法和研究体系做出了总结阐述。

2004年,交通部颁布了《公路项目安全性评价指南》(JTG/T B05—2004),这是我国第一部在全国范围内广泛实施的道路安全评价规范性文件。该指南在交通事故与公路几何指标、交通事故与运行车速及公路几何指标与运行车速关系方面做了更进一步的研究,给出了运行车速计算方法、路侧净空区宽度计算方法等定量分析方法,并提出了高速公路和一级公路安全评价的内容、方法和标准,为我国公路交通安全评价提供了根本依据。

在安全评价研究体系基本构成之后,国内学者对道路交通安全展开了全面的研究。刘涛等对国内外道路交通安全水平的评价和预测方法进行了对比和分析,提出了适合目前国内现阶段管理体制的评价和预测方法。该方法采用模糊评价综合模式计算评价目标区各评价指标最大概率所对应的等级,通过层次分析计算各指标间的权重系数,在此基础上计算得到区域道路交通安全的综合评价指标,即道路安全指数。朱中等就道路交通安全多层次灰色关联综合评价进行了研究,提出了基于事故率水平、车辆性能及使用水平、道路安全管理水平的多层次灰色关联评价模型。陈永胜对高速公路的安全设计理论进行了探讨,提出了道路设计安全水平的量化指标。邹健就道路线形设计对交通安全的影响及改善措施进行了探讨。梁夏采用改进的前后分析法对高速公路线形组合的安全性进行了分析。李世武等依托吉林省交通厅科技发展计划项目,建立了高等级公路路侧景观对交通安全影响的综合评价方法,利用加权平均的方法将专家咨询和模糊一致矩阵评价方法相结合,建立了高等级公路全线路侧景观对交通安全影响的综合评价模型,并验证其可行性和有效性。范翔等通过对山区公路的事故特征以及相应的公路与环境特征的总结,利用事故黑点鉴别方法对山区公路适用性进行分析,提出了适合山区公路的基于事故次数指标的非定长分段法,并通过对比山区公路与一般公路的交通安全影响因素,建立了山区公路模糊综合评价指标体系。徐道涵等对双车道公路线形进行了安全评价研究,揭示了线形一致性和速度连续性的内在关系。

通过对国内外高速公路安全评价发展历程的梳理,可以发现,目前我国对交通安全评价体系还缺乏系统研究,绝大多数科研机构只是研究和探索了系统的方法与模型,符合我国国情的道路交通安全评价成熟体系尚未建立。

1.2.2 高速公路客观环境

道路交通的客观运营环境及客观安全性的概念在国内外相关文献中早有阐述,相关研究主要有以下几个方面。

1.2.2.1 特定路段

对各类特定的路段进行交通安全研究是开展最早,也是最常进行的一项研究。事故在直线、曲线等特定道路线形上的分布情况,事故与交通量、运行车速之间的关系,以及死亡率、事故率、路面摩擦力、路侧环境、视距之间的相互关系等,都是研究的重要内容。

在道路线形研究中,Krammes 等分析了线形设计的连续性对交通安全的影响。Vogt 等建立了双车道基本路段和平面交叉的事故模型,进一步表明道路平纵线形严重影响路段上的事故数。陈富坚等引入可靠性设计理念,针对公路平曲线半径和长大下坡路段的坡长,根据可靠度及可靠指标数学模型的求解,提出选用解析法或蒙特卡洛法进行计算的可靠性设计方法。邹健等就道路线形设计对交通安全的影响及改善措施进行了探讨。梁夏等采用前后分析法对高速公路线形组合的安全性进行了分析。关于路面状况,Craus 等检验了路面表面状况对交通事故的影响效果,结论是这两个变量之间没有显著的单方面联系。Robert B. Noland 通过对美国 50 个州 1984—1997 年这 14 年间的道路和事故资料进行统计,研究了不同的道路条件,如道路长度、不同等级路面的摩擦系数、车道数等对事故伤亡的影响。Karlaftis 等的研究结论为,车道宽度和路面状况因素(路面服务能力指数、路面类型和摩擦力)是影响双车道公路事故率的最重要变量。

1.2.2.2 交通设施

相比于特定路段,道路标志、标线、护栏、可变信息标志等也会对道路交通安全产生一定影响。我国对道路交通设施开展了相关研究,涵盖交通设施性能研究、设置原则研究、安全影响研究等方面,研究内容包括视认性、识别性、防护性、诱导性等。

交通运输部公路科学研究院开展了标志标线材料特性与功能研究、标志标线设置原则研究、护栏防护性能研究、新材料的开发等,制定了相应的行业标准;在安全保障工程实施过程中,针对一般公路制定了《公路安全保障工程实施技术指南》。王忠对交通标志对交通安全的影响进行了研究。张殿业进行了道路标线对驾驶行为模式的影响研究。同济大学在高速公路可变信息标志实时发布信息安全预测与控制方面做了深入研究。王跃辉对基于交通安全的指路标志位置确定及调查方法进行了研究。赵仕林提出了交通安全设施组合方案效用评价体系,依据定额标准法确定了评价指标的定量标准,并建立了交通安全设施组合方案效用的熵权物元评价模型。

1.2.2.3 自然环境

我国西部山区气候变化大,高速公路道路线形复杂,高危路段较多。通过辨识山区高速公路行车环境风险,可以有效预防交通事故的发生。胡立伟等通过分析山区高速公路行车环境因素(包括道路环境因素、交通环境因素、自然环境因素),采用最小割集、模糊失效概率分析、贝叶斯网络模型等方法,证明了道路环境因素危害重要度最高,是导致山区高速公路交通事故的重要中间事件。陈坚等通过机器学习算法,建立了环境因素对城市道路交通事故严重程度影响的分析模型,得出了建成环境变量对事故严重程度有较大影响的研究结论。任强研究了河南省高速公路的交通事故时间分布规律、气候分布规律和形态分布规律,对河南省高速公路交通事故成因进行了分析,确定了河南省高速公路交通事故的多发位置,并依据分析结果提出了相应的改造措施。

杨晋辉等将灰色理论应用到天气与交通事故的分析中,以北京市 1987—1994 年的统计资料为例,计算得出交通事故与雨、雪、雾、大风的关联度分别为 0.8800、0.8714、0.8709 和 0.8712,说明天气对交通事故的发生趋势有一定的影响;进一步研究发现,不同降雨强度下,中雨时段与交通事故关联度最大。Schlosser 等研究了 1965—1966 年所有发生在荷兰道路上的雨天事故,研究表明,随着抗滑值的下降,事故率呈指数型增加。美国学者对不同环境下的行车危险性进行了研究,发现冰雨对安全性的影响最大,其次为雾、雪和结冰道路,雨和大风的影响相对较小。Schuize 等研究了德国的交通事故,认为雨天发生事故的百分率与车辆制动系数之间存在非线性关系。Burchett 等在美国肯塔基州进行了雨天事故研究,结果表明,路面摩擦力的降低会使交通事故显著增加,且用线性相关拟合交通事故与抗滑能力之间的关系相较于其他函数拟合具有更好的效果。日本学者统计分析了 1992 年、1993 年本国高速公路事故数与雨天、超速和夜间交通的关系,表明与雨天有关的事故数约占 40%。赵成涛针对交通环境这一影响因素,采用专家打分法、层次分析法确定了其安全评价指标权重,并结合物元-可拓模型提出了城郊地区高等级道路的安全评价系统。SKUMA 等考虑了道路情况在内的 11 个因素,对印度的交通事故严重程度进行了对比分析。

1.2.2.4 客观环境分析

道路安全评价的核心是审查道路与交通工程项目或其他与道路安全有关的项目在其规划、设计、施工、运营及养护过程中,是否保证了以最小的项目经费得到最大的交通安全度。

由于我国机动车的普及晚于发达国家,因此国内对道路交通安全的研究起步也相对较晚。但是由于国内严峻的道路交通安全形势,研究工作进展迅速,在道路交通安全各相关领域都有突破性成果。我国的道路交通安全评价研究起步于 20 世纪 90 年代中期,提出的众多方法可以归纳为四种——经验法、强度法、统计法和灰色评价法。1994 年,刘士奇等对公路交通安全指标体系进行了探讨,给出了一种适用于我国交通特点的公路交通安全评价指标体系和一种综合评价模式;同年,陈荫三等运用模糊综合评判、层次分析法和专家咨询法相结合的方法,提出了一种高等级公路安全保障的分析和评价方法。1995 年,刘运通对我国道路交通安全的宏观评价状况及方法进行了总结,指出了存在的问题,并提出了解决这些问题的思路;同年,罗江涛等在研究国内外道路交通安全评价方法的基础上,运用灰色系统理论建立了道路交通安全灰色评价方法,经实践检验,该方法较适合于我国的交通管理特点,具有一定的准确性。

近几年,道路交通安全评价相关研究在我国获得广泛关注。交通运输部公路科学研究院、同济大学、长安大学、北京交通大学、北京工业大学等科研机构相继开展了这方面研究,在发展已建立方法的基础上,还结合我国交通特点,提出了道路交通安全多层次灰色关联综合评价方法、道路交通安全等级评价方法、基于量化理论的高速公路交通安全评价模型、交通安全系统的模糊综合评价方法等新的方法和理论。另外,我国也对《公路项目安全性评价指南》(JTG/T B05—2004)进行了修订,并更名为《公路项目安全性评价规范》(JTG B05—2015)。

1.2.2.5 事故致因分析

沈斐敏利用非线性科学领域的突变论分析交通事故致因,构建了交通事故致因的突变模型,给出了交通事故突变模型的势函数形式。李金龙等从人、车、路、环境四个方面着手,运用层次分析法建立了事故因素结构模型。胡光辉等指出,交通事故是由人、车、路、环境构成的动态交通系统某个环节上的失调所引起,或者是由人、车辆、道路、气候等方面因素综合作用的结果。裴玉龙等通过分析道路线形设计要素(包括平面、纵断面、横断面和交叉口)与道路交通事故的关系,得出平曲线半径、曲线转角、竖曲线半径、车道数、路肩宽度与结构、路基高度与坡度、交叉口类型等道路因素与事故率之间的关系。

蔡家明等运用灰色关联分析法,从定量的角度对国内1996—2001年间的交通事故数据进行了分析,得出机动车驾驶人和车辆机械故障是事故发生的主要原因这一结论。崔亚萍通过建立层次分析模型,分析了交通事故发生的原因,得出的结论是驾驶人因素是影响交通事故的最大因素,其中酒后驾驶、疲劳驾驶、违章驾驶和非机动车与行人违章是造成交通事故最主要的因素,在开展交通事故预防工作时,应着重加强对这些因素的预防和管理。柴干等运用对应分析法,建立了公路事故黑点成因分析模型,通过对应分析图直观描述事故黑点的成因。应用对应分析可以直接准确得出,形成干线公路事故黑点的主要因素为超速行驶,同时揭示了超速行驶的根本诱因是脾气暴躁。程瑞等研究了导致路侧事故高风险的前10种显著性因素,其中前两种因素与驾驶人特性相关。由此可见,驾驶人的主观感受也是影响公路运营安全的重要因素。

1.2.3 驾驶人主观影响

1.2.3.1 生理负荷

国内外主观安全研究常用的评价技术有生理测量和主观评价等。生理测量技术即通过测定作业者在进行指定作业过程中出现的生理反应来间接地评价负荷,常用的生理指标有心率、血压、瞳孔直径、脑电波和事件相关电位等。

主观评价技术即由作业者根据主观感受来评价脑力负荷,通常包括心理需求、任务难度和时间压力等方面。生理心理学家们在研究人的生理变化时,记录了六种主要的生理反应和五种次要的生理变化,六种主要的生理反应是心率、血压、血容量、皮肤电位、肌电和脑电波,五种次要的生理变化为呼吸、体温、唾液、瞳孔和胃动。

驾驶人生理反应指标法是以往在分析道路条件对驾驶人主观感受的相关研究中最为常用的一种方法。它主要通过驾驶人生理反应变化来衡量驾驶人的驾驶安全水平。该理论认为,在行驶过程中,驾驶人对外界安全感的变化会引起其神经情绪的变化。安全感较高,精神情绪比较放松;安全感较低,精神则比较紧张。这种情绪的变化在医学上可以通过人的某些生理指标的变化来反映,并且这种生理变化和行为反应是当事人无法控制的。驾驶人紧张时,肾上腺素分泌增加,引起心跳和呼吸加快、血压升高、血糖含量增加等变化,这样能充分调动驾驶人的潜能来应付环境变化。因此,驾驶人生理反应的变化能够衡量道路主观安全水平。驾驶人精神情绪比较放松时,负荷值低,则安全感较高;反之,精神比较紧张时,负荷值高,则安全感较低。

1. 心电与脑电

心电信号不仅在医疗临床上已有相当长的应用历史,而且从20世纪60年代开始,Kalsbee等就将其应用于研究正常人的心理紧张或心理负荷。其后,心电图用于正常人的心理紧张、精神负荷或工作负荷方面的研究增多。道路交通研究人员曾用心、脑电图对比驾驶人在不同交通状况下的心理反应情况。日本从20世纪70年代末开始,陆续有学者用主要测试包含心率、血压等在内的生理指标的多通道生理记录仪,研究驾驶人在驾车时的劳动负荷和心理负荷与交通安全之间的关系。Yajima等搜集了白天10h驾驶和连续24h驾驶实验中驾驶人的生理心理反应数据,研究了驾驶人的疲劳特性。李卿等利用多通道生理记录仪研究驾驶人行车时心率、血压变动情况。Brookhuis等用心电图结合脑电图分别研究了在城市拥挤的快速环线和畅通无阻的高速公路上行车时驾驶人的心理压力,研究表明,心电比脑电更能准确反映驾驶人的驾驶心理。郑柯等研究了公路线形结构参数对驾驶人心率增量的影响,验证了部分线形结构参数与驾驶人生理指标之间的响应关系。张开冉以心率和心率增量测试为基础,分析了两种典型情况下低驾龄驾驶人的紧张特性,有超车影响下低驾龄驾驶人普遍紧张,雨天行车时低驾龄驾驶人也表现出紧张且车速下降。乌日娜以林区公路为研究对象,发现纵坡坡度和行驶速度都会对驾驶人心率变化率产生较大影响,空载直线上下坡时坡度影响大过速度,重载上下坡时速度影响大过纵坡。姚娜等通过监测驾驶人途经道路事故多发点时的心率变化、行车速度和驾驶人周围环境参数,研究驾驶人紧张度与交通事故之间的关系。杨渝书等采集了 16 名被测试者在实验室模拟驾驶操作 90min 时的心电信号,并对实验开始和结束时的 15min 时段心电信号的 7 项时频域指标进行分析,发现有 4 项心电时频域指标与疲劳程度明显相关。龙伟峰采用心率变异频域分析对驾驶人工作负荷进行研究,建立了驾驶人工作负荷与道路线形之间的关系模型,提出山区公路半径阈值,并通过具体实例验证其正确性。刘建蓓以驾驶人的心跳间隔变化率为评价指标进行疲劳研究,采用受试者工作特征曲线确定疲劳时间点,建立了驾驶人疲劳的二元 Logit 模型。

  脑电研究涉及神经生理学、心理学、认知神经科学乃至社会心理学、信息与信号处理等诸多领域。脑电信号是一种生理电信号,具有很强的随机性。脑电波的节律种类繁多,不同情绪、心理活动或外界刺激都会影响脑电波的变化。因此,脑电信号能直观反映人脑的生理活动。疲劳参数定量分析为驾驶人疲劳程度判别和分类提供了坚实的基础,早期基于脑电的疲劳驾驶研究主要是对脑电波与疲劳驾驶二者关的系进行初探。Torsvall 等把脑电图应用于道路交通中驾驶人瞌睡与事故之间关系的研究。Kecklund 用脑电图研究了夜间长距离卡车驾驶中瞌睡与生理、心理反应之间的关系。后来 Chung 用脑电图来研究不同道路线形,如同样长度的直线段和曲线段对驾驶人行车疲劳的影响。Chang 则用脑电图来研究匝道进口处不同部位驾驶人行车的紧张状况,研究结果表明,匝道进口合流路段驾驶人的脑电波大大高于进入合流车道的匝道部分和合流后的部分,可见驾驶人在匝道进口处正在操作合流驾驶时,心理状态是比较紧张兴奋的。MRRtek 等用心电图来研究新驾驶人在学习驾驶时的心理变化和动作行为等与心率及心率变异之间的关系,最终得到操作动作、驾驶熟练程度、车速快慢、心理紧张等状态与心电信号之间的关系。

2. 眼动

Masha Maltzde 等通过测试眼球运动,对年轻与年老驾驶人视觉搜索有数字覆盖的交通场景图片开展了研究。Maija Mantyjavi 等研究了年老的职业货车驾驶人其视觉机能是否会随着年龄的增长而出现缺陷。Ensar Becic 等对年老驾驶人在动态场景中的视觉搜索及扫视策略进行研究,结果表明,年老驾驶人在这些方面更具有经验。Baujon 等发现,不论是在弯道上还是直道上,两组驾驶人的行驶轨迹、视角分布以及视觉预期都存在显著差异。Torbjörn Falkmer 等对有大脑性麻痹和无大脑性麻痹的无经验驾驶人及有经验驾驶人的搜索模式进行了研究,通过记录驾驶人在真实交通环境中驾驶时的眼球运动,对其注视行为及注视点分布进行了分析。Hiroyuki Shinoda 等通过虚拟环境对驾驶人发觉停车标志的能力进行了研究。

Geoffrey Underwood 等对不同熟练程度驾驶人驾驶在乡村道路、市郊道路以及城市双车道上行驶时的注视顺序进行了研究。Mark Brackstone 等对高速行驶时驾驶人的眼球运动进行了研究。Tania Dukic 等就按钮位置对驾驶人视觉行为及安全感的影响进行了研究。Benjamin W. Tatler 等通过使用不同亮度、对比度、颜色和形状的图片研究了选择注视位置点的特征。Torbjörn Falkmer 等使用眼动仪对 20 名经验驾驶人和 20 名无经验驾驶人在真实交通环境中的眼动行为进行了测量,通过对测得的眼动数据进行分析,验证了其他研究人员的一些结论。Marieke H. Martens 等通过让驾驶人观看录像驾驶和真实道路驾驶,来分析同样道路中重复试验注视时长降低与在模拟环境中是否相同。Adam GaiPill 等对视觉搜索感知进行了研究,证明视觉搜索感知不具有随机性。Trent W. Victo 等在高速公路真实交通环境以及三种实验室内虚拟交通环境中,研究了视听觉负荷及驾驶作业需求等作业难度的变化对驾驶人眼球运动特性的影响。Tanja R. M Coeckelbergh 等对 50 名因病理原因而导致视野缺损的驾驶人,进行了计点操作及视觉搜索作业的研究。M. Sodhi 等利用安装在头部的眼睛追踪装置,研究了操作车内收音机、接电话、观看后视镜、读里程表等行为对驾驶人注意力分散的影响。隋雪等对眼球运动中的基本问题、阅读任务过程中的眼动问题和追踪、搜索等高级心理活动过程中眼动特征进行了研究。杨建国等通过对驾驶人视觉关注焦点的移动规律、视场范围和障碍物遮挡3个方面的研究,提出了新的驾驶人视觉感知模型,并通过计算机模拟实际场景,对比被试者和模型标注的感知对象,完成了模型有效性的验证。郭海龙研究了不同路肩宽度对驾驶人视觉行为及心理紧张度的影响。方鼎研究了驾驶人动态视觉特性的影响因素以及驾驶人操作行为模式。马勇研究了视觉中的注视理论,并对驾驶人的视觉搜索行为开展了试验研究。

田明分析了非熟练驾驶人和熟练驾驶人在真实城市道路环境中驾驶车辆时视觉搜索行为和视觉搜索的差异,并提出了注意的搜寻和选择这两种典型的视觉搜索模式及其表征参数。张殿业在对驾驶人动态视野与行车安全可靠度的研究中,建立了驾驶人动态视野行为模式,提出驾驶人视野随车速的增大而变窄。潘晓东等利用眼动仪研究了在逆光条件下交通标志的可视距离。张建峰研究了汽车驾驶人动态视觉对感知-决策-校正模式的影响。

黄迎秋在对驾驶人动态视觉特性及相关研究理论回顾分析的基础上,着重分析了驾驶人的视觉搜索过程及其表征参数。郭应时等分析了驾驶人感知-判断-操作行为模式,对驾驶人在通过不同通道宽度障碍物时的动态视觉进行了研究。孟妮对不同驾驶人(熟练驾驶人和非熟练驾驶人)在不同道路(城市道路、城乡结合道路、山区道路)上的注视行为进行了分析,将视野范围内道路划分了区域,得出不同驾驶人在不同区域的频次,从而详细研究驾驶人的注视行为。韩磊等基于因子分析法选取驾驶人吸睛效应敏感评价指标开展研究,结果显示,驾驶人吸睛效应敏感视觉指标为注视持续时间、瞳孔直径、扫视持续时间和扫视幅度。

3. 其他参数

潘晓东等研究了山区公路纵坡度、坡长、曲线半径和视距等参数对驾驶人的呼吸、血压和心率等生理指标的影响,并建议低等级山区公路平面线形设计应满足35m以上的通视距离,还分析了曲线段横向力系数与驾驶人心率和血压变动的相关性,提出基于人机工程学的横向力系数不应大于0.2。乔建刚提出适合驾驶人舒适性阈值和道路线形舒适性指标,并结合交通事故数据构建了安全评价模型。王书灵研究确定了第85%位速度为51km/h,并提出山区双车道三级公路纵坡坡度的安全阈值为7%。张祖怀通过汽车驾驶虚拟试验台,利用心率、呼吸频率和腰部肌电三个指标研究了驾驶疲劳,验证了这三个生理指标用于评价疲劳的有效性。赵亮研究了道路线形与驾驶人心生理之间的关系,定义了心率变化率、瞳孔变化率和不安全系数三个指标,建立了驾驶人心率变化率与车速、平曲线半径之间的关系模型。曹新涛对驾驶工作负荷理论、规律和评价方法、指标进行了研究,通过大量的实车试验,建立了纵坡段驾驶人行车的生理反应与纵坡线形指标、车速之间的关系模型,并对极限坡度进行了界定。

1.2.3.2 脑力负荷

生理测量指标具有客观性和实时性,但是它们与负荷之间只是间接的联系,并且也可能会受到思维、情绪等脑力负荷方面因素的影响。因此,需要对驾驶人的脑力负荷进行评价,来补充生理测量的缺陷。

主观评价是指让驾驶人陈述任务操作过程中的脑力负荷体验或根据这种体验对作业项目进行过程排序、质的分类或量的评价。该方法将操作者脑力负荷同思维、情绪等建立联系,并准确地表达出来。主观评价方法的优点在于,首先这是一种脑力负荷的直接评价方法,操作简单,容易让操作人员接受;其次,由于是事后进行,方法不对主任务产生侵入性,主观测量方法使用统一的维度评价,可以对不同情境和不同驾驶人员的负荷测量结果做对比。此外,主观评价不仅能区分超负荷与非超负荷,而且对中、低负荷水平的变化也较敏感。

脑力负荷的获取有问卷调查和量表测量两种方式。典型的三种脑力负荷量表为主观负荷评价技术量表(SWAT 量表)、NASA-TLX 量表和库柏-哈柏修正法量表(MCH 量表)。三种量表评价法均为主观负荷评价技术,不但给参试者提供一套多维的评价标准,而且可以清楚地查明造成脑力负荷的原因。这三种主观测量方法间存在一定的相关性。其中,NASA-TLX 量表由美国航空航天局提出,是一种多维脑力负荷评价量表,涉及心理需求、生理需求、时间需求、作业绩效需求、努力需求和挫折水平六个负荷因素。NASA-TLX 量表由 6 个条目组成,即脑力需求、体力需求、时间需求、努力程度、完成度以及受挫程度。量表中每一条目均有详细的文字说明,并用一条 20 等分的直线表示,两端分别标示"低、高""好、差"等字样。调查对象在直线上与其实际水平相符处画一记号,然后再将6个条目对总负荷的贡献进行排序(即给予权重),此6个条目的加权平均值即为该调查对象的总负荷得分。

从1930年开始,美国设计了一系列旨在测评驾驶适应性的量表及问卷。1947年,美国劳工部人力资源局正式采用一般职业能力倾向成套测验(GATB),并将其作为职业咨询、指导和选拔的重要依据。后来,许多国家相继研究驾驶适应性问题,并研制开发了许多检测设备和方法。

张智军等对各种脑力负荷评价方法开展了试验研究,采用主任务绩效、次任务绩效、主观加权负荷评分和心率变异性变化率,对视觉追踪作业脑力负荷进行多变量评价研究,发现这四种指标的"综合加权评价指数"敏感性高于任何单独指标,多变量判别分析较单变量分析更能准确地判断脑力负荷状态,认为多变量判别分析在脑力负荷评价中具有一定意义,但如何充分利用多变量中包含的脑力负荷信息仍无成熟的方法。

张志强采用一种基于NASA-TLX量表的公路设计负荷综合评价方法,解决了公路设计任务负荷难以量化评价的问题。结合工程实例,采用该方法对设计负荷进行计算,得到了量化评价结果,验证了该方法的可行性和可操作性。肖元梅等对SWAT量表和NASA-TLX量表的信度和效度进行了验证,得出二者均具有较好的信度与效度,经过适当修订,可作为我国脑力负荷研究的有效工具。Shinji Miyake将心率变异性、手指体积描记图振幅和呼吸三个生理变量同NASA-TLX量表的6个负荷因素集成一个指数,从生理和主观两个方面对负荷进行了多变量分析,取得了较好的效果,是一个负荷测量方法的创新和尝试。Kilseop等运用主成分分析法,将三种生理指标(脑电、眼动和心率)和主观负荷组合成一个综合评价指数,发现综合指数较单项指标更能准确地区分不同难度任务中被试对象的负荷水平。陶达等设计了基于模拟驾驶场景下不同任务难度的时间纵向驾驶任务仿真实验,揭示了驾驶人脑力负荷多维特征随时间的变化趋势。

1.2.4 高速公路安全性改善

1.2.4.1 交通标志

在道路安全性改善研究方面,国外交通科研人员开展了大量分析和研究,试图掌握交通系统的工作机理、运行规律和事故发生机理，并以此为基础，通过设置安全设施、优化道路设计、开展安全教育、加强管理等措施，使交通系统处于可控的有序状态，达到提高道路交通安全性、减少道路交通事故的目的。Johansson G 等考虑驾驶人不同的社会和心理背景，测量了交通标志在不同速度下的可视性和驾驶人的识别能力。Drory 等测试了交通标志的灯光和亮度对驾驶人反应时间的影响，对交通标志的设计及设置进行了规定。

在交通安全教育和管理方面，国外非常重视安全教育，并以严格执法和高科技手段相结合来保障交通安全管理。瑞典提出了零伤亡计划和 11 项具体措施。美国交通委员会为了保证道路交通运行时间与交通安全达到一种平衡状态，从道路车速与事故数、道路条件等因素的相关关系，以及车速限制的基本方法、车速限制的作用等方面，提出了一套适用于各种道路车速管理的指导方法。

美国联邦公路局编写的《美国交通工程设施手册》指出，限速标志设置依据主要是根据交通工程实践经验，在各种法律条例、传统习惯、规章制度的基础上由权威部门制定；政府或相关部门至少要每 5 年对道路上的限速标志进行一次再评价。在设置限速标志时，还要考虑道路特性、路肩条件、道路等级、道路连接、视距、行人速度、路侧环境和发展趋势、停车状况和行人活动、每年的事故率报告等。手册还对限速标志的设置方法给出了指导性建议。

王超深对公路弯道路段进行了分析，得出弯道路段视距不良和交通标志设置不合理是事故多发的主要原因，提出了视距设计要点，并对交通标志设置进行了具体研究；从减轻事故损失的角度，阐述了弯道路侧设计的常用措施及相关新技术、新材料。

赵木对湖北汉宜高速公路交通事故多发点进行判别，提出了典型事故多发点的治理方案。李学峰通过实车试验和数值分析方法，结合国内外研究成果，分析了失控车辆进入避险车道的运行规律，系统阐述了避险车道的位置设置原则以及夹角、长度、坡度、材料、末端防撞消能设施及交通安全辅助设施等设置技术，并结合实例验证了在解决连续长下坡路段交通安全问题上设置避险车道的合理性。张文斌基于对隧道进口道路环境特征、交通流特征、驾驶人视觉特性和评价方法的分析,以及对隧道进口交通事故的时间、空间、形态、原因等特征的分析,对视知觉理论模型在中长隧道进口安全改善中的应用开展了研究。王媛媛在现场调研的基础上,对西部某山区公路进行全面系统的分析,得出不良道路线形是事故多发的主要原因;在定性分析的基础上,运用 Negative binomial 模型预测出相应道路单元的相对安全水平,找出隐患较大、急需改善的单元,实现了对整条公路的安全评价,并在定性和定量事故成因分析的基础上,提出了一系列有针对性的改善措施和建议。

刘柏秀以包茂高速公路铜川段桥隧连接段交通事故统计资料为基础,对山区高速公路桥隧连接段交通安全进行了深入研究,从系统安全出发,针对山区高速公路桥隧连接段事故影响因素,提出对道路条件、不利气候环境、交通管理三方面的安全改善措施。

1.2.4.2 安全管理

1993 年,美国国家合作公路研究计划(NCHRP)发布了 NCHRP 350 标准,主要是为提供更安全的道路环境而制定。该标准于 1998 年全面实施,道路经常使用的钢板护栏、混凝土护栏、护栏端点防护、碰撞缓冲设施、车辆后端防护以及其他施工区域,必须按照此标准进行设置,既有道路更新设施时也必须完全依照此标准执行。

全球道路安全合作组织(GRSP)针对中等和低收入国家存在严重的交通安全问题,从道路车速管理的角度,并结合一些发达国家车速管理的经典案例,从车速管理技术、车速管理系统的设计、实施及评价等方面入手,为中等和低收入国家车速管理系统的建立提出了一整套系统、全面的指导方法。

Abhijit D Kenjale 对南卡罗来纳州道路维修、建设工作区车速控制的有效方法进行了探讨,针对工作区中所采取的静态主动式速度信息标志、蜂鸣式雷达和便携式可变信息标志等静态速度控制设施难以有效降低车速的情况,开发了带有速度监测显示器的控制设备,该设备能同时显示驾驶人所选择的车速和工作区所采用的限速值。同时,还根据设置前后工作区的平均速度、第 85% 位车速以及速度超过限速值的车辆比例变化情况来检验该设备的有效性,研究发现,该设备能使工作区的车速得到很大程度的降低。

李丽芳在山区高速公路安全评价和研究过程中,发现一些特殊路段存在典型安全问题,结合工程实际提出了改善其行车安全性的一些措施。肖文从交通安全设施的功能分析和设置原则等方面探讨了山区公路安全行车保障问题,并将安全行车保障措施的设计新理念应用于公路交通工程设计中。郑安文等分析了山区公路交通事故的特征、事故形态及影响因素,研究了山区公路交通事故发生的机理,根据存在的问题,提出了改善山区公路交通安全的对策。俞宇萍以人、车、路和周围环境体系,分析了隧道洞口交通安全的影响因素,提出了隧道洞口交通安全性的合理对策。徐建东从事故多发点的定义入手,探讨了事故多发点的鉴别方法,鉴别出道路交通事故多发点;按照路线、路面、平面交叉口、穿集镇路段及安全设施不完善等分类提出一些实用可行的道路交通安全对策;在道路交通事故多发点的治理研究中,针对主要事故原因提出具体的道路改善措施,并对改善后的交通安全情况进行调查,以了解改善效果。田登提出不同交通运营状态(正常、异常、养护维修状态)下的公路隧道安全保障工程措施,采用了可变限速控制、入口控制、车道控制、路网控制相结合的控制方法,为实现安全行车、实时救援、高效运行以及为高效管理提供了有力依据。

1.2.5 国内研究现状

我国公路建设相对于发达国家起步较晚,对交通安全事故预防和改善措施的研究主要集中在道路设计施工、安全设施设置和安全管理教育等方面,缺乏对交通安全改善的系统化概念、理论和方法。

目前,高速公路主观安全性评价常用的统计分析方法有概率分布模型、多元线性回归分析、前后分析法、人工神经网络、Logistic 回归模型、主-客观安全性分析、模糊逻辑模型等。我国在这方面的研究成果最为多见。

驾驶人客观安全性评价方法一般对城市道路、城市快速路等进行研究,并寻找驾驶人负荷与道路因素之间的关系,通过建立各种模型进行估计和预测,但针对山区高速公路的主观安全评价研究较少。通过对国内外相关研究进行回顾,可以发现,国内外学者从生理测量和脑力负荷方面对作业者的负荷进行了大量研究。综合国内外的研究成果，可得到如下结论：

(1)山区高速公路道路安全问题越发严重，同时事故中重型货车占有很大的比例。尽管目前的研究成果对道路安全起到了一定的作用，然而对山区高速公路的研究内容较少，对山区高速公路货车驾驶人的研究更是少之又少。因此，有必要针对山区高速公路货车驾驶人负荷进行研究，分析影响安全的因素以及生理反应如何影响道路交通安全。

(2)结合生理学知识和国内外研究发现，心率、脉搏和血压是密切相关的三个生理参数，心跳的快慢、脉搏的强弱、血压的高低都是与心肌搏动的强度和幅度相对应的，同时也都会随着心理状态类型和程度的变化而发生改变。脑电波是一种微弱的电波，在试验过程中容易受到其他一些干扰因素的影响而失真，但其敏感性较心率指标差。呼吸、皮电、肌电因外界影响较大，通常作为附属指标。同时，人紧张时大脑为了获得引起紧张事物的更多信息，必然要将注意力大量转移到该事物上来，这样就引起人的眼动特性相应变化，因此，眼动行为也能很好地反映人的紧张程度。心率指标可以客观、直接、方便地测量驾驶人在驾驶车辆时的生理负荷，而眼动行为能很好地反映驾驶人行驶过程中的信息负荷。因此，可选择采用心率和眼动指标研究山区高速公路驾驶人的生理变化。

(3)国内外研究发现，主观任务量表效率高、无侵入性、经济适用，近年来一直受到研究人员和使用者的重视，是最受欢迎的脑力负荷测量方法。典型的三种脑力负荷量表中，NASA-TLX量表和SWAT量表是多维量表，其信度和效用度在国内已被证实，在敏感性和诊断性方面都比MCH量表高。而NASA-TLX量表能更细致地表达驾驶人的主观负荷，且更便于驾驶人完成。因此，本书选择NASA-TLX量表来采集驾驶人的脑力负荷。

(4)生理测量是一种客观的实时性负荷衡量方法，但驾驶人负荷会受到其个性特征、脑力负荷的影响。而主观评价方法采用内省的方式来评价脑力负荷。但并不是所有的脑活动过程都可以采用内省的方式得到，且脑力负荷评价结果与个性特征、反应策略、身体或生理变量等都存在密切联系。由此可以看出，任何单一指标或单一方法对驾驶人负荷的评价都有其优点和局限性。有学者将生理指标和脑力负荷值组合为一个综合指标来评价驾驶人负荷。目前还没有研究把这样的研究方法应用到道路中。

因此，可将生理测量作为驾驶人负荷的客观测量手段，而把脑力负荷作为驾驶人负荷的主观测量手段。将两种测量指标组合成综合指标，是一个有必要的尝试和有效的评价方式。

现有研究成果多运用于改善道路交通设施的设计等方面，主要针对各项不同类型的独立因素，如坡度、平曲线、不良气象环境等，同时利用基础的道路事故资料进行事故多发路段的鉴别，而对于整个公路环境组合综合效应的研究分析仍然较少。对于不同因素间关系及事故发生规律的研究也处于初步阶段，有必要对此开展深入研究，同时结合公路环境、公路设施环境及公路自然环境进行综合性的改善及效果评价研究。

1.3 本书主要内容

本书通过分析影响高速公路运营安全性的客观环境因素，检测驾驶人在客观运营环境中行车时的生理心理反应指标来研究高速公路的主观安全性，即应用生理心理学原理知识和相应的仪器设备进行实际行车试验。在此基础上，通过理论和试验数据分析的方法分析和建立客观运营环境评价指标与驾驶人行车时生理心理反应需求的关系。利用这些关系确定出一些适合驾驶人行车时生理心理需求的高速公路运营环境安全性的关键指标，用于评价高速公路运营环境安全性，改善高风险路段的安全性，从而减少高速公路交通事故，增加高速公路行车安全性和舒适性。总体来说包括以下几方面内容。

(1) 高速公路客观运营环境描述模型及安全性评价指标与模型

①高速公路客观运营环境类别分析与描述模型。

②高速公路客观安全性评价指标与模型。

(2) 高速公路用户运营环境感知测试分析及主观安全性评价模型

①高速公路用户对公路客观运营环境感知测试分析。

②基于人机工程学的高速公路用户主观安全性评价模型。

(3) 基于主-客观安全性的运营风险评估与管理指标

①高速公路主-客观安全性的相互关系模型。

②高速公路运营风险评估方法。
③基于高速公路安全性的养护管理指标。
(4)高速公路交通运营风险评估技术与特殊路段改善措施应用
①高速公路定期安全性评价。
②高速公路事故多发路段改善措施与对策。
③改善措施后评价。
上述研究内容关系如图1.1所示。
本书拟采用的技术路线如图1.2所示。

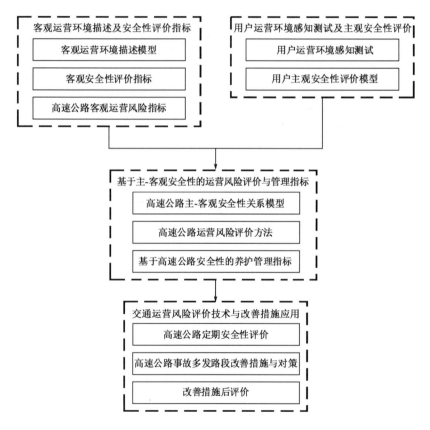

图1.1　主要研究内容

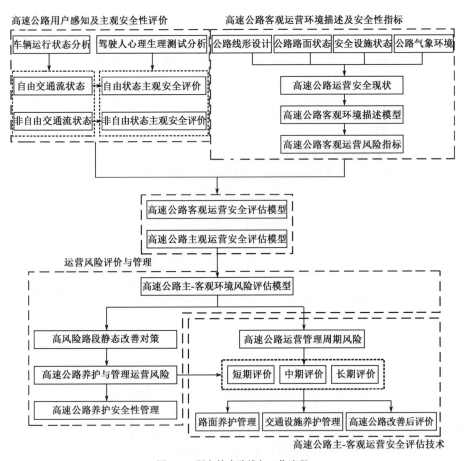

图 1.2 研究技术路线与工作流程

第 2 章 高速公路客观运营环境及安全性评价

高速公路客观运营环境是由道路环境、交通环境和自然环境综合作用下的复杂系统。本章通过分析道路环境、交通环境、自然环境与高速公路运营安全的关系,对高速公路客观运营环境进行分析描述,确定影响运营环境安全性的基本因素及其不同组合形式,辨识高速公路运营安全显著性影响因素,并根据其影响规律与机理提炼出对高速公路运营安全分析和研究有帮助的各类特征指标,为高速公路运营环境安全性评价以及运营安全管理决策提供基础依据。高速公路客观安全性分为以道路设施、交通工程及沿线设施和自然环境为主的客观安全性因素,高速公路客观运营环境安全性评价即是在该环境描述模型的基础上对车辆运行客观环境特征的运营安全性进行评价。

2.1 高速公路客观运营环境分析

高速公路运营环境非常复杂,其在整个人车路系统中起到至关重要的作用。而系统中道路用户对高速公路客观运营环境的安全感受主要受道路线形、路面状况、交通安全设施及气候环境状况因素的影响,因此,对各影响因素进行属性分析是建立运营环境分析的基础。整个高速公路客观运营环境分析系统及各分项组成部分结构如图 2.1 所示。

2.1.1 高速公路运营安全状态

高速公路运营安全状态研究的主要内容就是对一定时期内的公路运营安全状况进行评价,对公路运营安全状况的概念描述及其度量指标进行研究是公路运营安全评价的首要问题。

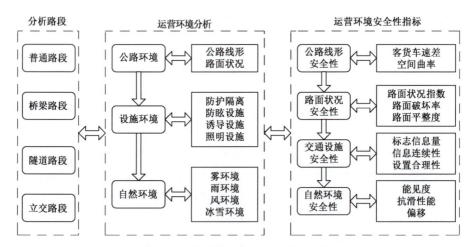

图 2.1 高速公路客观运营环境分析结构

2.1.1.1 公路运营安全性本质

所谓公路运营安全性的本质,从正面来说指公路用户安全出行的性能,从反面来说指公路用户发生事故的可能性。交通事故是一个概率事件,从统计学的角度分析,运营安全性好的路段发生交通事故的概率较低,反之运营安全性差的路段发生交通事故的概率较高。因此,某路段发生交通事故的概率是路段运营安全性的内在本质特征。

事物的本质往往是隐藏在内部的,难以直接了解和掌握。辩证法指出,本质决定现象,现象是本质的反映,因此可以透过现象看本质。通过分析和评价公路运营安全性的外在表现,可以获得公路运营安全性的本质信息。

公路运营安全性的外在表现主要有以下四个方面。

(1)实际发生的事故特征,包括事故的数量、事故的严重程度等。

公路上实际发生的事故无疑是其事故发生概率的一种外在表现,也是路段运营安全性的直观反映。在运营安全性好的路段,事故数量一般较少,严重程度较低;反之,在运营安全性差的路段,事故数量往往较多,后果也较严重。

(2)交通流运行特征,包括行车风险、运行车速等。

公路运营安全性可以通过交通流运行方面的某些特征表现出来,如车辆的变换车道行为和跟驰行为等特征。在运营安全性好的路段,交通流运行较为顺畅,车辆间的冲突行为较少;反之,交通流运行不畅,车辆间干扰严重,容易引发交通事故。

(3)公路交通设施特征,包括公路交通设施的设计特征和状态特征等。

公路运营安全性可以通过公路交通设施方面的特征表现出来,如线形设计是否协调、交通安全设施是否完善等。在运营安全性好的路段,公路交通设施设计较为合理,公路交通设施状态良好;反之,公路交通设施设计不合理或者公路交通设施状态不佳,容易引发交通事故。

(4)公路用户的生理心理特征,包括驾驶人心律、工作负荷等。

公路运营安全性还可以通过公路用户的生理心理方面的特征表现出来,如驾驶人的心律快慢、工作负荷高低等。在运营安全性好的路段,驾驶人的心律往往较慢,工作负荷较低;反之,驾驶人的心律往往较快,工作负荷较高,容易导致操作失误或疲劳过度,从而引发交通事故。

公路运营安全性的本质决定了其外在表现,各项外在表现之间又相互影响。图2.2形象地体现了公路运营安全性的本质与其外在表现的相互关系。

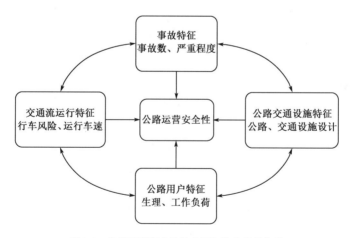

图2.2 公路运营安全性的本质与外在表现关系

2.1.1.2 公路运营安全状态概念

由于实际发生的事故是路段运营安全性的直观反映,用事故统计资料对公路运营安全状态进行描述合理可行,因此,早期的研究大都基于事故的统计资料对公路运营的安全性进行描述。然而，随着研究的不断深入和实践的检验，人们逐渐认识到实际发生的事故数量在很多情况下并未能真实反映运营的安全性。这种现象是由事故本身的特性决定的，并且目前事故统计手段的局限性以及社会意识形态等问题使得这一现象在我国现阶段表现尤为显著。

从事故本身的特性来看，交通事故的产生受人、车、路以及环境等众多因素的影响，使其不仅具有必然性，同时也具有偶然性。交通事故的必然性体现在如果某路段的道路、交通、环境特征或者管理水平不满足运营安全的要求，那么该路段发生交通事故是必然的，交通事故的必然性在较长时期内表现得较为突出；交通事故的偶然性体现在对于某一时刻在某一地点发生的交通事故是无法准确预知的，从而某路段存在的安全问题在一段时期内并不一定会导致事故的大量发生，交通事故的偶然性在较短时期内表现得较为突出。

从事故统计手段的局限性来看，目前我国尚未制定事故统计的统一标准，统计手段比较落后，不同地区的事故统计口径不一致，统计资料的完善程度差异较大，导致事故资料的可信度较低、可比性较差。

从社会意识形态来看，社会普遍对公路交通安全的意识不到位，责任感不够强，导致肇事人员逃逸现象较多，管理人员对待事故记录的态度不够严谨等。这些都影响了事故统计工作的信度和效度。

通过上述分析可以看出，在我国现阶段仅仅用事故统计资料对公路运营安全性进行描述具有很大的局限性。既然公路运营安全性有多方面的外在表现，那么结合多方面的外在表现对公路运营安全性进行综合描述，是解决上述问题的有效出路。

另外，从公路运营安全管理的角度来看，管理决策的制定需要了解与公路运营安全性有关的多方面信息。评价本身不是决策，而是为决策服务，为管理者提供决策依据。评价过程既是分析问题的过程，又是向决策者提供信息的过程。评价重点不应放在评价结果上，而应集中在做决策和决策者所面对的问题上，向决策者提供实施条件、可能的影响和不确定性等比较对象的全面信息。公路运营安全问题是一个复杂的系统问题，对于静态公路运营安全管理而言，决策者不仅需要了解公路运营阶段事故发生的频率及严重程度，而且需要了解与运营安全性相关的多方面信息，从而对运营过程中的安全问题进行全面深入的分析，探究其根源所在。

基于我国现阶段的基本国情和公路运营安全管理的决策需求，提出公路运营安全状态的概念，对公路运营安全性进行综合描述。对这一概念的内涵和外延解释如下。

①公路运营安全状态应该能够唯一地表征公路运营安全性，即一个路段能且只能具有一种运营安全状态。

②公路运营安全状态应该能够体现不同路段运营安全性的差异，即能够实现不同路段运营安全性的比较。

③从公路运营安全性的本质角度考虑，公路运营安全状态应该能够包含体现公路运营安全性的多方面信息。

由此可以看出，公路运营安全状态的概念具有唯一性和可比性特征，并且应该是一个多维的概念，具有综合性特征。通过对公路运营安全状态的分析和评价，不仅可以深入了解公路的运营安全性，而且可以为决策者提供多方面的信息，提供更为全面的决策依据。

2.1.2　高速公路路段特征分析

由于高速公路不同路段间的风险因素以及运营环境差异较大，不同路段的运营环境特性也不相同，因此，道路用户对运营环境的安全感受及运营环境对道路用户的驾驶操作判断的影响等也有较大差异。根据高速公路路段结构物的特征，可以将高速公路分为普通路段、桥梁路段、隧道路段以及立交路段四类。

2.1.2.1　普通路段

高速公路普通路段是指主线上不受匝道附近车辆汇合、分离以及交织运行影响的路段部分。具体来说，就是指驶入匝道（主线连接处上游150m至下游760m以外）、驶出匝道（主线连接处上游760m至下游150m以外）以及表示交织区开始的汇合点上游150m至表示交织区终端的分离点下游150m以外的主线路段，如图2.3所示。

作为高速公路主体的基本路段，普通路段主要由路段长度、路段横断面状况组成。高速公路的车道数与相对应的设计交通量，如表2.1所示。

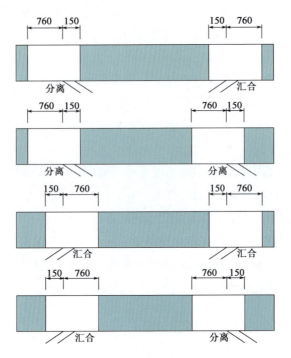

图 2.3　普通路段示意(尺寸单位:m)

车道数及相应的设计交通量　　　　　　　　　表 2.1

车道数	八车道	六车道	四车道
年平均日交通量 AADT(pcu/d)	60000～100000	45000～80000	25000～55000

2.1.2.2　桥梁路段

桥梁路段由桥梁主体段、桥梁过渡段及桥梁接线路段组成,如图 2.4 所示。

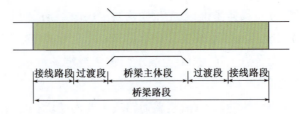

图 2.4　桥梁路段示意

桥梁主体段:对于有桥台的桥梁为两岸桥台侧墙或八字墙尾端间的路段部分,无桥台的桥梁则为桥面系行车道部分。

桥梁过渡段:指桥头引道,桥梁两端引道的直线长度一般不小于表2.2的规定。

桥头引道直线长度   表2.2

设计速度(km/h)	120	100	80	60	40	20～30
桥头引道直线长度(m)	100	80	60	40	20	10

桥梁接线路段:指大型桥梁主线与桥跨两岸路网相衔接的路段部分,路段长度视衔接路网距离的远近而不同,通常为桥梁引道至主线衔接立交或出入口之间的距离。

考虑到桥梁大小对行车安全的影响,对于桥梁路段选取特大桥和大桥进行研究,中小桥和涵洞作为普通路段处理。桥梁路段分类如表2.3所示。

桥梁分类   表2.3

桥梁分类	多孔跨径总长(m)	单孔跨径(m)
特大桥	≥500	≥100
大桥	100～500	40～100

若桥面与地面高差大,会让驾驶人产生坠车后将车毁人亡的联想,这一顾虑会使驾驶人在通过桥梁段时谨慎行车。桥梁路段对行车安全性的影响可从线形、桥面铺装、桥头跳车、天气等方面进行分析。

1. 线形

桥梁段由于高悬于路面,驾驶视野较普通段开阔,驾驶人将对平面线形更加敏感。平顺、连续、流畅的线形将给驾驶人带来美感,减轻驾驶负荷,如图2.5所示。

纵坡和横坡应尽量配合排水,尽可能减小对行车交通安全的影响,若不能正常排水,将出现水膜和溅水现象,影响雨天行车安全性。

2. 桥面铺装

由于桥面一般位于山区,当气温较低时,水汽易形成水膜或结冰,减小了路面的摩擦系数,车辆对铺装层的抗滑能力要求较高时,可考虑选用防滑铺装层。为了加强排水效率,宜采用空隙率较大的开级配磨耗铺装层。

图 2.5　优美的桥梁线形可减轻驾驶负荷

3. 桥头跳车

公路路面施工完成后,桥涵构造物本身及台背继续沉降,致使台背与结构物连接处出现台阶,在高速行驶条件下使车身产生腾空现象,即通常所说的"桥头跳车"。车辆腾空后难以保持车身平衡,两侧轮组不能同时落地,造成车身受力不均匀,易引发车辆失控事故。因此,桥梁与普通路段连接处的平稳过渡是公路安全性的重要考量因素之一。

4. 大风

车辆在桥上行驶时,主要受到横向侧风的影响。如果横向侧风风力较大,方向与车辆向心力相反,将减小向心力的作用,致使车辆在转弯时失去平衡,发生侧翻事故。

2.1.2.3　隧道路段

隧道路段包括洞内路段及隧道过渡段,如图 2.6 所示。

图 2.6　隧道路段示意

考虑到长隧道对行车安全的特殊影响,对于隧道路段选取长度 1km 以上的特长隧道和长隧道作为研究对象。其按长度分类如表 2.4 所示。

隧道分类　　　　　　　　　　表2.4

隧道分类	特长隧道	长隧道	中隧道	短隧道
直线形隧道长度(m)	>3000	3000~1000	1000~500	≤500
曲线形隧道长度(m)	>1500	1500~500	500~250	≤250

隧道洞内路段：为隧道出入口之间的路段部分。

隧道过渡段：为距洞口不小于3s设计速度行程长度且不小于50m的与隧道洞口相衔接的路段部分，以保持横断面过渡顺适。

从照明设计的角度，考虑驾驶人对眩光的感受，认为两座隧道间的行驶时间按设计速度考虑小于15s即为连续隧道。

从交通安全的角度考虑，驾驶人从上游隧道出来，应能看到下游隧道进口或桥梁的标志和静态障碍物，并能及时采取措施。按此考虑，隧道群或桥隧群间距应大于车辆的制动距离。

表2.5所示为从通风、照明、行车安全三个角度根据不同等级道路设计速度给出的隧道群间距值。

隧道群间距值　　　　　　　　　表2.5

公路等级	高速公路
设计速度(km/h)	100
通风设计(m)	150
照明设计(m)	833.33
交通安全(m)	151.44

由于隧道是半封闭的结构物，其对行车安全性的影响主要体现在驾驶人的视觉和心理两方面。

1. 隧道入口

(1)"黑洞"效应和暗适应

车辆驶近隧道口时，由于天空及附近设施的亮度比洞口内高，在视觉适应影响下视网膜对低亮度物体的识别能力较差，造成驾驶人仍感到洞口很黑，以至于无法辨认洞口附近的情况称作"黑洞"效应，如图2.7所示。由于"黑洞"效应与视觉适应的综合作用，车辆在刚刚进入隧道时，仍然会保持相对低速行驶。

(2)道路横断面变窄和"边墙"效应

由于隧道内没有设路肩,从一般路段进入隧道时,道路横断面变窄,不仅影响了视野,也会对驾驶人产生一种"边墙"效应,迫使其在接近隧道入口时偏向道路中心,以和入口隧道壁保持一定的"安全"距离,如图2.8所示。

图2.7 "黑洞"效应　　　　图2.8 "边墙"效应

(3)隧道入口路面

隧道外通常是沥青混凝土路面,隧道内则因防范火灾、浅色路面有利于照明等原因常采用水泥混凝土路面,两种不同的路面类型导致路面附着系数的差异,如图2.9与图2.10所示。同时,隧道入口减速频繁,加速路面的磨耗,尤其是重载交通作用下摩阻系数显著下降,安全停车距离增加,发生追尾事故的可能性也就随之增加。

图2.9 隧道外沥青混凝土路面　　图2.10 隧道内水泥混凝土路面

2. 隧道内部

(1)能见度

由于隧道是半封闭的空间,只有进出口与大气相通,污染物不能很快扩散,故隧道内空气污染的浓度随交通量的增加而逐渐增大。当空气中的烟雾量达到某种程度后,即可使能见度下降到妨碍行车安全的程度。能见度与行车视距紧密联系,如果能见度较低时还盲目加速,一旦前方出现异常情况,则极容易发生汽车追尾甚至连环相撞事故。

(2)路面形式

我国在普通公路隧道上几乎都采用水泥混凝土路面。对于水泥混凝土路面来说,由砂浆形成的微观构造耐久性太差,砂浆层上由拉毛和刻槽形成的宏观构造被过早地磨平,使得路面抗滑性能显著下降。当隧道路面存在积水时,轮胎与水层接触而形成一层水膜,也降低了路面的摩擦系数。调查研究表明,当行车速度大于60km/h时,采用水泥混凝土路面的隧道其交通事故发生率大大高于采用沥青路面的洞外路段。

3. 隧道出口

(1)"白洞"效应和明适应

出隧道时,驾驶人将从一个暗环境进入一个高亮度的视场,由于外部高亮度所形成的强眩光现象将导致产生"白洞"效应,如图2.11所示。和进入隧道口情况相反,驾驶人在出隧道时视觉适应为明适应。明适应所需时间与两种环境光线反差以及人的生理机能有很大关系,反差越大,适应所需时间越大。

图2.11 隧道出口的"白洞"效应

(2)"逃逸"心理

隧道空间相对密闭,使驾驶人的视野控制在一个管状空间内,再加上隧道内环境极其单调,缺乏必要的注视点,便更易引起驾驶人的视觉疲劳。这种视野连贯性如果不能及时在隧道内得到补偿,驾驶人会很自然地将目标锁定在隧道外,这样就容易产生"逃逸"心理,并不自觉地提高车速。因此,在快要出洞口时,驾驶人不仅会怀着迫切离开隧道的心理,而且其注视点集中在出口的地方,这时就会忽略周围的因素,有可能发生事故。

2.1.2.4 立交路段

立体交叉式为利用跨线构造物使相交的道路与道路(或铁路)在不同高程的平面上相互交叉的连接形式。立体交叉是高速公路必不可少的组成部分。采用立体交叉可使各方向车流在不同高程的平面上行驶,消除或减少了冲突点;车流可连续稳定地行驶,提高了车速和道路的通行能力;控制了相交道路车辆的出入,车辆各行其道,互不干扰,保证了行车安全和畅通。

立体交叉的主要组成部分为跨线构造物、正线、匝道、出口与入口和变速车道,除了上述主要组成部分外,还包括辅助车道、集散车道、绿化地带,以及立体交叉范围内的排水、照明、交通工程等设施(图2.12)。

图2.12 立交路段示意

立交路段是一种特殊的交通组织路段,其对行车安全性的影响可从主线出入口区域、变速车道和匝道三方面来分析。

1. 主线出入口区域

出入口区域主要包括主线分合流交织区域及交通流受分合流交织区影响的路段、匝道、变速车道、出口与入口以及斜带及三角形地带。

参考美国交通研究委员会编著的《道路通行能力手册》及美国交通运输工程师学会编著的《交通工程手册》,本书中高速公路出入口区域的主线路段(图2.13)划分如下:

①驶出匝道连接点上游760m至下游150m。
②驶入匝道连接点上游150m至下游760m。
③交织区合流点上游150m至分流点下游150m。

第 2 章　高速公路客观运营环境及安全性评价

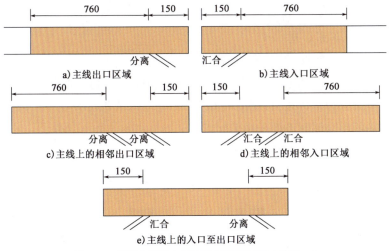

图 2.13　高速公路出入口区域主线路段(尺寸单位:m)

合流时,在合流匝道起点上游的一段距离内,部分直行车辆为了行车舒适,便开始向内侧车道变换,引起交通量在不同车道上的重新分布,结果使最外侧车道上的交通量减少。在匝道车辆合流区域内,匝道车辆的汇入使得高速公路最外侧车道上车辆陡然增多、车速降低,车流出现紊乱现象,影响了行车安全性;同时,匝道合流车辆要与高速公路上的车辆进行空间争夺,高速公路运营规则的存在使得二者在争夺时机会不均等,高速公路主线上的车辆享受优先权。也就是说,只有当高速公路主线车流中出现足够大的空隙时,加速车道上的车辆才能进行插入,否则,加速车道上的车辆只有等待下一个空隙,重复同样的判断,一直到出现可接受插入空当,完成汇入行为。若合流车辆在变速车道上一直无法找到合适的空当,则合流车辆将在加速车道末端停止,等待下一个空当的出现,如果驾驶人因不耐心而选择强行汇入,则会造成很大的安全隐患。

分流时,主线分流车流要驶离高速公路,先从出口匝道一段距离起,分流车辆便开始向外侧车道变换,为进入出口匝道或减速车道做准备。当行驶到减速车道起点附近时,开始寻找可插入空当,并调整车辆的减速度;当出现空当后,进入减速车道,并跟驰减速车道上的车从出口匝道驶离。分流车为分流准备及分流时做的变换车道行为对外侧车道的车流影响很大,同时波及其他车道,引起该区域交通混乱。

2. 变速车道

(1) 变速车道形式

变速车道包括减速车道和加速车道,一般分为平行式和直接式两种,如图 2.14 所示。当主线为小半径(接近最小半径的一般值)左弯曲线时,其右方的减速车道应为平行式,且应缩短渐变段(将缩短的长度补在平行段上);减速车道接环形匝道时不得采用平行式。

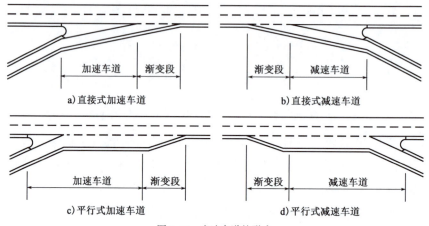

图 2.14　变速车道的形式

平行式变速车道的特点为:变速车道位置与高速公路主线平行设置。这种形式车道划分明确,行车容易辨认,但车辆进出需要沿 S 形曲线行驶,增加了驾驶人的操作,行车不便,对交通安全有一定的影响。

直接式变速车道的特点为:不设置平行路段,由出入口沿主线渐变加宽,形成一条附加的变速车道与匝道相连,从外形上看呈斜锥形。这种形式的线形过渡平顺,与进出车辆轨迹吻合,对行车有利;但起点不容易辨认,易使方向混淆,对交通也有一定的影响。

(2) 变速车道长度

当合流车辆进入加速车道时,驾驶人会根据主线最外侧车道上出现的前后空当大小调整速度,在保持安全的前提下,实施汇入行为。如果加速车道的长度较短,驾驶人便不得不大幅度改变速度大小,以适应主线上的可接受间距,因此驾驶的舒适程度和安全性较差;反之,如果加速车道的长度较长,驾驶人改变速度的幅度就小,舒适程度和安全性则会增加。合适的加速车道长度可以保证安全并且舒适地汇入主线,减少合流车辆的延误。

3. 匝道

(1)匝道线形

曲线转角对匝道行车安全有一定影响。大量资料统计,小偏角曲线容易导致驾驶人产生急弯错觉,不利于行车安全,半径过小对车辆的横向稳定性不利。

匝道纵断面线形对安全行车体现在匝道纵坡度、匝道竖曲线半径和匝道坡长这几个指标上。匝道纵坡度的大小还会影响行车的稳定性,雨、冰雪环境对大型客货车纵向稳定性很不利,易发生翻车事件。竖曲线半径直接影响车辆的视距,半径越小视距越小,对行车安全越不利。匝道坡长不易过短,过短的坡长对行车安全不利,频繁的坡度变换会引起驾驶不连续性。

(2)匝道类型

不同的匝道类型对行车安全性影响不同。按照匝道的功能及其与相交道路的关系,可将匝道分为右转匝道和左转匝道两大类。

右转匝道的特点是形式简单,车辆运行方便,简捷顺畅,行车安全性较好;左转匝道车辆须转90°~270°越过对向车道。按照匝道与相交车道的关系,可将左转匝道分为左出左进式、左出右进式、右出左进式和右出右进式四种。我国交通运行体制为右行制,对于单向三车道的高速公路而言,最内侧车道为超车道,行驶车速较高;中间车道为行车道,行驶车速一般为设计车速的0.9倍;最外侧车道一般为重型车行驶车道,该车道行驶车速较低。重型车质量大、惯性大、车速低,从一个车道移位至另一个车道要比小型车困难,耗时长,易干扰车道上其他车辆行驶。

2.1.2.5 路段组合

前面对桥梁路段、隧道路段及立交路段进行了分析,为了有别于普通路段,定义这3类路段为特殊路段,其类型如表2.6所示。

特殊路段类型　　　　表2.6

路段类型	位置或属性	主要安全问题
隧道段	隧道入口	"黑洞"效应和暗适应、"边墙"效应、路面附着系数下降
	隧道内部	能见度低、抗滑性能下降
	隧道出口	"白洞"效应和明适应、"逃逸"心理

续上表

路段类型	位置或属性	主要安全问题
桥梁段	线形	景观美感度
	桥面铺装	低温多雨天气桥面抗滑性不足
	桥头	桥头跳车引发车辆失控
立交段	主线出入口	汇入车辆与主线车辆、分流车辆与主线车辆的冲突
	变速车道	长度不足将导致分、合流车辆减、加速不充分
	匝道	车速过快时车辆将倾覆

特殊路段组合除了不同结构物之间的组合外,同种特殊路段之间也可组合,隧道与隧道组合的特殊形式是"隧道群",桥梁与桥梁的组合形成"桥梁组",立交与立交组合的特殊形式是"短距立交"。

1. 同类特殊路段组合

(1) 隧道群

隧道群是指公路路段上含有两座或两座以上间隔在1km以内的隧道的总称。隧道段基元由隧道长度和隧道过渡段组成。其中,隧道入口前5s和出口后5s的行车距离称为隧道过渡段。普通段是指半径在1000m以上、坡度在3%以下的路段的总称。隧道群路段示意如图2.15所示。

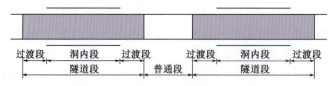

图2.15 隧道群路段

(2) 桥梁组

桥梁组是指公路路段上含有两座或两座以上间隔在1km以内,其中有一座桥长500m以上的桥梁的总称(图2.16)。桥梁段基元由桥梁长度与引桥两部分构成。其中,设计车速分别为120km/h、100km/h、80km/h时,引桥的最小长度分别为100m、80m和40m。

(3) 立交组

研究表明,我国高速公路独立互通式立交最小间距应为4.5km。研究人员通过统计,得出我国高速公路互通式立交一般间距在15~25km。所以将间距小于6km的独立互通式立交称为短距立交(组)(图2.17)。

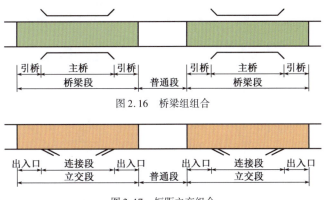

图2.16　桥梁组合

图2.17　短距立交组合

2. 不同特殊路段组合

异种类型基元的自配组合是指桥梁段、立交段和隧道段之间的自由组合，可形成桥梁立交段、桥隧段以及立交隧道段，分别如图2.18～图2.20所示。

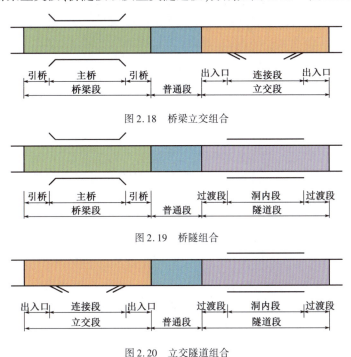

图2.18　桥梁立交组合

图2.19　桥隧组合

图2.20　立交隧道组合

某高速公路路段划分示例如图 2.21 所示。

图 2.21　某高速公路路段划分示意

2.1.2.6　线形因素

描述公路线形安全性的指标有平曲线半径、曲线长度、纵坡坡度及车道宽度等,道路基础设施线形安全性受平面、纵断面和横断面因素的影响。其中,影响线形安全的因素主要从以下几个方面考察,如表 2.7 所示。

道路线形指标影响因素　　　　　　　　表 2.7

路段线形	影响因素
平面	直线长度
	平曲线半径
	平曲线超高
	曲率变化率
	曲线转角
	缓和曲线长度
纵断面	纵坡
	竖曲线
横断面	车道宽度
	车道数
	路肩宽度

1. 平面因素

道路基础设施平面线形由直线、圆曲线和缓和曲线组成,平面构成要素对道路运营安全性有直接影响。

①直线:方向明确,视野开阔,能以最短距离连接两地。但是长直线大多

难与地形相协调,若长度运用不当,不仅会破坏线形的连续性,也不便达到线形设计自身的协调。过长的直线易使驾驶人员感到单调、疲倦,难以目测车间距离,于是产生尽快驶出直线的急躁情绪,容易产生超速现象,易导致交通事故。

②平曲线半径:交通事故的危险性和严重性随曲线半径的增加而降低,具有相同或相近曲线半径的路段安全性高于曲线半径各不相同的路段。圆曲线地段的道路转角与道路安全性有很大关系。转角越大事故率越高,但转角过小又会把曲线长度看成比实际小,使驾驶人产生急转弯的错觉,造成不必要的减速。

③平曲线超高:设置平曲线超高是为了平衡车辆行驶时所产生的离心力的影响。若超高过大,车辆会向内倾斜,影响行车的舒适性并使方向操纵困难,在弯道停车时易发生向内滑溜事故。所以,平曲线超高既要保证车辆不向外侧翻,又要保证车辆不向内侧溜滑。同时,超高的设置不仅应考虑快速通行的小客车的需要,还应考虑到货车的需要,货车和小客车的运行速度差较大,如果为保障小客车在弯道上的舒适性而提高超高指标,势必会给大型货车的稳定运行构成不利影响。从横向力系数、超高和平曲线半径三者之间的关系可知,汽车在弯道上行驶时,随着横向力系数的不同,乘客的感觉也随之发生变化,其大小直接影响到行车的安全性、经济性和舒适性。因此,在曲线上需综合考虑超高的设置和横向力系数的取值。

④缓和曲线:缓和曲线主要起曲率的过渡变化作用,在线形中增加缓和曲线,会使车辆在正常转弯行驶时减少对道路摩擦力的需求,增强道路运营安全性。研究表明,当曲线半径小于600m时,在直线与圆曲线之间添加缓和曲线,行车安全性会大大提高;曲线半径小于600m的路段采用缓和曲线后,交通事故率会大大降低;而对于曲线半径大于600m的路段,设置缓和曲线对行车安全的改善效果并不明显。

对道路基础设施平面线形的描述,除了上述共性之外,桥梁及隧道等不同路段的平面线形还应满足以下特性:

桥梁的平面线形要保持桥梁接线、桥头引道与桥上线形的平顺,能够使车辆平稳安全地行驶。

隧道平面线形应与路段线形相协调。当设为曲线时,不宜采用设超高的平曲线,并不应采用设加宽的平曲线。当由于特殊条件限制隧道平面线形设计为需设超高的曲线时,其超高值不宜大于4.0%。隧道设置良好的平曲线,有利于光线的过渡,而且能有效地调节驾驶人的心理,降低出口"白洞"的影响,有助于控制洞内车速、提高驾驶人的注意力,避免引起交通事故。

2. 纵断面因素

①纵坡:道路纵坡坡度对道路基础设施运行安全影响较大。研究表明,纵坡坡度在0~2%最为合适;低于6%的坡度对交通事故率影响不明显;当坡度大于6%时,事故率会突然显著增加,这种变化在下坡路段尤其明显。

②竖曲线:竖曲线分为凸曲线和凹曲线两种。研究表明,凸曲线的交通事故率要比水平路段大,小半径凸曲线的事故率较高,陡坡路段上的凸曲线发生交通事故的可能性更大;竖曲线的频繁变换会影响行车视距,严重降低道路运营安全性;视距不足的凹曲线路段,在夜晚没有照明的情况下,道路运营风险较大。

对道路基础设施纵断面线形的描述,除了上述共性之外,桥梁及隧道不同路段的纵断面线形还应满足以下特性:

桥梁纵断面线形安全性受两方面影响。一方面是桥头引桥与桥上纵坡的衔接,桥头引桥线形与桥上线形必须有良好的配合,保持桥梁线形与路线线形连续、流畅,保证视野开阔、有良好的诱导视线,才能保证桥梁行车安全舒适。另一方面是桥上的线形,除了保证视线开阔外,要合理地设置桥梁纵坡,保证桥面排水的需要,如设置从中间向两端倾斜的双向纵坡;若不能正常排水,雨天桥梁上的行驶将严重威胁运行安全。

隧道纵断面线形应考虑行车安全性、通风和排水要求。隧道纵坡不应小于0.3%,一般不应大于3%;受地形等条件限制时,高速公路及一级公路的中、短隧道可适当加大,短于100m的隧道纵坡可与隧道外路线指标相同。隧道纵坡对行车安全性影响非常大,它主要受通风条件及行车舒适性等因素控制。而对于长大隧道而言,隧道的通风量一般与隧道纵坡的平方级数成正比,因此,隧道的坡度越大,对洞内交通安全和卫生条件越不利。

3. 横断面因素

横断面组成要素较多,主要包括行车道、路肩、中间带、超高、加宽和建筑限界等。与道路基础设施运营安全有关的因素主要有车道数、路面宽、路肩等。高速公路路基标准横断面如图 2.22 所示。

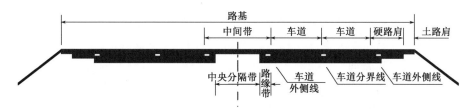

图 2.22 高速公路路基标准横断面

① 车道宽度:足够的车道宽度有利于车辆运行安全。双车道的路面宽度如大于 6m,其事故率比 5.5m 的路面低得多。在较宽路面上,驾驶人的心理没有像在窄路面上那样紧张。尤其是在会车时,如路面宽度较小,汽车的运行速度将减小很多,不利于车辆运行的经济性,而且宽路面也相对安全。

② 车道数:车道数的增加总体上有利于提高交通安全性,即车道数越多,行车越安全。但国内外的研究发现,三车道公路对行车安全最不利,在道路设计中应尽量避免。对于四车道及以上公路,设立中央分隔带将减少对向行车冲突,进而减少交通事故的发生。

③ 路肩宽度:一定宽度的路肩可以减小驾驶人的心理紧张程度,增加行车时驾驶人的安全感,对运行速度大小也有一定的影响。

2.1.3 高速公路路面状态分析

路面状况的好坏直接影响道路基础设施运行安全。路面状况可从路面平整度、路面抗滑性及车辙深度几个方面进行分析。

2.1.3.1 路面平整度

路面平整度是路面行驶质量的直接反映,是指以规定的标准量规,间断或连续地量测路表面的凹凸情况。平整度对道路运行安全的影响不容忽视。具有不平整特征的路面易诱发交通事故,其主要原因有:路面的不平整性迫使车速突然降低而引发追尾事故;车辆避让路面坑槽而引起撞车、撞隔离带或防护栏;使车辆本身的振幅增加,影响车辆的拖挂和车轮荷载对地面的作用,进而增加行车危险性;产生的颠簸也会引起驾驶人心理和生理上不适,从而引发交通事故等。

桥面:桥梁的接缝对行车安全也有一定的影响,接缝设置好坏影响车辆平顺通过,过度颠簸导致车辆行驶不稳定,容易引发安全问题。

隧道路面:由于隧道处在相对封闭的环境中,湿度较大,有害气体浓度较高,这些因素对路面抗滑及耐久性都有一定影响。一旦路面的抗滑性能或平整度下降,必将对交通安全产生不良影响。

平整度是影响路面行驶质量的关键因素,路面不平整、车辙深度较大,易导致行车颠簸、油耗增加、路面损坏和行车安全性降低。可以利用反应类测定方法对路面凹凸引起车辆振动颠簸情况进行测定,它实际上是舒适性能指标,最常用的测试设备是车载式颠簸累积仪。其工作原理为:测试车以一定的速度在路面上行驶,路面上的凹凸不平状况,引起汽车的激振,通过机械传感器可测量后轴同车厢之间的单向位移累积值 VBI(表示所测试路面的平整度水平,一般以 mm/km、cm/km 计)。VBI 越大,说明路面平整性越差,行车时车上的人员越感觉不舒适。

2.1.3.2 路面抗滑性

路面抗滑性不足是很多交通事故的成因。研究表明,路面附着系数越小,车辆产生滑溜的可能性越大,因此安全性能越差。当公路表面的抗滑能力(一般指纵向摩阻系数或附着系数)低于最小允许值时,车辆稍一制动,都有可能产生侧滑而失控。附着系数主要取决于路面石料表面的纹理结构,路表类型相同时,附着系数随行车速度的增加而逐渐减小。

而路面抗滑的表面特性由微观构造与宏观构造组成。微观构造是指集料表面的粗糙度,它随车轮的反复磨耗而渐被磨光,通常采用石料磨光值表征抗磨光的性能;宏观构造是指一定面积的路表面凹凸不平的开口孔隙的平均深度,其功能是使车轮下的路表水迅速排除,以避免形成水膜。

2.1.3.3 车辙深度

车辙是指车辆长时间在路面上行驶时留下的车轮压痕。车辙深度是衡量路面状况的重要指标,车辙严重时会对行车安全造成隐患。优良的制动性能是车辆行驶安全性的重要保证,路面车辙产生的"沟槽效应"直接影响车辆与路面间的相互作用,即影响车辆的制动效能和制动时车辆的方向稳定性,并且对前者的影响尤为显著。

车辆操纵稳定性的高低取决于车辆本身的性能和路面的性状。路面车辙产生的"沟槽效应"以及雨天车辙积水,会导致车辆转向失控,甚至会产生滑漂现象,严重影响车辆的操纵稳定性能。

2.1.4 高速公路交通设施环境分析

高速公路交通环境主要指高速公路交通工程及沿线设施的布置环境。交通工程及沿线设施是公路的重要组成部分,为道路使用者提供可靠、及时、明确的信息,清晰的视线诱导增加美观和行驶的舒适性,是发挥公路经济效益、保障安全运营必不可少的设施,是公路现代化、智能化的标志之一。

交通工程及沿线设施是为保障道路通行能力、运营安全等而设置的。完善的交通工程及沿线设施是确保高速公路交通高速、安全、高效和舒适运营的重要设施。交通工程及沿线设施对于公路运营安全性的提高体现在减少交通事故、伤亡人数,减少二次事故的发生率,减少事故经济损失,减轻驾乘人员的疲劳程度等方面。

交通工程及沿线设施包括交通诱导设施、防护设施、隔离设施、防眩设施和机电设施等。其中,交通诱导设施主要为驾驶人提供警告、禁止、导向和指示等信息,提高驾驶人获得信息的速度和处理信息的能力,特别是有助于传递那些容易被忽视或难以接收到的信息。防护设施除了具有减少交通事故的功能之外,还有降低事故严重程度的功能,从而可以减少伤亡人数和经济损失。具有一定结构形式、间距和恰当遮光角的防眩设施能有效地减弱眩光对驾驶人产生的不适感。此外,标志、标线、护栏、防眩设施和诱导设施使驾乘人员感到舒适,从而降低他们的疲劳程度。

因此,交通工程及沿线设施可以为道路用户提供必要的信息,给予交通指示,限制道路用户的行为;发挥主动引导、被动防护、全时保障、隔离封闭等功能。合理地设置交通工程及沿线设施可有效地降低事故率,减轻事故严重程度。

2.1.4.1 交通诱导设施

1. 公路交通标志

公路交通标志是用图形、符号、颜色和文字传递特定信息,设置在路侧或道路上方,用以管理公路交通的安全设施。公路交通标志是保证行车畅通、有序、安全的重要设施。普通路段标志类型及外观如表2.8所示。

普通路段标志类型及外观　　　　　表2.8

类型	目的	颜色	形状
警告标志	警告车辆注意危险	黄底、黑边、黑图案	等边三角形、菱形、正方形
禁令标志	禁止或限制车辆行为	白底、红圈、红杠、黑图案	圆形、八角形、倒等边三角形
指示标志	指示车辆行进	蓝底、白图案	圆形和矩形
指路标志	传递道路方向、距离信息	绿底白图案	矩形

辅助标志是附设在主标志下,起辅助说明作用的标志,表示车辆种类、时间、区域或距离、禁令或警告理由等,不能单独设立和使用。其颜色为白底、黑字或黑图案、黑边框,其形状均为矩形。

2. 交通标线

公路交通标线是由各种路面标线、箭头、文字、立面标记、突起路标和路边线轮廓标等所构成的交通安全设施。公路交通标线起着管制和引导公路交通的作用,在公路交通管理中同样有重要地位。高速公路交通标线应能够分离不同的道路使用对象;规定不同的交通走向,如分离车流、定义交叉路口、指示道路的出入口等;向道路使用者提供信息,如速度限制、道路标记、方向指示等;强化道路规范以保障安全。

交通标线按设置方式分为:纵向标线,沿道路行车方向设置的标线;横向标线,与道路行车方向成角度设置的标线;其他标线,字符标记或其他形式标线。

交通标线按功能分为:警告标线,促使车辆驾驶人员及行人了解道路上的特殊情况,提高警觉,准备防范应变措施的标线;指示标线,指示行车道、行车方向、路面边缘、人行道等设施的标线;禁止标线,告示公路交通的遵行、禁止、限制等特殊规定,车辆驾驶人员及行人需严格遵守的标线。

3. 视线诱导标

视线诱导标系沿行车道两侧设置,用于明示道路线形、方向、行车道边界及危险路段位置,诱导驾驶人的视线。视线诱导标可分为轮廓标、分流或合流诱导标、线形诱导标等。

轮廓标以指示道路线形轮廓为主要目标,分合流诱导标以指示交通流分合为主要目标,线形诱导标以指示或警告改变行驶方向为主要目标。它们以不同的侧重点来诱导驾驶人的视线,使行车更趋安全、舒适。

2.1.4.2 防护设施

1. 护栏

护栏是高速公路安全设施的重要组成部分,在防护失控车辆碰撞事故中起着重要作用,可有效地减少恶性事故的发生。护栏是设置在中央分隔带或路侧,阻止车辆穿越中央分隔带闯入对向车道或越出路外的交通安全设施,同时护栏还具有能使车辆恢复到正常行驶方向、碰撞时产生的减速度能减少对乘客的损伤及诱导驾驶人视线等功能。因此,合理设置护栏可减少交通事故、降低事故的严重程度、诱导视线、美化路侧景观。

护栏按构造形式分为半刚性护栏、刚性护栏、柔性护栏。半刚性护栏是一种连续的梁柱式结构,具有一定的刚度和柔性。梁柱式半刚性护栏按不同结构又可分为W形波形梁护栏、三波波形梁护栏、管梁护栏、箱梁护栏。刚性护栏是一种基本不变形的护栏结构,混凝土墙式护栏是刚性护栏的主要形式。柔性护栏是一种具有较大缓冲能力的韧性护栏结构。

2. 防撞桶

防撞桶是设置在道路上车辆易与路中固定设施发生碰撞部位的交通安全设施,通常设置在道路的转弯处及路中岗亭、收费站、高架路、桥梁及隧道的进出口等位置,起到隔离作用,当汽车与该设备碰撞时,能有效地减小冲击力。此外,防撞桶对驾驶人也有明显的警示作用。

2.1.4.3 隔离设施

隔离设施是指对汽车专用道路进行隔离封闭的人工构造物的统称,包括设置于公路路基两侧用地界线边缘上的隔离栅和设置于上跨公路主线的分离式立交桥或人行天桥两侧的防护网。隔离栅按构造形式可分为金属网、钢板网、刺铁丝和常青绿篱,常青绿篱在南方地区与刺铁丝配合使用,具有降噪、美化路容和节约投资的功效。其中,金属网按网面形式的不同可分为编织网、电焊网、拨花网等形式。

2.1.4.4 防眩设施

道路上行驶的车辆在夜间会车时,其前照灯的强光会引起驾驶人眩目,致使驾驶人获得视觉信息的能力显著降低,造成视觉机能的伤害和心理不适,使驾驶人产生紧张和疲劳感,是诱发交通事故的潜在因素。防眩设施就是设置在中央分隔带上,防止夜间行车受对向车辆前照灯眩目的人工构造物,可改善夜间行车条件,减弱相向行驶车辆的前照灯光对驾驶人视力的影响,避免由于相向行驶车前灯照射引起驾驶人视力降低,造成驾驶人辨认距离缩短、事故隐患增加。

道路上使用的防眩设施主要有植树、防眩网和防眩板三种类型。对防眩设施的各种性能加以综合比较,将有助于根据当地的自然地理环境、道路条件、车辆构成和交通条件等来选择恰当的类型。表 2.9 所示为对这三种防眩设施进行综合比较的结果。

不同类型防眩设施的综合比较　　　　表2.9

特点	植树		防眩网	防眩板
	密集型	间距型		
美观	好		较差	好
驾驶人心理影响	小	大	较小	小
对风阻力	大		大	小
积雪	严重		小	严重
自然景观配合	好		不好	好

续上表

特点	植树		防眩网	防眩板
	密集型	间距型		
经济性	差	好	较差	好
施工难易	较难	难	易	
养护工作量	大	小	小	
横向通视	差	较好	好	好
阻止行人穿越	较好	差	好	差
景观效果	好		差	好
防眩效果	较好		较差	好

2.1.4.5 机电设施

1. 照明设施

道路照明就是使行驶的车辆能得到安全的通行条件，达到减少交通事故的目的。在道路可见度不高的情况下，由于视线不良，视觉刺激不强烈，驾驶人往往对交通和道路异常情况判断迟缓，导致交通事故的发生；在采光不良的桥、隧路段采用人工照明灯具进行视线补偿，提高道路照明条件，从而有效地降低事故率。为了保证道路照明质量，达到辨认可靠和视觉舒适的基本要求，道路照明应满足平均亮度、亮度均匀度和眩光限制，同时还应提供良好的诱导性。

2. 紧急救援设施

紧急救援设施是指用于道路交通事故紧急救援的各类技术装备和安保设施，包括紧急医疗救助设备、应急消防设备、道路清障设备、车辆维修设备以及用于紧急救援时期的特殊公路交通标志等安全设施。先进完备的紧急救援设施可以有效保障人员和财产安全，提高事故人员的救助率和生存概率，减小事故对公路交通的影响。

3. 隧道机电设施

隧道机电设施主要是指通风、照明设施。在隧道运营期间，为了有效地排放隧道内的有害气体及烟尘,保证驾乘人员及洞内工作人员的身体健康,提高行车的安全性和舒适性,通常需要按一定的方式不断地向隧道内送入新鲜空气,即隧道运营通风。如果单从交通安全及舒适角度考虑,全横向式通风最为理想,这样沿纵向几乎没有风流动,有利于行车安全和防火。公路隧道的照明,是为了把必要的视觉信息传递给驾驶人,防止因视觉信息不足而出现交通事故,从而提高驾驶的安全性。

2.1.5 高速公路自然环境分析

高速公路沿线所处的自然气候内包含的雾、雨、冰雪与大风等不良气象环境,是影响道路运营安全的重要因素。而火山、地震与泥石流等地质灾害属于非常严重的道路破坏性灾害,其有较大的突发性、破坏性,不属于常规高速公路环境的评估范围。因此,本书研究所涉及的灾害气象环境主要为雾、雨、冰雪、大风这几类频率较高,主要对行车产生影响的环境类型。这几类不良气象环境容易导致车辆与路面间的摩擦系数降低,降低车辆和路面间附着力;降低空气能见度;改变汽车的受力状态,使车辆所受的横向力成倍增加,造成行车过程中的横向失稳而发生交通事故;同时,对驾驶人生理和心理的不良影响也易导致危险的驾驶行为。

2.1.5.1 雾环境

雾是由大量微小水滴在贴近地面的大气中组成的悬浮体。雾中水滴半径多数为 $2\sim15\mu m$,有的可达 $60\mu m$。雾常发生于春季和秋季的凌晨时段,内陆地区形成辐射雾,而沿海地区形成平流雾。

雾的强度可由大气能见度来描述。能见度是指一定距离内白天时能分辨目标物的轮廓和形体,在夜间能清楚看见目标灯的发光点。水平能见度是指视力正常的人在当时天气条件下,能够从天空背景中看到和辨认出目标物的最大水平距离,夜间则是能看到和确定出一定强度灯光的最大水平距离。而有效能见度是指测站周围视野中,二分之一以上的范围内都能看到的最大距离。依据水平能见距离可把雾分为四个等级,如表 2.10 所示。

雾的划分等级　　　　　　　　　表2.10

雾等级	水平能见度距离(m)	雾等级	水平能见度距离(m)
轻雾	>1000	大雾	200~500
雾	500~1000	浓雾	<200

由于雾的形成与水汽、温度和风等因素有关,对于线状的高速公路,雾沿高速公路具有显著多变的时空分布特性,对道路运营环境有很大影响。对于高速公路,可从不同特征路段雾对其运营环境的影响进行分类,分别为大范围雾、团雾和区段雾。

大范围的平流雾、辐射雾,由于其对地面和高速公路的笼罩范围大,往往使得车辆要长时间行驶在雾区内。由于雾的存在,空气能见度降低,导致交通标志、标线可认知性低。能见度特低时,前方车辆和安全设施不可见,路界不清,浓雾水汽可导致路面潮湿,抗滑能力降低。标志、标线的可认知性降低导致大量的错误行驶和紧急制动等交通行为;路界范围不清易导致车辆驶出路面;山区高速公路纵坡路段和小半径超高路段,路面潮湿,抗滑能力的降低导致车辆滑溜和制动距离增加。

团雾的形成与大范围的平流雾、辐射雾的形成及其对道路运营的影响有所不同,在预测方面也更加困难。团雾对高速公路的安全运营存在极大危害,在南方水网交织、湖泊密布的地区,空气湿度比较大,在昼夜温差大的季节,白天水分蒸发到空中,晚上气温下降后,空气中的水蒸气便会凝结形成团雾。由于这些路段的团雾不改变团雾路段外的运营环境,所以很难引起驾驶人的注意,特别是在视线不好的夜晚、清晨,驾驶人在远处根本发现不了前方的团雾,驶近时只能采取紧急制动措施,交通密度小时极易诱发单车翻车和冲撞防撞设施的交通事故;交通密度大时,则可形成连环撞车事故。

对于湖泊区、山区高速公路的山间低谷地带,这些路段的雾区影响范围介于团雾和地区雾两者之间,有其特殊性。区段雾的浓度有短时动态变化和路段内沿线变化的可能性,这种情况下,区段雾由多个间断能见度不等的团雾组成,运营环境危险性更大。此类路段的雾与大范围雾区的另一差别是,在进入雾区之前,天空能见度很好,从无雾路段进入区段雾路段有一定长度的能见度过渡段。

2.1.5.2 雨环境

雨是云中降落的液态水滴,直径一般为 0.5～6mm,呈球形。直径在 1mm 以上的雨滴呈扁球形,雨滴越大,形状越扁平。超过一定大小的雨滴会破碎,所以自然界中很少能观测到直径大于 6mm 的雨滴。雨滴直径略大于 0.2mm 称为毛毛雨,它从层云或雾中下降时,在空中飘浮,不易用眼睛分辨其下降情况。以降水强度表示雨的影响等级,单位为 mm/h,分为小雨、中雨、大雨和暴雨,具体分级如表 2.11 所示。

雨的分级 表 2.11

分级	降水强度(mm/h)	分级	降水强度(mm/h)
小雨	≤2.5	大雨	8.1～15.9
中雨	2.6～8.0	暴雨	≥16

雨对高速公路行车安全的影响除了干扰视野和影响驾驶人的心理与生理反应外,主要是路表水膜的润滑作用造成车辆滑溜现象,且车速越高,润滑作用越明显,路面抗滑能力越差。在雨天行车,驾驶人的视线障碍较大,能见度下降,可视距离大大缩短。同时,受水湿路面的光线反射作用的影响,驾驶人难以看清路面上标线;尤其是在夜间,加之路面灯光的反射作用,驾驶人的整体视野下降。车辆风窗玻璃清晰度降低,缩小了驾驶人的视野。这些现象的产生都可影响驾驶人对公路运营环境的视认与信息获取,给高速公路安全行车带来不利影响。

雨天轮胎与路面的附着系数明显下降,车辆制动和转向时都容易发生侧翻,制动距离将增加两倍左右。车速越高,附着系数越低;车辆制动时,车轮很容易抱死,发生侧滑和甩尾的可能性增加,导致车辆失去控制。

由于冷空气和暖湿气流的交汇等带来的大范围降雨可使数百公里的高速公路处在雨区,车辆长时间在雨中行驶,对行车安全极为不利。大范围降雨一般历时长,公路运营环境有以下特征:路面表面水膜长时间、长路段存在,导致路面附着系数降低;路面平整度较差的路段路面局部小面积积水,车辙辙槽内积水;标志可视性降低;降雨量较大时,路面特别是在超高路段积水严重。

局部降雨一般历时较短,预测较难;只要交通量不是太大,其对高速公路的大部分路段不会构成严重威胁,但对隧道出入口等公路交通设施特征变化较大的路段影响较大。强度较大的局部降雨一般发生在夏季,并常与雷电同时发生。

2.1.5.3 风环境

气压不均衡地分布在地球周围,为达到全球均衡,空气从高压地区向空气密度较小的低压地区移动,就形成了风。气象学中通常用风向、风速或风力作为风的物理参数值。风速是指单位时间内空气在水平方向上移动的距离。风压是指根据风速大小计算而得的作用在 5m×4m 墙上的总压力。各种风力等级下的风速、风压数值如表2.12所示。

各种风力等级下风速、风压数值 表2.12

风力等级	风速(m/s)	风压(N)
6	10.8~13.8	1370~2240
7	13.9~17.1	2270~2440
8	17.2~20.7	3480~5040
9	20.8~24.4	5090~7000
10	24.5~28.4	7070~9490
11	28.5~32.6	9560~12500
12	32.7~36.9	12580~16020
13	37.6~41.4	16110~20160
14	41.5~46.1	20260~25000
15	46.2~50.9	25110~30480
16	51.0~56.0	30600~36890

风对车辆行驶安全性的影响主要包括三类:①低风速效应。在较低风速条件下,气动升力系数因侧风而增加,气动稳定性下降,车辆高速行驶时驾驶人路感变差。②高风速效应。在高风速条件下,侧面积大的车辆可能被侧向风吹翻,小型车辆行驶过程中可能会严重偏向。③脉动风效应。当自然风的脉动成分能谱与车辆悬挂系统特征频率相近时,可引起车辆悬挂系统共振现象。

车辆侧风效应与路面状况(路面与轮胎间的摩擦系数)、道路线形(弯道、坡道和横坡)、车型、车速以及风速、风向等因素有关。

车辆在高速公路上行驶时,作用于汽车上的风主要包括侧向风和纵向风以及作用于汽车底部的扰流,对车辆安全运行造成影响的主要是强大的侧向风。

侧向风对面包车、大型客车等箱形车辆的影响较大,因为这类车辆的整体重心较高,侧向面积较大。质量小的小型汽车也容易受到侧向风的影响。满载货物的汽车在刮风天气高速行驶时,车上货物受到风力的作用,有可能发生摇晃、松动,甚至脱落。从车上落下的货物会严重威胁后方车辆的安全行驶,若后方车辆来不及采取避让措施,将酿成事故。根据风对高速公路运营的影响特征,可把风环境分为大范围风、通道风和涡旋气流三类。

沿海地区的台风、北方冷空气南下等产生的风均可产生大范围风环境,特别是台风,严重影响公路运营环境。多数情况下,台风和大雨、暴雨结伴。

对于高速公路来说,通道风主要是发生在山间峡谷地带。在高速公路建成后,可以通过观测,确定沿线通道风易发的路段,在相应的路段设置风向风速仪实施动态监测和预报。

我国北方干旱地区会形成移动涡旋气流(旋风),涡旋气流一般挟带沙尘,短时间内在高速公路上移动或横向移动,对高速公路运营有一定的影响;风力大时,也会带来安全问题。但这类风无法预测、预报,只能在极易发生涡旋气流的路段采用气态提示标志告知道路用户。

2.1.5.4 冰雪环境

冰是指水在0℃或0℃以下凝结成的固体。通常雪后或冬雨后温度骤降都将导致路面结冰。较多文献常用"冰雪天气"来描述此类天气状况。冰按照其形态分为冰针、冰粒与冰雾等。

冰针是由漂浮的微小薄片或针状晶体组成的天气现象,由空中水汽在严寒时直接凝华所致;经阳光照射会闪烁发光,有时可形成日柱现象,有时可降落至地面。

冰粒在气象上专指云中下降的坚硬而透明的小冰球颗粒,是透明的丸状或不规则的固态降水,较硬,着硬地一般会反弹。其直径平均为1~3mm,一般由雨滴下降过程中冻结,或雪花在空中经大部分融化后再冻结所致,常见于寒冷季节。

冰雾是由冰晶构成的雾,常见于气候严寒地区的冬季;主要由近地气层温度降到远低于 0℃时水汽凝华所致。

雪由较大的雪晶组成,雪晶的直径一般大于 0.3mm,其基本形状为六角形。雪晶在云内生长的过程中,经历的环境不断改变,因此形成了各种姿态的外观。在较高温度下,雪晶可互相碰撞粘连而成雪团,最大者直径可超过 10cm,由 4000 多个雪晶组成。依据降雪强度,降雪可分为小雪、中雪和大雪,具体分级如表 2.13 所示。

雪的分级　　　　　　　　　　表 2.13

分级	降雪强度	水平能见度(m)	24h 内雪量(mm)
小雪	较小	≥1000	≤2.5
中雪	中等	500~1000	2.5~5.0
大雪	较大	<500	>5.0

公路中的冰害主要包括冰丘、冰锥。路基底的冰丘引起路基的膨胀,导致路面开裂变形、起包,而融化时的水不能及时排除,冲破路基,沿路漫流,造成阻车,影响公路运输及安全交通。而雪害则主要体现在:雪崩的发生,可摧毁道路、桥梁及其他公路结构物;风雪流或雪崩造成大雪掩埋公路,致使交通无法畅通直至阻断,甚至造成人员伤亡;路面积雪甚至由此导致结冰,影响交通行车安全。

在我国北方初冬和残冬季节,由于昼夜气温变化较大,一是在正负温交替阶段,降雪时温度高,降雪后温度低,使路面形成冰雪或积冰雪路面;二是严寒季节路面积雪没有得到及时清除干净而被压实形成冰面。

在我国南方地区,冬季雨后,有时由于温度骤降,高速公路表面易结霜结冰,特别是跨越江河的长大桥的桥面,由于江河区域的温度本身比地面偏低,而且桥面没有能量储备,吸热快且散热也快,比路面更易结冰。

下雪时飞舞着的雪花阻碍了驾驶人的视线,同时冰雪路面比雨天路面更滑,车辆制动、转向所受影响更大。当雪后晴天时,由于积雪对阳光的强烈反射作用,又十分耀眼,产生眩目,即雪盲现象,使驾驶人的视力下降,对行车安全极为不利。

车辆在冰雪路面上行驶时,因汽车轮胎与路面的摩擦系数减小、附着力大大降低,汽车驱动轮很容易打滑或空转,尤其是上坡、启动、停车时还会出现溜车的现象。车辆在行驶中如果突然加速或减速,很容易造成侧滑及方向跑偏现象,增加车辆碰撞、剐蹭的概率;遇情况紧急制动时,制动距离会大大延长,是一般干燥路面的 2~4 倍。

2.1.5.5　典型自然环境组合

不良天气的出现往往伴随着一种或多种其他恶劣天气条件的出现,如晴天天气形成的大范围降雾、暴雨天气产生的雷电、降雪天气发生的浓雾或降雪过程中形成的冰冻等。可见,现实中发生的气象灾害可能是一系列恶劣天气条件的组合。因此,根据不同天气条件下是否产生浓雾,分别组合建立 7 种典型恶劣天气类型,如图 2.23 所示。

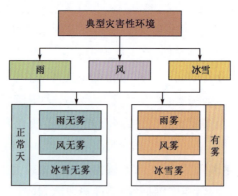

图 2.23　典型不良气象条件组合关系

2.2　高速公路客观安全性指标

高速公路客观安全性由构成高速公路客观运营环境的道路设施安全性、交通设施安全性及自然环境安全性复合组成。根据前面对高速公路客观运营环境的描述,并结合大量研究数据与调研得到,客观运营环境的安全性指标可以分为 4 类,即公路线形安全性、路面状态安全性、交通设施安全性和自然环境安全性。其对公路客观运营安全性影响的结合方式如图 2.24 所示。

第 2 章 高速公路客观运营环境及安全性评价

图 2.24 客观道路影响因素结合方式

高速公路的基本安全性由公路线形安全性决定,此外受到交通设施安全性的直接影响,而当公路线形与交通设施安全性状态趋于稳定时,公路整体安全性水平则受自然环境安全性与路面状态安全性影响。由于公路线形安全性与交通设施安全性更趋向于静态安全性指标,而路面状态安全性与自然环境安全性为动态安全性指标,有着更大的不确定性与随机性,因此,本研究将公路线形安全性评价指标与交通设施安全性评价指标作为公路客观环境评估基础指标,而将路面状态安全性评价指标与自然环境安全性评价指标作为基础指标的动态影响因子。

2.2.1 公路线形安全性

对于高速公路线形安全性的评价,其中包含多类线形设计要素,主要有平曲线半径、曲线长度、纵坡坡度及车道宽度等,因此建立的高速公路线形安全性指标应涵盖各项关键设计要素,并从安全运行的本质出发,得到各因素间的内在联系及外在表现形式。

2.2.1.1 公路线形特性参数

公路线形指标一般主要包括平曲线半径、竖曲线半径、纵坡度、转角、直线长、曲线长、纵坡长、视距、超高、加宽、横坡度、车道数、路幅宽度等众多指标。这些指标有些相互独立,部分则相互关联影响,而总体来说,这些因素既是对车辆的行驶进行限制与约束,也同样为车辆的行驶提供辅助。驾驶人根据实时的道路信息不断地进行操作,调整车辆行驶轨迹,以满足行驶需求。当公路线形与车辆行驶趋势发生冲突时,驾驶人采取措施调整车辆,使车辆行驶轨迹满足线形要求,直至再次发生冲突,如图 2.25 所示。而公路线形的平直顺畅与否,则会直接影响车辆的运行状况,包括车速、加减速度和行驶轨迹。

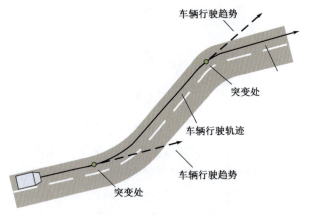

图 2.25　车辆行驶轨迹示意

因此,基于公路线形本身的形状特点,可将公路线形看作一条三维曲线,再采用评价三维线形的指标建立公路线形特性参数,提出计算方法及参考公式。

1. 概念与计算

曲率是一个表示曲线弯曲程度的量,一般用 κ 表示,通过微分来计算空间曲线上某点的切线方向角对弧长的转动率,表明曲线偏离直线的程度,如图 2.26 所示。

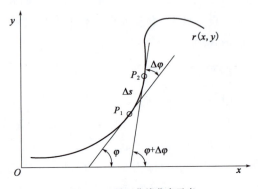

图 2.26　平面曲线曲率示意

对于三维曲线,曲率 κ 的计算形式如下:

$$\kappa(t) = \frac{|r'(t) \times r''(t)|}{|r'(t)|^3} \tag{2.1}$$

$$r(t) = \begin{pmatrix} x(t) \\ y(t) \\ z(t) \end{pmatrix}, r'(t) = \begin{pmatrix} x'(t) \\ y'(t) \\ z'(t) \end{pmatrix}, r''(t) = \begin{pmatrix} x''(t) \\ y''(t) \\ z''(t) \end{pmatrix}$$

在上述曲率 κ 的计算公式中,t 表示任意参数变量,这种计算方式没有对曲线的参数变量进行限制,具有更普遍的适用性。

2. 平面线形计算

在整个公路路线设计中,平面线形的设计这一部分是放在首位的,而任何复杂的公路线形都是按照工程设计规范要求,由直线段、圆曲线段和缓和曲线段通过不同的组合形成的。在公路线形的测量坐标系统中,平面坐标(x,y)可以用一个参数方程来表示:

$$r(x,y) = (F_x(l), F_y(l)) \tag{2.2}$$

式中:l——桩号(里程数)(m)。

参数方程式(2.2)是一个分段的函数,$F_x(l)$ 与 $F_y(l)$ 在不同的直线段区间、圆曲线段区间、缓和曲线段区间内有着不同的表达式。

对于直线段,可以将其理解为是一条任意一点的曲率半径均为无穷大的曲线,因此将直线段并入曲线段一起进行计算,能够将组成公路路线的 3 种基本线形(曲线单元)即直线、圆曲线和缓和曲线融为一体。任何一个曲线单元都可由该曲线单元起点的曲率半径 R_o、终点半径 R_e 及曲线单元长度 S 确定该曲线单元的几何形状和大小,故把 R_o、R_e 和 S 三者统称为曲线单元要素。而三种基本曲线单元可以根据以上三种曲线单元要素进行分类和区别。

①当 $R_o = R_e = \infty$ 时,为长度为 S 的直线段。

②当 $R_o = R_e = R$ 时,为长度为 S、半径为 R 的圆曲线段。

③当 $R_o \neq R_e$ 时,为长度为 S、起点半径为 R_o、终点半径为 R_e 的缓和曲线。

只要知道每个平曲线单元的起点 o 的里程值 l_o,则该曲线段上的(x,y)均可以进行计算。为了便于计算,定义计算点 p 的计算里程长 $l = l_p - l_o$,曲率为 k,偏角为 β,曲线段里程长 $S = l_e - l_o$,计算示意图如图 2.27 所示,计算过程如下。

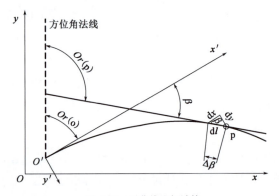

图 2.27 平曲线坐标计算

取微元 $dl = R_i d\beta \Rightarrow d\beta = k_i dl$，可以推得：

$$\beta = \int_0^l k_i dl = k_o l + \frac{k_e - k_o}{2S} l^2 \tag{2.3}$$

临时坐标系内的坐标计算公式为：

$$x = \int_0^l \cos\beta dl, y = \int_0^l \sin\beta dl \tag{2.4}$$

根据式(2.4)可以得出，当点 p 的计算曲线长为 l 时，该点在临时坐标系内的坐标为：

$$\begin{cases} x = \int_0^l \cos\beta dl \\ y = \int_0^l \sin\beta dl \end{cases}, \beta = \int_0^l k_i dl = k_o l + \frac{k_e - k_o}{2S} l^2 \tag{2.5}$$

而直线与圆曲线可以理解成缓和曲线的特殊形式，根据计算，缓和曲线段的计算公式适用于直线段与圆曲线段的计算。

3. 纵断面线形计算

用二次抛物线作为竖曲线的纵断面设计线形，直线段连接着二次抛物线两端构成整个变坡。建立如图 2.28 所示临时坐标系 $xO'y$ 后，进行二次抛物线形的计算。

在临时坐标系内，曲线函数为二次抛物线为：

$$x = ay^2 + by, i = \frac{dx}{dy} = 2ay + b \tag{2.6}$$

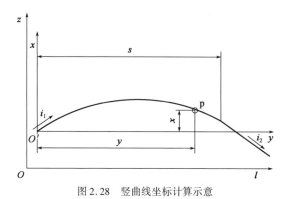

图 2.28 竖曲线坐标计算示意

将竖曲线起点、终点坐标代入后,得到二次抛物线形竖曲线的计算公式:

$$z = z_o + \frac{\omega}{2S}l^2 + i_1 l \tag{2.7}$$

根据计算,该竖曲线段的计算公式适用于直线段的计算。

4. 空间曲率计算

本次高速公路三维线形的数学模型采用 xOy 平面的投影曲线长 t 作为唯一参数,结合前面的计算结果,并进行参数的统一,其曲线参数式方程可以表示为:

$$r(t) = \left[\int_0^t \cos\left(k_o t + \frac{k_e - k_o}{2S}t^2\right)dt, \int_0^t \sin\left(k_o t + \frac{k_e - k_o}{2S}t^2\right)dt, \right.$$
$$\left. z_o + \frac{i_e - i_o}{2S}t^2 + i_o t \right] \tag{2.8}$$

$$r(t) \begin{cases} x = \int_0^t \cos\left(k_o t + \dfrac{k_e - k_o}{2S}t^2\right)dt \\ y = \int_0^t \sin\left(k_o t + \dfrac{k_e - k_o}{2S}t^2\right)dt \\ z = z_o + \dfrac{i_e - i_o}{2S}t^2 + i_o t \end{cases} \tag{2.9}$$

式中:t——计算点到线形单元起点距离(m);

k_o——线形单元起点的 xOy 平面曲率(m^{-1});

k_e——线形单元终点的 xOy 平面曲率(m^{-1});

S——线形单元的 xOy 平面投影曲线长(m);

z_o——线形单元起点的竖平面坐标值(m);

i_o——线形单元起点的竖平面斜率;

i_e——线形单元终点的竖平面斜率。

式(2.8)中的线形单元起、终点应定义为按照平纵路段线形分别进行划分的路段的起、终点。由于作为道路空间指标的曲率仅与该点处的线形特征有关,计算时无须考虑所在线形单元的特性以及单元起点的法向方位角,因此该曲线参数方程满足计算要求。

由于平面投影曲线长 t 并不完全等价于曲线长 S,故曲率 κ 计算公式不采用空间曲率计算的第一种形式,而采用空间曲率计算的第二种形式。

经过化简和计算后得到以下表达式:

$$\kappa(t) = \frac{\sqrt{\left(\dfrac{i_e-i_o}{S}\right)^2 + \left(\dfrac{i_e-i_o}{S}t+i_o\right)^2 \left(k_o+\dfrac{k_e-k_o}{S}t\right)^2 + \left(k_o+\dfrac{k_e-k_o}{S}t\right)^2}}{\left[1+\left(\dfrac{i_e-i_o}{S}t+i_o\right)^2\right]^{\frac{3}{2}}} \quad (2.10)$$

式(2.10)中,$\dfrac{i_e-i_o}{S}t+i_o$ 是点在其线形单元内的竖曲线斜率 i 的线性插值,由于设计采用的竖曲线为二次抛物线,所以该线性插值在数值上等于该点处的坡度,记作 i_t;$k_o+\dfrac{k_e-k_o}{S}t$ 是点在其线形单元内的平曲线曲率 k 的线性插值,根据直线、缓和曲线和圆曲线的设计方法,该线性插值在数值上等于该点处的曲率,记作 k_t;$\dfrac{i_e-i_o}{S}$ 是点所在的线形单元的竖曲线斜率 i 的线性变化率,记作 di_t。因此,道路线形曲率表达式可以整理为:

$$\kappa(t) = \frac{\sqrt{di_t^2 + i_t^2 k_t^2 + k_t^2}}{(1+i_t^2)^{3/2}} \quad (2.11)$$

在进行三维曲率计算时,考虑在 i_t 之前添加一个修正参数 B,该参数用来表征 z 方向上的作用不同于其他两个方向的效果。由于 di_t 在线形上的作用并不敏感,也是一个很难评价的指标,一旦修正将对空间曲率值造成较大突

变,所以式(2.11)修正为:

$$\kappa'(t) = \frac{\sqrt{\mathrm{d}i_t^2 + Bi_t^2 k_t^2 + k_t^2}}{(1 + Bi_t^2)^{3/2}} \tag{2.12}$$

将该计算值记为 κ'_t,图 2.29 所示为空间曲率计算公式纵坡修正示意。

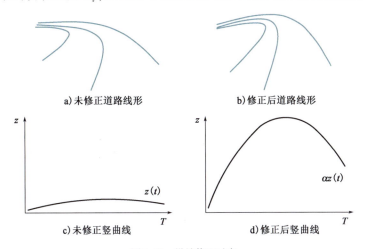

图 2.29　纵坡修正示意

图 2.29 是将 $z(t)$ 乘以放大系数 $\alpha(\alpha = \sqrt{B})$ 而产生的虚拟线形,这样一来坡度的作用有所放大,其变化对车辆运行的影响更加明显,与实际情况相符。

在对车速数据的初步分析基础上,主要参考《公路项目安全性评价规范》(JTG B05—2015),将车辆分为:A 型车(小客车),小客车、吉普车与小型面包车;D 型车(大货车),大货车与拖挂车。

采用多参数非线性回归,并结合研究的道路线形特点,计算得到小客车的 B 值为 134.041, $R^2 = 0.730$;大货车的 B 值为 250.772, $R^2 = 0.665$。图 2.30、图 2.31 所示分别为当 B 值为 134.041 与 250.772 时的 κ 值($\mathrm{d}i_t = 0$)。

可以发现,大货车的 B 值要明显大于小客车,而 B 的大小反映了竖曲线对车辆行驶性能的影响大小。由于重型车辆的爬坡能力、制动性能等都要明显逊于小型车辆,因此,在遇到竖曲线坡段时,重型车辆对坡度更为敏感,表现为 B 值较大。综上所述,空间曲率指标如下:

小客车 $$\kappa_a = \frac{\sqrt{\mathrm{d}i_t^2 - 134.041 i_t |i_t| k_t^2 + k_t^2}}{(1 - 134.041 i_t |i_t|)^{3/2}} \quad (2.13)$$

大货车 $$\kappa_d = \frac{\sqrt{\mathrm{d}i_t^2 - 250.772 i_t |i_t| k_t^2 + k_t^2}}{(1 - 250.772 i_t |i_t|)^{3/2}} \quad (2.14)$$

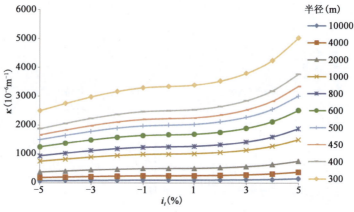

图 2.30　B 为 134.041 时的 κ 值

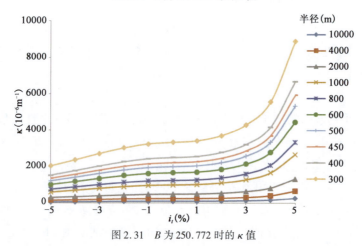

图 2.31　B 为 250.772 时的 κ 值

2.2.1.2　公路线形安全性指标

在计算路段的各项空间曲率指标 κ 时,首先对路段内断面的空间曲率值进行参数的采集,取 10m 作为计算断面步长,分两种车型进行各断面空间曲率的计算。

1. 指标选取

在确定了空间曲率计算以及计算路段的划分之后,就需要对计算路段上各断面的空间曲率进行特征指标的提取,为其后道路线形与事故率(百万车公里)的相关性分析做好准备。在查阅相关国内外资料及对断面资料进行初步分析后,确定了对以下各断面空间曲率特征指标进行研究,分别为:断面空间曲率标准差 σ_κ、断面空间曲率平均值 $\bar{\kappa}$、路段空间曲率变异系数 C_κ、客货曲率极差比 M_κ。对各特征指标的定义及计算方法进行说明。

(1) 断面空间曲率标准差 σ_κ:在对路段断面的空间曲率进行分析时,采用了空间曲率标准差来描述路段内各线形组合的离散性,若对 n 个断面进行计算,则其计算公式为:

$$\sigma_\kappa = \sqrt{\frac{P_a \sum (\kappa_{ai} - \bar{\kappa}_a)^2 + P_d \sum (\kappa_{di} - \bar{\kappa}_d)^2}{n-1}} \quad (2.15)$$

(2) 断面空间曲率平均值 $\bar{\kappa}$:采用路段中各断面空间曲率平均值表征整个路段线形水平,反映路段的整体水平,若对 n 个断面进行计算,则其计算公式为:

$$\bar{\kappa} = \frac{\sum \kappa_a P_a + \sum \kappa_d P_d}{n} \quad (2.16)$$

(3) 路段空间曲率变异系数 C_κ:车速标准差 σ_κ 具有由于路段中其断面值的变化会对整个指标产生显著影响的特点,为了克服这类受样本波动较大的影响,将路段空间曲率的平均水平也考虑进去,则其计算公式为:

$$C_\kappa = \frac{\sigma_\kappa}{\bar{\kappa}} \quad (2.17)$$

(4) 客货曲率极差比 M_κ:由于在同一路段断面小汽车与货车的动力性能有较大差异,主要表现在车速及车速的控制上,并反映到空间曲率计算参数的不同,而这种差异也对道路的运行安全水平产生影响,需要对两种车型的空间曲率值进行比较计算,因此提出客货曲率极差的概念。同时,为了能很好地表现出路段内各断面客货差的离散性,引入路段客货极差比进行分析计算,以减小由于样本数据的波动产生的影响,其计算公式为:

$$M_\kappa = \frac{\max \Delta m - \min \Delta m}{\overline{\Delta m}} \quad (2.18)$$

上述式中：σ_κ——断面空间曲率标准差（m^{-1}）；

κ_a——小客车空间曲率值（m^{-1}）；

κ_d——大货车空间曲率值（m^{-1}）；

P_a——路段客车占有率，以客车与所有车型的比值计算；

P_d——路段货车占有率，以货车与所有车型的比值计算；

$\overline{\kappa}$——断面空间曲率平均值（m^{-1}）；

C_κ——路段空间曲率变异系数；

M_κ——客货曲率极差比；

Δm——断面客货曲率差（m^{-1}）；

$\overline{\Delta m}$——断面客货曲率差平均值（m^{-1}）。

2. 指标分析

首先对各项指标与事故率的相关性进行分析。表 2.14 所示为调研采用的 21 个路段（3480 个断面，小客车占有率 69.1%）的事故率 I（单位：起/百万车公里）、标准差、平均值、变异系数、极差比的数据（正常天气，自由流交通），而表 2.15 所示为该组路段事故率及各指标相关性检验结果。

各路段事故率及空间曲率指标　　　　表 2.14

路段编号	事故率	标准差	平均值	变异系数	极差比
1	0.091	0.000965	0.000722	0.749	2.19
2	0.181	0.001135	0.000493	0.435	3.13
3	0.181	0.001537	0.001095	0.712	2.68
…	…	…	…	…	…
19	0.19	0.000370	0.000281	0.759	3.69
20	0.263	0.000947	0.000379	0.400	2.10
21	0.214	0.001357	0.000360	0.265	2.05

事故率与空间曲率指标相关性检验　　　　表 2.15

项目		事故率	标准差	平均值	变异系数	极差比
事故率	Pearson 相关性	1	0.773	0.445	−0.424	0.831
	显著性（双侧）	—	0.000	0.043	0.056	0.000

通过表 2.15 所示的相关性检验结果分析得到，各项指标与事故率有着较好的相关性，特别是标准差和极差比均达到了 0.05 双侧水平上显著相关，而

变异系数与事故率相关性较低。分析其原因,主要是计算断面样本较多,数据波动较小,在进行与均值的比值计算后数据与路段事故率较不敏感。对于不同线形组合的路段,其断面标准差与客货极差的差异较为明显,对不同线形间空间曲率的差异较为敏感。根据相关性分析,进行事故率与各项空间曲率指标的回归,回归模型均采用二次多项式,回归结果如图 2.32 ~ 图 2.35 所示。

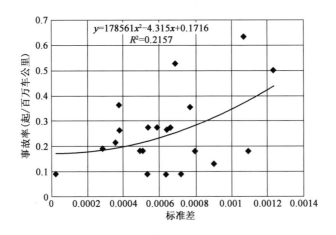

图 2.32　事故率与标准差回归结果

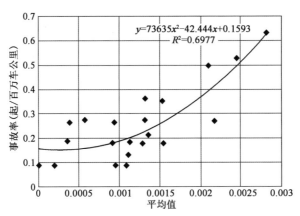

图 2.33　事故率与平均值回归结果

通过图 2.32 ~ 图 2.35 所示二次多项式回归结果分析得到,事故率与曲率标准差的相关系数较小,回归模型拟合度较低。而事故率与曲率平均值的回归模型相关系数接近 0.7,但考虑其相关性检验结果可靠度不高,需要进行进一步的试验分析与计算,以保证其可靠性。本次试验结果中的事故率与变异系数关系结果最差,其回归模型相关系数仅有 0.2 左右,说明变异系数与路段事故率的关系并不明显,并且根据空间曲率变异系数定性分析,该数值应与路段事故率为正相关关系,但试验结果中未能体现,因此可以认为曲率变异系数不适用于对路段安全水平进行评价。客货曲率极差比指标对路段事故率有着较为敏感的响应以及较好的拟合关系。

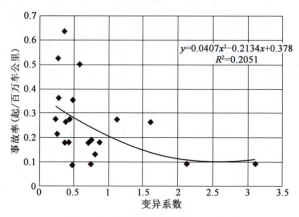

图 2.34　事故率与变异系数回归结果

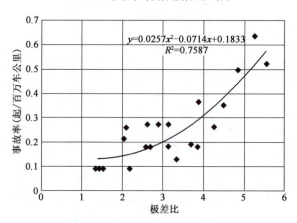

图 2.35　事故率与极差比回归结果

2.2.2　路面状态安全性

对路面使用性能的评价模型可以采用单一的使用性能属性进行评价,如损坏状况评价、行驶质量评价、结构承载力评价或抗滑能力评价等。同时,也可以将多种路面使用属性综合起来,采用一个综合评价指标。

2.2.2.1 路面状态评价

路面状态评价与管理中所需要的路面数据分类如表2.16所示。

路面检测内容与数据分类　　　　表2.16

检测内容	检测数据
结构强度	弯沉
抗滑能力	摩阻系数、构造深度
车辙	车辙深度
结构参数	结构层厚度与材料模量
平整度	国际平整度指数
损坏状况	表面破损以及路面内部缺陷
基本数据	路面厚度、宽度、路面和路肩类型

路面的损坏形式多种多样,并且很少出现单一的损坏形式,往往是同时出现两种及以上的损坏。在制定路面养护维修计划时,就有必要根据路面的损坏调查和分析对路面状况做出综合评价。为此,国内外都对路面综合评价指标与各类损坏形式及其严重程度之间的关系,综合评价指标与路面类型、环境条件和交通量等关系进行了长期大量的研究,以建立沥青路面使用性能模型。20世纪60年代初期,美国各州公路工作者协会(AASHTO)道路试验最重要的成果之一就是提出了路面使用性能的评价方法,建立了路面评价模型。而路面状态安全性状况有以下几个评价方面。

1. 路面状况指数

路面状况对运营安全性具有重要影响。路面平整度是反映车辆行驶舒适性的重要指标,路面的破损情况对行车的舒适与安全都构成影响。路面平整度对安全的影响主要表现在路面平整度对驾驶人驾驶行为的影响以及由于路面平整度所引起的车辆振动对驾乘人员舒适性的影响。平整度的降低,特别是路面破碎程度的增加,使得驾驶人为提高驾乘人员舒适度,在行车过程中需要根据路面状况不断变换车道,从而影响行车安全。同时,路面不平整或车辙还容易形成路面积水,造成车辆滑水,是雨天事故的主要原因。各类路段路面状况的评价采用路面损坏状况指数 PCI 这一综合指标。

2. 路面抗滑能力

路面抗滑能力是交通安全的迫切要求,采用侧向力系数 SFC 对路面的抗滑能力进行评价。根据英国道路研究实验室(TRRL)有关抗滑能力标准的研究,采用表2.17 所示标准来评定路面的抗滑能力。

抗滑能力等级　　　　　　　　　　　表 2.17

路面抗滑能力等级	1	2	3	4
SFC	≥0.50	0.50~0.40	0.40~0.30	<0.30

2.2.2.2 路面状态影响因素分析

路面使用性能及行车安全性,即路面状态性能的评价一般是由道路养护工程师和道路使用者组成的专家组对典型路段进行评分,但专家评价只能限于少量路段。路面平整度不仅反映了路面的行驶舒适性,也从一定程度上反映出路面是否安全。苏联科学家巴布可夫对路面平整度与交通安全的关系进行了论述,结论表明,路面坑槽和起伏容易引发交通事故,将其统称为变形的路面。根据统计数据,在不良道路条件下引起的交通事故中,13%~18%的交通事故是由路面不平整引起的,变形路面在整体道路中的比例与事故率之间存在着一定的相关关系,如图 2.36 所示。

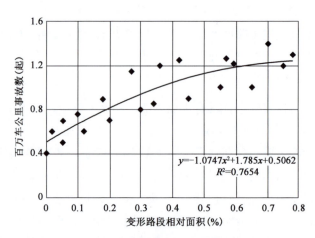

图 2.36　变形路面与事故率间相关关系

通过对交通事故机理的分析表明,路面不平整导致行车安全下降的原因是多方面的:不平整路段开始处的事故大部分是由于前面行驶的车辆速度突然降低,其后的车辆来不及采取制动措施而与其相撞造成的;而在不平整路面的中间部分,事故的发生往往是由于行车绕避本车道的坑槽而驶入其他车道,因此引发了碰撞;另外,路面不平整会导致车辆本身的振动幅度增大,这也是引发碰撞的诱因之一。

2.2.2.3 路面状态安全性指标

为便于对路面状况进行大规模评价,必须寻找路面状况的测定数据与专家评分值之间的联系,即建立主观专家评分与客观实测数据之间的关系,也即沥青路面使用性能与路面状态间的关系。评价路面使用性能时考虑路面状况对路面行车安全性的影响,其对外界的影响忽略不计。而在建立路面状况评价模型时,采用以下两个方面进行路面状态评价:

①采用路面表面破损数据对路面状况进行评价。

②采用平整度对车辆行驶舒适性进行间接评价。

分析发现,影响路面使用性能的主要因素有车辙、裂缝和平整度等。由于有些影响因素难以定量分析,在专家组进行实际评分时,忽略了这些影响因素(如路面宽度、坡度、线形、交通量和景观等)。在建立路面状态安全性指标 PCSI 模型时,只考虑将与路面状况、行车安全有直接关系的因素作为评价指标。通过对部分道路病害调查和数据分析,采用了如下模型:

$$\text{PCSI} = f(\text{VBI}, \text{DR}) \tag{2.19}$$

式中:PCSI——路面状况指数;

VBI——路面平整度(mm/km);

DR——路面破损率(%)。

路面平整度 VBI 采用颠簸累计仪进行数据采集,路面破损率 DR 计算公式如下:

$$\text{DR} = \frac{\sum A_i \omega_i}{A} \tag{2.20}$$

式中:DR——路面破损率(%);

A_i——第 i 类破损的面积(m^2);

ω_i——破损权重;

A——路面面积(m^2)。

各类破损权重 ω_i 取值如表 2.18 所示,其中纵向与横向裂缝面积以实测长度乘以 0.2m 宽度作为其破损面积。

路面破损权重 表 2.18

破损类型	权重	破损类型	权重
龟裂	0.8	坑槽	0.9
不规则裂缝	0.3	松散	0.3
纵裂	0.5	沉陷	0.7
横裂	0.3	车辙	0.7

2.2.3 交通设施安全性

交通设施对于公路安全性的提高体现在减少交通事故、伤亡人数,减少二次事故的发生率,减少事故经济损失,减少事故和其他交通异常事件的反应时间,减轻驾乘人员的疲劳程度等方面。交通设施安全性方面的评价,可采用基于层次分析的评价原理,同时由于综合评价的集与权向量有关,对于不同的道路分析对象,同一分析对象的不同路段,其交通设施环境、安全性需求也不相同,这种不同在评价过程中主要体现在各评价因素、集的权重不同。

对于交通设施的评价,首先应进行集分析,对其中的因素集、评判集和权重集分别进行论证与计算。在确定不同集的内容及其相对应的评价标准后,利用权重集的计算得到最终的交通设施安全性评价结果,整个计算过程采用基于专家打分的层次分析机制,并针对不同路段的特性提出综合权重分析机制。

1. 因素集

因素集是指由影响交通设施评价对象评价取值的各因素组成的集合,通常用字母 U 来表示,即 $U = \{U_1, U_2, \cdots, U_m\}$。如果按二级评价指标进行拓展,则二级因素集表示为 $U_i = \{U_{i1}, U_{i2}, \cdots, U_{ij}\}$,其中 U_{ij} 表示第 i 个子集的第 j 个方面影响因素子集。由此得到交通工程质量评价结构层次,如图 2.37 所示。

第 2 章 高速公路客观运营环境及安全性评价

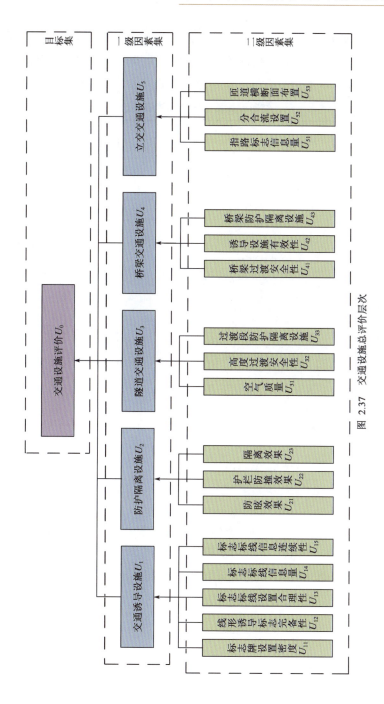

图 2.37 交通设施总评价层次

对各类交通设施进行质量评价时,还需对相应的指标层因素进行量化分级。可将质量标准分为3级,即Ⅰ良好、Ⅱ一般、Ⅲ不良,将各类评价因素转化为数字,各种影响因素对应的评价质量标准见表2.19。

交通设施质量各指标等级评价　　　　表2.19

因素		质量标准		
		Ⅰ	Ⅱ	Ⅲ
交通诱导设施 U_1	标志牌设置密度 U_{11}	7~10	4~7	0~4
	线形诱导标志完备性 U_{12}			
	标志标线设置合理性 U_{13}			
	标志标线信息量 U_{14}			
	标志标线信息连续性 U_{15}			
防护隔离设施 U_2	防眩效果 U_{21}			
	护栏防撞效果 U_{22}			
	隔离栅效果 U_{23}			
隧道交通设施 U_3	空气质量 U_{31}			
	亮度过渡安全性 U_{32}			
	过渡段防护隔离设施 U_{33}			
桥梁交通设施 U_4	桥梁过渡安全性 U_{41}			
	诱导设施有效性 U_{42}			
	桥梁防护隔离设施 U_{43}			
立交交通设施 U_5	指路标志信息量 U_{51}			
	分合流设置 U_{52}			
	匝道横断面布置 U_{53}			

2. 交通设施评判集

评判集是由评价结果组成的集合,对于交通设施质量的评价结果,可用集合 $V=\{V_1,V_2,V_3\}$ 表示。根据因素集的定义,给出了评判集的标准:7~10为良好,4~7为一般,0~4为不良。同时结合前述高速公路交通环境分析,定义各项评判指标相对应的评判标准。

2.2.3.1 交通诱导设施集

1. 标志牌设置密度

在车辆行驶过程中,交通标志提供的交通信息进入驾驶人视野,并存储于短时记忆中。当在一个路段多个位置设置标志牌时,在一些情况下会造成信息过载或信息忽略。道路用户总是希望在较短的时间内获得一定路段及行车时间内所需的必要交通信息,以便做出正确的驾驶操作。如果在一定路段内出现多项信息,将造成信息过载,驾驶人难以记忆,存在错过其中重要信息的标志、标识的风险。因此,提出标志牌设置密度的评价标准,主要采用行车沿线观察的方式,针对同一类型标志信息的设置密度,基于每单位长度同一类型标志牌设置数量作为信息量评价指标,计算公式如下:

$$u_{11} = \frac{\sum R_i}{S} \tag{2.21}$$

式中:u_{11}——评价集元素 U_{11} 评价值;

R_i——对于第 i 类标志牌设置密度的专家打分;

S——评价段内标志牌类型总数。

标志牌设置密度的评定标准则直接以专家评分的形式给出评分值(单位:处/km),评估标准分为 3 个等级,各等级的评价标准如图 2.38 所示。

图 2.38 标志牌设置密度描述

2. 线形诱导标志完备性

视线诱导设施是指设置在车道两侧,用以指示道路方向、行车道边界及危险路面位置的设施的总称,包括轮廓标、分合流标、指示线形诱导标等。线形诱导标志的完备性反映了整个路段对高速公路线形状态提示的服务水平,应通过现场调查来确定。视线诱导设施的视线诱导性、警告性反映了其诱导交通、提示警告等作用的发挥,通过对驾乘人员随机调查的方式来确定,根据驾乘人员的实际感受来确定等级,分为 3 个等级。根据不同路段的诱导需求,提出如下基于诱导需求和诱导效果的线形诱导标志完备性评价公式:

$$u_{12} = \frac{\sum L_i R_i}{L} \tag{2.22}$$

式中:u_{12}——评价集元素 U_{12} 评价值;

L_i——第 i 诱导路段设置长度(m);

L——需进行诱导的路段总长度(m);

R_i——对于第 i 诱导路段诱导效果的专家打分。

诱导效果的评定标准则直接以专家评分的形式给出评分值,评估标准分为 3 个等级,各等级的定性描述如图 2.39 所示。

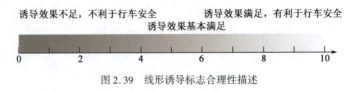

图 2.39　线形诱导标志合理性描述

3.标志标线设置合理性

标志标线的设置情况对于标志标线的服务功能有着极重要的作用,其中标志标线的可视距离、设施位置及标志的尺寸、字高、颜色、反光强度等为主要影响因素,具体评估内容如图 2.40 所示。

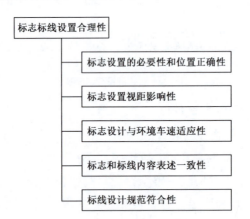

图 2.40　标志标线设置合理性评估

$$u_{13} = \frac{\sum R_i}{5} \quad (2.23)$$

式中:u_{13}——评价集元素 U_{13} 评价值;

R_i——对于第 i 项指标的专家打分。

指标评定标准则直接以专家评分的形式给出评分值,评估标准分为 3 个等级,各等级的定性描述如图 2.41 所示。

图2.41 标志标线设置合理性描述1

4. 标志标线信息量

交通标志信息增加,驾驶人视觉认知负担也随之加大,当标志信息强度过低或过高时,驾驶人为读懂交通标志需降低车速以增加认知时间。由于驾驶人视认能力有较大差异,进行标志认知时,减速时间与减速起终点均存在差异,而熟悉路况的驾驶人不需要减速,因此,视认强度引起认知时间的不同将导致车速差异,造成行车安全隐患。

在驾驶人驾驶过程中,公路交通信息进入视野,并存储于短时记忆中,但驾驶人的短时记忆信息容量有限,当信息量过多以致信息过载时,将大大增加驾驶人认知时间,造成认知困难。因此,在同一视觉断面上,同一类型标志信息不应超过7个,确保交通信息被全面理解和接收。该项指标采用人工沿线观察的方式,并对各路段的标志标线信息进行统计,计算公式如下:

$$u_{14} = \frac{\sum R_i}{S} \tag{2.24}$$

式中:u_{14}——评价集元素U_{14}评价值;

R_i——路段i标志标线的评定结果;

S——设置标志标线的路段总数。

指标评定标准则直接以专家评分的形式给出评分值,评估标准分为3个等级,各等级的评价标准如图2.42所示。

图2.42 标志标线设置合理性描述2

5. 标志标线信息连续性

驾驶人驾车过程中,需要接收较多的公路交通信息,而各种不同的信息也会互相造成信息干扰;同时,在长时间的行驶过程中,驾驶人记忆认知能力有限,不可避免地会产生信息遗忘。因此,在路段对重要交通标志信息如指路信息等按一定规律重复出现,加强信息的连续性和衔接性,以符合驾驶人的认知能力和认知过程,减少视觉干扰和视觉遗忘,确保驾驶人及时、准确地认知各类交通信息,保证驾驶安全性。该项指标采用人工沿线观察的方式,并对各路段的标志标线的指示信息进行统计,计算公式如下:

$$u_{15} = \frac{\sum R_i}{S} \tag{2.25}$$

式中:u_{15}——评价集元素 U_{15} 评价值;

R_i——路段 i 指示信息连续性的评定结果;

S——设置指示信息的路段总数。

指标评定标准则直接以专家评分的形式给出评分值,评估标准分为 3 个等级,各等级的定性描述如图 2.43 所示。

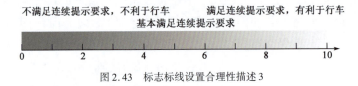

图 2.43 标志标线设置合理性描述 3

2.2.3.2 防护隔离设施集

1. 防眩效果

防眩效果主要从防眩设施的完备性、防眩高度以及连续性三个方面来反映,如图 2.44 所示。该项指标通过现场调查及计算来确定,采用人工沿线观察的方式,并对各路段的防眩设施信息进行统计,计算公式如下:

$$u_{21} = \frac{\sum L_i R_i}{L} \tag{2.26}$$

式中:u_{21}——评价集元素 U_{21} 评价值;

L_i——第 i 防眩路段设置长度(m);

R_i——对于第 i 项防眩路段的专家打分值;

L——需进行防眩设计的路段总长度(m)。

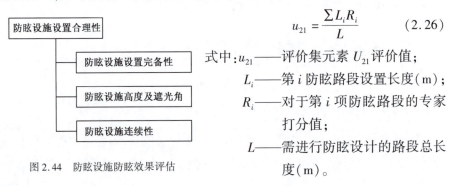

图 2.44 防眩设施防眩效果评估

指标评定标准则直接以专家评分的形式给出评分值,评估标准分为3个等级,各等级的定性描述如图2.45所示。

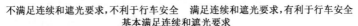

图2.45 防眩设施设置合理性描述

2. 护栏防撞效果

护栏的防撞机理是通过护栏和车辆的弹塑性变形、摩擦、车体变位来吸收车辆碰撞能量,从而达到保护驾驶人和乘客生命安全的目的。护栏的防撞效果主要从护栏设置的正确性、等级形式、连续性、高度和稳定性5个方面来反映,如图2.46所示。该项指标通过现场调查及计算来确定,采用人工沿线观察的方式,并对各路段的护栏设施信息进行统计,计算公式如下:

$$u_{22} = \frac{\sum R_i}{5} \tag{2.27}$$

式中:u_{22}——评价集元素 U_{22} 评价值;

R_i——对于第 i 项指标的专家打分。

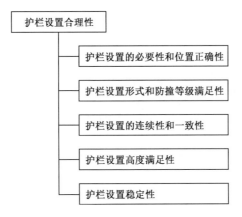

图2.46 护栏防撞效果评估

指标评定标准则直接以专家评分的形式给出评分值,评估标准分为3个等级,各等级的定性描述如图2.47所示。

图2.47 护栏防撞效果描述

3. 隔离栅效果

隔离栅效果主要由护栏的完备率来体现,而护栏完备率反映了整个隔离设施的完整性与有效性。护栏完备率的计算则是根据已设置的护栏数与需要设置的护栏数的比值,同时附上护栏状态及权重。对于是否需要设置护栏,则根据路段交通事故率、车辆驶出路外的可能性和路侧危险程度等条件确定。护栏完备率即隔离栅效果的计算公式如下:

$$u_{23} = \frac{\sum L_i R_i}{L} \quad (2.28)$$

式中:u_{23}——评价集元素 U_{23} 评价值;

L_i——已设置护栏 i 的长度(m);

R_i——已设置护栏 i 的状态,以专家调查为准;

L——设置护栏总长度(m)。

指标评定标准则直接以专家评分的形式给出评分值,评估标准分为3个等级,各等级的定性描述如图2.48所示。

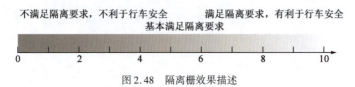

图2.48 隔离栅效果描述

2.2.3.3 隧道交通设施集

1. 空气质量

隧道内空气质量主要指 CO 的浓度及烟雾浓度,这些空气污染物主要来自过往机动车的排放和车辆携带的尘土及卷起的尘埃,是对人、卫生和安全影响最大的污染物,同时当空气污染物浓度达到一定程度时,不但影响隧道内驾驶人身体健康,并有发生火灾的风险。对隧道内空气污染状况的评估采用实

测的方式进行,计算公式如下:

$$u_{31} = \frac{R_{CO} + R_{fog}}{2} \tag{2.29}$$

式中:u_{31}——评价集元素 U_{31} 评价值;

R_{CO}——对于隧道内 CO 浓度指标的计算评价;

R_{fog}——对于隧道内烟雾浓度指标的计算评价。

对于空气质量评价元素,其中 CO 浓度采用图 2.49 所示标准(单位: 10^{-6}),并直接实测计算给出评分值,评估标准分为 3 个等级。

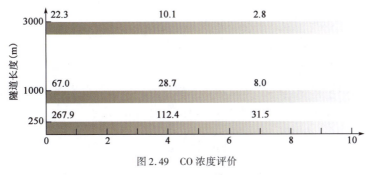

图 2.49　CO 浓度评价

烟雾浓度指标安全评价标准如图 2.50 所示(单位: m^{-1}),并直接实测计算给出评分值,评估标准分为 3 个等级。

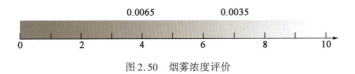

图 2.50　烟雾浓度评价

2.亮度过渡安全性

隧道运营环境对驾驶人视觉心理影响具有区别于其他运营环境的特殊性,当车辆通过时,光强的变化会对驾驶人视觉生理以及心理产生影响。在白天,当车辆高速驶入隧道时容易产生"黑洞"效应,快速驶出时又容易产生"白洞"效应;夜晚则相反,驶入隧道时产生"白洞"效应,驶出时又产生"黑洞"效应。试验证明,这种视觉生理心理影响同行车速度、照明设计、洞口设计、路面结构、隧道洞壁等因素有关。根据项目组的研究成果,构建隧道出入口亮度过渡指标。

(1)隧道入口亮度过渡指标

$$I_{in} = 0.019\frac{1}{k_1} + 0.087(e^{0.1k_2} - 1) \qquad (2.30)$$

式中:I_{in}——隧道入口亮度过渡指标;
k_1——入口段亮度与入口外路面亮度比值;
k_2——入口段亮度变化率。

(2)隧道出口亮度过渡指标

$$I_{out} = 0.015\frac{1}{k_1} + 0.022(e^{0.1k_2} - 1) \qquad (2.31)$$

式中:I_{out}——隧道出口亮度过渡指标;
k_1——出口段亮度与出口外路面亮度比值;
k_2——出口段亮度变化率。

因此,依据亮度过渡对驾驶人在隧道出入口处的驾驶安全的影响,提出隧道出入口亮度过渡技术指标安全评价标准,如式(2.32)所示。

$$u_{32} = \frac{R_{in} + R_{out}}{2} \qquad (2.32)$$

式中:u_{32}——评价集元素 U_{32} 评价值;
R_{in}——对于隧道入口亮度过渡指标的计算评价;
R_{out}——对于隧道出口亮度过渡指标的计算评价。

根据所计算的隧道入口亮度过渡指标 I_{in} 与隧道出口亮度过渡指标 I_{out},隧道出入口亮度过渡评价标准如图2.51所示,评估标准分为3个等级。

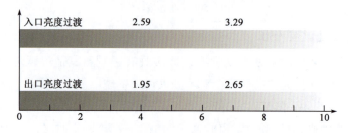

图2.51 隧道出入口亮度过渡评价

3.过渡段防护隔离设施

隧道洞口过渡段的防护隔离设施,主要是指洞口的设施布置,以及护栏的过渡形式,不同类型路侧护栏相连接时,连接处的过渡设计应符合安全要求。隧道过渡段防护效果评估内容如图2.52所示,评估计算公式如下:

$$u_{33} = \frac{\sum R_i}{4} \tag{2.33}$$

式中：u_{33}——评价集元素U_{33}评价值；

R_i——对于第i项指标的专家打分。

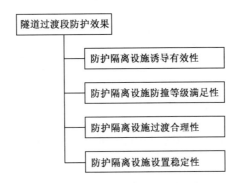

图2.52 隧道过渡段防护效果评估

指标评定标准则直接以专家评分的形式给出评分值,评估标准分为3个等级,各等级的定性描述如图2.53所示。

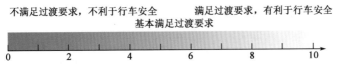

图2.53 隧道过渡段防护效果描述

2.2.3.4 桥梁交通设施集

1.桥梁过渡安全性

桥梁的过渡主要由横断面过渡、防护隔离设施过渡及路面过渡3个部分组成,从而保证车辆由普通路段行驶至桥梁路段时的行车稳定性,因此桥梁过渡安全性评价内容如图2.54所示,评价计算公式如下：

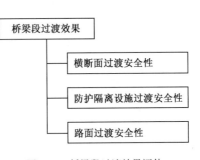

图2.54 桥梁段过渡效果评估

$$u_{41} = \frac{\sum R_i}{3} \tag{2.34}$$

式中：u_{41}——评价集元素 U_{41} 评价值；

R_i——对于第 i 项指标的专家打分。

指标评定标准则直接以专家评分的形式给出评分值，评估标准分为 3 个等级，各等级的定性描述如图 2.55 所示。

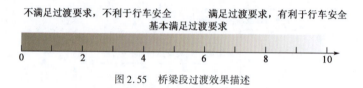

图 2.55　桥梁段过渡效果描述

2. 诱导设施有效性

桥梁的诱导设施诱导效果主要由桥梁线形诱导标的完备率来体现，而线形诱导标完备率反映了桥梁路段诱导设施的完整性与有效性。线形诱导标完备率则是根据已设置的线形诱导标设置数量与调查认为的需要设置数量的比值，同时对照线形诱导标的服务状态来进行计算。对于是否需要设置线形诱导标，则根据桥梁路段的线形整体情况、交通事故率和路侧危险程度等条件确定。诱导标完备率即诱导设施效果的计算公式如下：

$$u_{42} = \frac{\sum L_i R_i}{L} \tag{2.35}$$

式中：u_{42}——评价集元素 U_{42} 评价值；

L_i——已设置的诱导标 i 段长度(m)；

R_i——已设置诱导标 i 的状态，以专家打分的形式给出；

L——设置诱导标总长(m)。

指标打分标准则直接以专家评分的形式给出评分值，评估标准分为 3 个等级，各等级的定性描述如图 2.56 所示。

图 2.56　诱导设施设置合理性描述

3. 桥梁防护隔离设施

对于高速公路,其桥梁的外侧和中央分隔带必须设置护栏,在选择护栏形式时,应考虑护栏的防撞性能和受碰撞后的变形程度。所选取的护栏形式在强度上必须能有效吸收设计碰撞能量,阻止相应失控车辆越出桥外或进入对向车道并使其正确改变行驶方向;受碰撞后护栏的最大动态变形量不应超过可容许的变形距离。

桥梁防护隔离设施可根据车辆驶出桥外或进入对向行车道有可能造成的交通事故等级,按表2.20的规定选取桥梁护栏的防撞等级。

桥梁护栏碰撞等级　　　　　　　　　　　表2.20

防撞等级	碰撞力(kN)	
	容许变形量为0	容许变形量为0.3~0.6m
B	95	75~60
A、Am	210	170~140
SB、SBm	365	295~250
SA、SAm	430	360~310
SS	520	435~375

对于可能因桥梁线形、运行速度、桥梁高度、交通量和车辆构成等因素易造成更严重碰撞后果的路段,护栏防撞等级应在表2.20的基础上进一步提高,如表2.21所示。

桥梁护栏防撞等级适用条件　　　　　　表2.21

设计速度(km/h)	车辆驶出桥外有可能造成的交通事故等级	
	重特大事故	二次重特大事故
120	SB、SBm	SS
100、80		SA、SAm

桥梁防护隔离设施的防撞性能评价公式如下:

$$u_{43} = \frac{DB}{AB} \times 10 \tag{2.36}$$

式中:u_{43}——评价集元素U_{43}评价值;

DB——调查所采用护栏的承受碰撞力(kN);

AB——建议护栏承受碰撞力(kN)。

式(2.36)中的 AB 值应根据该路段环境,可采用专家评定的方式确定。

2.2.3.5 立交交通设施集

1. 指路标志信息量

指路标志是传递道路方向、地点、距离信息的标志,是公路交通标志的重要组成部分。立交指路标志包含入口指引标志、行车确认标志和出口指引标志三类。为保证指路标志能指导车辆安全行驶,立交指路标志在设置时需按一定的顺序出现,且各板面之间应保持一致性和连续性。

由于立交结构复杂、形式多样、出入口布设集中等,立交指路标志相比于平交指路标志具有数目繁多、布置集中、形式复杂等特点,因此,立交指路标志在实际设置时有时会出现标志信息量过载的问题。

立交指路标志的信息过载主要有两种情况:①指路标志承载的信息量过多,超过了驾驶人处理信息能力的上限,导致信息过载;②立交区指路标志设置的数量多、间距小,对驾驶人来说上游信息尚未处理完,下游信息却接连出现,造成信息过载。

对于指路标志信息是否过载,可以利用指路标志信息密度是否小于指路标志信息密度阈值作为评价标准。指路标志信息密度是指相邻两块标志之间在单位长度内驾驶人获得的信息数量。根据交通标志信息阈值为 6 条信息,可推导出指路标志信息量的评价指标计算公式如下:

$$u_{51} = \frac{\sum R_i}{S} \quad (2.37)$$

式中:u_{51}——评价集元素 U_{51} 评价值;

R_i——已设置的指路标志 i 的信息量等级,以专家打分的形式给出;

S——立交区设置指路标志总数。

指路标志信息量打分标准则直接以专家实地评估评分的形式给出评分值,评估标准分为 3 个等级,各等级的定性描述如图 2.57 所示。

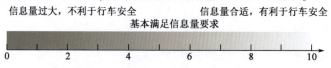

图 2.57 指路标志信息量合理性描述

2. 分合流设置

高速公路互通式立交分合流区的变速车道是高速公路系统的一个重要组成部分。互通立交变速车道是主线车道和匝道之间的附加车道，其作用是为了在保证主线车辆服务水平的条件下，完成匝道上的车辆安全分离和顺畅汇入主线。立交分合流区的变速车道设计直接影响立交区车辆的交通冲突状态，对立交区安全的影响非常显著。变速车道及渐变段长度推荐设置方式如表 2.22 所示。

变速车道及渐变段推荐长度 表 2.22

变速车道类别		主线设计速度(km/h)	变速车道长度(m)	渐变段长度(m)
出口	单车道	120	145	100
		100	125	90
		80	110	80
		60	95	70
	双车道	120	225	90
		100	190	80
		80	170	70
		60	140	60
入口	单车道	120	230	90
		100	200	80
		80	180	70
		60	155	60
	双车道	120	400	180
		100	350	160
		80	310	150
		60	270	140

分合流设置的评价指标计算公式如下：

$$u_{52} = \frac{\sum L_i R_i}{L} \tag{2.38}$$

式中：u_{52}——评价集元素 U_{52} 评价值；

L_i——立交区内变速车道及渐变段 i 的设置长度(m)；

R_i——变速车道及渐变段 i 的设置评价值,以计算公式给出;

L——立交区设置变速车道及渐变段的设置总长度(m)。

定义当实际设置长度为建议设置长度的 0.6 倍时评分为 0,而满足建议设置长度时评分为 10。因此,立交区内变速车道及渐变的设置等级计算公式如下:

$$R_i = 25\frac{DL_i}{AL_i} - 15 \tag{2.39}$$

式中:R_i——变速车道及渐变段 i 的设置评价值;

DL_i——实际变速车道及渐变段 i 的设置长度(m);

AL_i——推荐变速车道及渐变段 i 的设置长度(m)。

3. 匝道横断面布置

立交匝道横断面各组成部分的尺寸有如下规定:车道宽度为 3.50m,路缘带宽度为 0.50m,左侧硬路肩宽度为 1.00m,右侧硬路肩宽度为 2.50m(设供紧急停车用硬路肩)、2.00m(对向分隔式双车道)。而立交匝道横断面类型则应满足表 2.23 所示要求,同时各横断面设计情况参考图 2.58。

表 2.23 立交匝道横断面类型

横断面类型	交通量(pcu/h)	匝道长度(m)	车道方向
Ⅰ型	<300	<500	单向单车道
	300~1200	<300	
Ⅱ型	<300	>500	
	300~1200	>300	
	1200~1500	—	
Ⅲ型	>1500		
Ⅳ型	—	—	双向双车道

匝道横断面布置的评价指标计算公式如下:

$$u_{53} = \frac{\sum L_i R_i}{L} \tag{2.40}$$

式中:u_{53}——评价集元素 U_{53} 评价值;

L_i——匝道横断面 i 的设置长度(m);

R_i——匝道横断面 i 的布置评价值,以计算公式给出;

L——匝道横断面的设置总长度(m)。

定义当实际支持流量为建议流量的 0.6 倍时评分为 0,而满足建议流量时评分为 10,因此评价公式如下:

$$R_i = 25\frac{\mathrm{DQ}_i}{\mathrm{AQ}_i} - 15 \qquad (2.41)$$

式中:R_i——匝道横断面 i 的布置评价值;

DQ_i——实际立交匝道横断面 i 支持流量(pcu/h);

AQ_i——推荐立交匝道横断面 i 支持流量(pcu/h)。

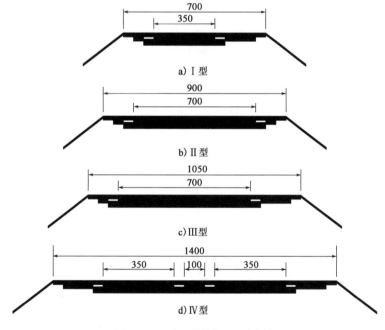

图 2.58 立交匝道横断面设计参数

2.2.3.6 交通设施安全性指标

根据交通设施集的分析与评价方法,最终确定整个交通设施安全性评价指标的体系结构,以及相对应计算流程,如表 2.24 所示。

交通设施质量各指标等级评价 表2.24

因素		评价方法
交通诱导设施 U_1	标志牌设置密度 U_{11}	计算
	线形诱导标志完备性 U_{12}	调查
	标志标线设置合理性 U_{13}	调查
	标志标线信息量 U_{14}	计算
	标志标线信息连续性 U_{15}	调查
防护隔离设施 U_2	防眩效果 U_{21}	调查
	护栏防撞效果 U_{22}	调查
	隔离栅效果 U_{23}	调查
隧道交通设施 U_3	空气质量 U_{31}	计算
	亮度过渡安全性 U_{32}	计算
	过渡段防护隔离设施 U_{33}	调查
桥梁交通设施 U_4	桥梁过渡安全性 U_{41}	调查
	诱导设施有效性 U_{42}	调查
	桥梁防护隔离设施 U_{43}	调查与计算
立交交通设施 U_5	指路标志信息量 U_{51}	计算
	分合流设置 U_{52}	调查
	匝道横断面布置 U_{53}	计算

根据上述评价方法,则可以对不同检查内容进行相对应的计算与评定,得到最终的交通设施安全性评价指标:

$$\text{TFSI} = \sum u_{ij} w_{ij} \qquad (2.42)$$

式中:TFSI——交通设施安全性指标;

u_{ij}——评价集元素 U_{ij} 评价值;

w_{ij}——评价集元素 U_{ij} 评价值对应权重。

评价集元素 U_{ij} 评价值对应权重由于涉及所评价路段的不同属性,其相对应的权重也不完全相同,因此需要根据评价路段基本属性进行评价权重集的设计。本书将在评估指标部分进行权重集的分析与计算,采用可变对象的多级分层综合评价方法。

2.2.4 自然环境安全性

本书研究所涉及的自然环境因素主要指不良气象环境,这是影响重大公路交通基础设施运营环境安全性的重要因素之一。据美国国家公路交通安全管理局(NHTSA)统计,超过 22% 的交通事故是由不良气象引发恶劣天气导致的。

2.2.4.1 不良气象环境对交通影响分析

根据研究分析,雾、雨、风及冰雪对交通环境的影响主要有以下几种形式,如表 2.25 ~ 表 2.28 所示。

雾环境对交通的影响　　　　　　　　　　　　　　表 2.25

气象因素	对道路条件的影响	对交通的影响
能见度低	影响标志标线认读	通行能力降低,速度差异性增加车速降低,引起交通阻塞
	影响线形、出入口辨别	
	路面湿滑,影响车速控制	

雨环境对交通的影响　　　　　　　　　　　　　　表 2.26

雨强度	路面状况	对交通的影响
小雨	潮湿或略有积水	路面摩擦系数下降、能见度降低、对交通影响不大
中雨	有少量积水	路面摩擦系数下降、能见度降低、对交通影响较大
大雨	路面积水多	路面摩擦系数明显下降、能见度降低、对交通影响严重
暴雨	积水严重	车辆难以行驶

风力等级对交通的影响　　　　　　　　　　　　　表 2.27

风力(级)	对交通的影响
1~2	基本没有影响
3~4	有一定影响,但车辆可以正常行驶
5~6	可产生较明显影响
≥7	影响大

冰雪路面对交通的影响　　　　　　　　　表2.28

道路状况	摩擦系数	制动距离(m)		
		车速70km/h	车速90km/h	车速110km/h
干燥路面	0.7	24	40	59.5
雪路面	0.2	48.2	79.7	119
冰路面	0.1	95.5	150	238

各类典型不良气象对行车安全的主要危害构成如表2.29所示;以作用关系图的形式表示,如图2.59所示。

不良气象对行车影响　　　　　　　　　　　表2.29

不良气象环境	影响
雾	干扰视野
	路面抗滑降低
雨	干扰视野
	路面抗滑降低
风	侧向偏移
冰雪	干扰视野
	路面抗滑降低

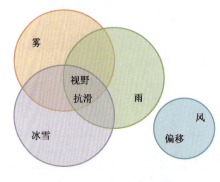

图2.59　不良天气作用关系

2.2.4.2　自然环境评价分析

由于导致危险状态发生的不良气候对行车安全的影响也因组合以及作用程度不同而不同,因此需要根据对不同不良气候作用状况的评价分析,确定不同气候条件的行车安全水平的分级。雾、雨、风、冰雪等的不同规模与如下各影响因素相对应。

1.能见度

在浓雾天气条件下,驾驶人的视认距离下降,影响驾驶人的观察和判断;雾天除使可视距离变小外,空气湿度大而引起的玻璃透视率下降和后视效果变差等现象,也会影响驾驶人的判断力。通常采用能见度来表征雾的等级强度,表 2.30 详细说明了能见度等级划分标准。

能见度分级   表 2.30

等级	能见距离(m)	能见度	天气
0	<50	最坏	浓雾
1	50~200		浓雾或雪暴
2	200~500		大雾或大雪
3	500~1000	不良	雾或中雪
4	1000~2000		轻雾或暴雨
5	2000~4000	中等	小雪、大雪、轻雾
6	4000~10000		中雨、小雪
7	10000~20000	良好	小雨、毛毛雨
8	20000~50000	很好	无降水
9	≥50000	极好	晴空

对于行车中的驾驶人而言,在环境中所需要辨认的目标物,包括车辆、路障、标志标线等颜色不一、大小不同,而且背景也不一定能与目标物形成鲜明的对比,如黑色的沥青路面、灰色的水泥路面或由于不良气象导致的灰暗天空。同时,需判断其行车状态和应采取的措施,这一要求明显高于气象能见度观测的视物清晰度标准,可认为气象能见度为 2.5 倍的驾驶人可视距离,即:

$$LD_{15}(t) = 0.4LD_6(t) \qquad (2.43)$$

式中:$LD_{15}(t)$——驾驶人可视距离(m);

$LD_6(t)$——气象能见度(m)。

2. 水膜厚度

雨天情况下的路面摩擦系数不到干燥铺装路面的一半,因而车轮极易打滑,随着车速增加,路面的摩擦系数急剧减小,车辆制动距离逐渐增大,对行车安全造成极为不利的影响。雨天在高速公路行驶时,因轮胎与路面间的积水不能及时排除,水的阻力使轮胎上浮,严重时,将产生"水膜溜滑"现象,易造成车辆失控,导致事故发生。水膜厚度可由降水强度来确定,降水强度具体分级如表 2.31 所示。

降水强度分级　　　　　　　　　　　　　表2.31

分级	降水强度(mm/h)	分级	降水强度(mm/h)
小雨	≤2.5	大雨	8.1~15.9
中雨	2.6~8.0	暴雨	≥16

3. 积雪厚度

雪天路面附着系数下降,随着车速增加,积雪路面与轮胎间的附着系数迅速减小,车辆制动距离逐渐增大,对行车安全极为不利。以积雪厚度为指标衡量降雪强度,不同降雪强度下的积雪厚度如表2.32所示。

积雪厚度分级　　　　　　　　　　　　　表2.32

分级	降雪强度	下雪时水平能见度(m)	24h内积雪厚度(mm)
小雪	较小	≥1000	≤2.5
中雪	中等	500~1000	2.5~5.0
大雪	较大	<500	>5.0

4. 风速

风环境的表述可以利用风速作为评价参数,风速是指单位时间内空气在水平方向上移动的距离。风压是指根据风速大小计算而得的作用在 $5m \times 4m$ 墙上的总压力。风对交通的影响主要表现为风所产生的压力对车辆的推动作用。因此,在研究风对交通安全的影响中,风压比风速更为直接。

综上,可根据不同不良气候类型的严重程度进行气候状况分级。不良气候状况的分级标准如表2.33所示。

不良气候状况分级　　　　　　　　　　　　　表2.33

不良气候	评价指标	评价等级		
		0~4	4~7	7~10
雾	能见度(m)	<200	200~800	>800
雨	能见度(m)	<300	300~900	>900
	水膜厚度(mm)	>5	2.5~5	<2.5
雪	能见度(m)	<400	400~1000	>1000
	雪厚(mm)	>10	5~10	<5
冰	能见度(m)	<400	400~1000	>1000
	结冰率(%)	>30	15~30	<15
风	风速(m/s)	>10.0	5.5~10.0	<5.5

根据上述评级标准,则可以对每一天内发生的不良天气进行评分,确定其自然环境等级。

2.2.4.3 自然环境安全性指标

基于对自然环境安全性评价的描述,本研究提出采用"时间参数""程度参数"这两项表征指标对不同路段所存在的影响运营安全的气候环境条件进行风险等级划分。对于已针对不良气候进行的安全保障设施的设计,其安全保障能力应相应进行考量,确定其应对不良气候的类型及程度,同时记入自然环境安全性指标的计算。自然环境安全性指标(NESI)采用下列公式进行计算:

$$\text{NESI} = \frac{10T_0 + \sum R_i T_i}{T_0 + \sum T_i} \qquad (2.44)$$

式中:NESI——自然环境安全性指标;

T_0——正常(安全)天气时间(天);

R_i——不良气候类型 i 的状态评分;

T_i——不良气候类型 i 的持续时间(天)。

2.3　高速公路客观风险评估模型

从定量科学的角度,安全定量最基本的方式就是对系统安全性的确定。安全性用安全度表达,而安全度 $S = 1 - R$(R 表示风险度),因此,安全度与风险度具有互补关系,而风险度是事故概率和事故严重度的乘积,或用数学函数表达,即风险度 $R = f(P, L)$(P 表示事件概率,L 表示事件严重度),所以风险度是安全性定量方式最经典和最基本的数学表达方法。从上述安全科学定量的基本理论,可以引申出安全定量的重要元素:一是事件概率,即事故发生的频率或可能性;二是事故严重度,即事故的指标。同时,公路交通系统是一个复杂系统,能通过自身的协调达到一种平衡。当一个国家的社会、经济、科学文化发展到一定阶段,就有一定的公路交通安全度与之相适应,而通过对一定时期安全度的分析,可以得到这一界限值。当路段的安全度超过这一界限,则说明该路段是高风险路段,存在较高的交通运营风险。因此,本部分的研究内容与目的即为提出整体路段客观风险的评估指标及基于公路客观运营环境的风险评估模型。

2.3.1 客观风险评估

高速公路的客观风险评估体现在高速公路运营安全性上,主要以单位事故率与单位事故的严重程度作为其评价依据,这一评价标准既考虑了事故发生的绝对频率,也体现了事故发生的严重程度。

对于交通事故高风险路段的定义各国各时期均不相同,但存在共识的是,交通事故高风险段是一种在某一社会发展阶段,在持续较长的时间段内,事故发生水平高于普遍水平或标准参考值的路段。在这一概念中,其所需要考量分析的核心对象则为事故水平,即事故发生的程度。从发达国家的公路交通安全的发展历程来看,传统对于高风险路段的鉴别主要基于事故数量及事故发生率,这两类方法分别定义为绝对指标和相对指标。其中,绝对指标包含事故起数、死亡人数、轻重伤人数、损失工日数和经济损失这几类,而相对指标则主要采用损失/产量的形式表示。

2.3.1.1 交通安全度评价指标

交通安全度表示行人、车辆在公路交通过程中的安全程度,它的对立面就是交通危险度。一条道路的安全度越高,危险度就越低,反之亦然。目前世界各国在交通安全度评价方面做了很大努力,其采用的评价指标也不尽一致,但最广泛采用的则是以下 4 项交通事故状况统计指标,即交通事故次数、死亡人数、受伤人数以及直接经济损失。这 4 项绝对指标是认识事故的起点,又是构造其他相对评价指标的基础,在事故分析中具有重要意义。

同时,基于该 4 项指标,整合后得到事故综合当量的概念——事故当量指标的综合函数,即将安全生产的各项事故指标综合计算,综合反映某个地区、行业的安全综合状况。其计算方法如下:

$$K = F(f,b,r,l,P,G) \tag{2.45}$$

式中:f——死亡率指标;

b——受伤率指标;

r——职业病发生病率指标;

l——损失率指标;

P——人员指标；

G——地区生产总值指标。

2.3.1.2 修正事故当量损失率

对于交通事故，事故当量损失则为事故死亡人员、事故受伤人员按照事故赔偿计算所得的金额与事故直接经济损失之和，即：

$$M = D + I + F + m \tag{2.46}$$

式中：M——事故当量损失（万元）；

D——死亡赔偿金（万元）；

I——残疾赔偿金（万元）；

F——丧葬费（万元）；

m——事故直接经济损失（万元）。

基于该项指标，可以看到整体的事故当量损失与发生事故的当事人年龄、车辆状况及受伤状况有很大联系，部分指标的计算过程中需要进行详细的统计与调查。而由于事故所造成的后果不应因人而异，应给予相同水平的重视与处理分析。因此，本书则采用简化修正后的事故当量损失进行计算，计算公式如下：

$$M' = D + I + E = 80n_D + 20\sum n_I k_I + 30\sum n_E k_E \tag{2.47}$$

式中：M'——修正事故当量损失（万元）；

D——死亡损失（万元）；

I——受伤损失（万元）；

E——经济损失（万元）；

n_D——死亡人数（人）；

n_I——受伤人数（人）；

n_E——受损车辆（辆）；

k_I——受伤修正；

k_E——受损修正。

对事故当量损失进行计算，可得到事故当量损失率：

$$P = \frac{M'}{L \cdot \text{AADT} \times 365} \tag{2.48}$$

式中：P——修正事故当量损失率（万元/车公里）；

M'——修正事故当量损失(万元);

L——路段长度(km);

AADT——折算年平均日交通量(辆/d)。

其中,受损及受伤状况可根据实地及资料调研得到。对某高速公路路段进行事故率(起/亿万车公里)与事故当量损失率的对比,如图2.60与表2.34所示。

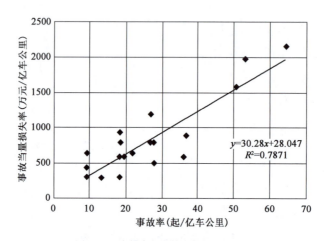

图2.60 事故率与事故当量损失率关系

事故率与事故当量损失率方差分析   表2.34

项目	自由度(df)	方差(SS)	均方差(MS)	F 值	P 值
回归分析	1	4243685	4243685	70.25994	8.32×10^{-8}
残差	19	1147596	60399.78	—	—
总计	20	5391280	—	—	—

事故当量损失率与事故率成一定的正比关系,即事故率越高,事故当量损失率也越大,事故当量损失率与事故率比值约为30,即一起事故大约造成30万元的损失(平均状态)。但同样也可以看到,在接近的事故率下,事故当量损失率也存在一定的波动,主要为事故内容的差异。因此,可以说明单纯采用事故率进行公路安全性评价是不完整的,不能表述在接近的公路事故率下事故严重程度的差异,同时采用事故率及事故当量损失率两个指标可以更为准确地表述该路段的事故特性。利用相接近的事故率对事故当量损失加以平均后,如图2.61所示。

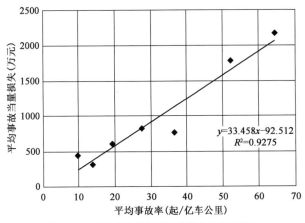

图2.61 平均事故率与平均事故当量损失关系

两者有更好的拟合效果,并且表示斜率的参数数值相差很小,仅为9%,因此可以说明事故当量损失在一定范围内的波动是可以接受的,并表现出非常强的相关性。但对于特定路段来说,总体公路的运营安全水平并不是最为关注的,单纯考虑事故率或者单纯考虑事故当量损失率均相对片面,而特定路段本身的事故形态分布及事故发展特性,则是学者及公路管理部门需要做进一步分析考量的。

而同样将客观安全评估指标内的基础指标——空间曲率极差比与事故率及事故当量损失率的数据进行关联,也得到了较高的拟合关系,如图2.62和图2.63所示。

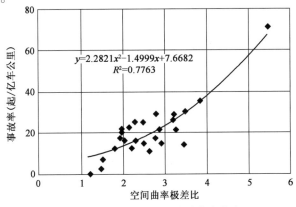

图2.62 空间曲率极差比与事故率关系

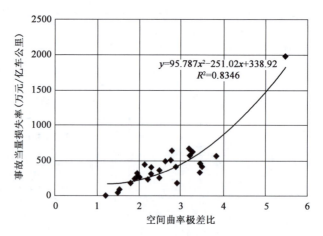

图 2.63　空间曲率极差比与事故当量损失率关系

可采用矩阵法对公路路段进行分析,对每一个被研究的公路路段进行事故当量损失率和事故率计算,然后将事故当量损失率作为横坐标、事故率作为纵坐标,点出两者的分布。整个坐标可分为 4 个区:1 区为高事故率、高事故当量损失率区,该类路段安全状况较为严重,为事故严重路段,需要采取各项措施进行改善;2 区为高事故率、低事故当量损失率区,说明该路段事故严重程度较低,可考虑进行整个交通环境的改善;3 区为低事故率、高事故当量损失率区,说明该路段偶然事故严重程度较高,需考虑改善路侧环境,减少事故伤亡;4 区为低事故率、低事故当量损失率区,安全状态较为良好,如图 2.64 所示。

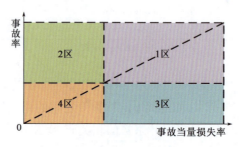

图 2.64　事故状态矩阵

因此,提出以事故率与事故当量损失率为安全性评价指标的基本参数,考虑到正常状态下事故率 $I < 1.5$(起/百万车公里),同时参考拟合关系可得事

故当量损失率 $P<45$（万元/百万车公里），$IP\approx64$，利用归一化方法设计客观安全性评价指标 OSI：

$$\mathrm{OSI} = \frac{8 - \sqrt{\mathrm{IP}}}{0.8} = 10 - \frac{5\sqrt{\mathrm{IP}}}{4} \tag{2.49}$$

当 $I\in[0,1.5]$，$P\in[0,45]$ 时，$\mathrm{OSI}\in[0,10]$；当存在超范围数值时，表明事故率指标已不在标准范围内，属于数据特殊路段，可进一步对路段的事故情况进行分析。定义区间标准如表 2.35 所示。

客观安全性评价指标 OSI 分级标准　　　表 2.35

分级	客观安全性评价指标	事故当量损失率与事故率乘积
Ⅰ	7~10	0~5.76
Ⅱ	4~7	5.76~23.04
Ⅲ	0~4	23.04~64

同时，各地区间交通发展水平、地区经济发展水平的差异性，导致地区间的安全客观基础和条件有所不同，因此在评价不同地区高速公路运营安全水平并设置相对应的安全水平评价标准时，应考虑这种差异性。因此，在最终的运营安全水平评估过程中，应充分考虑不同地区及阶段的安全需求，进行必要的指标调整与修正。

2.3.1.3　基于公路线形安全性的客观风险基准值

公路线形安全性指标采用公路客货曲率极差作为基本参数，根据其与统计事故率的拟合关系及空间曲率极差比表述性质，需进行正向化处理。对于指标的正向化，在实际应用中许多学者常使用将指标取倒数的方法。

$$x'_i = \frac{1}{|x_i - k|} \tag{2.50}$$

适度值 k 取各单位该指标值的平均值。这种取倒数的方法使得一些接近 k 的指标值之间的差距扩大，而远离 k 的指标值之间的差距缩小，因而不能真实反映原指标的分布情况。根据叶宗裕的相关研究，采用以下方法进行逆向指标的正向化：

$$x'_i = \max x_i - x_i \tag{2.51}$$

这种线性变换不会改变指标值的分布规律，是比较好的变换方法，根据此方法，进一步修正指标正向化，提出公路线形安全性指标 LSI，并得到以下取值关系：

$$LSI = 10 - M_\kappa \tag{2.52}$$

式中：LSI——公路线形安全性指标；

M_κ——客货曲率极差比。

因此，根据调研采集数据重新进行计算得到如表 2.36 所示数据。

线形安全性指标与客观安全性基准值　　　　表 2.36

序号	线形安全性指标 LSI	客观安全性基准值 OSI_L
1	7.87	8.74
2	4.54	5.31
3	6.79	8.38
4	7.24	8.81
5	6.56	9.15
6	7.23	8.29
7	7.71	8.97
8	7.98	9.19
…	…	…
19	7.37	9.07
20	8.03	9.03
21	6.18	8.21
22	6.53	8.54
23	8.08	9.18
24	8.48	9.70
25	8.21	9.40
26	8.53	9.88
27	8.79	10.00

线形安全性指标和客观安全性基准指标拟合关系如图 2.65 所示。

由此得到以下 OSI_L 与 LSI 拟合关系（$R^2 = 0.8419$）：

$$OSI_L = -0.1943LSI^2 + 3.505LSI - 6.2897 \tag{2.53}$$

式中：LSI——公路线形安全性指标；

OSI_L——基于公路线形的客观安全性基准值。

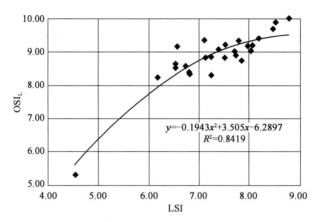

图 2.65　线形安全性指标和客观安全性基准指标拟合关系

2.3.2　路面状态修正

对于路面状态安全性评价,首先需要确定路面状态安全性评价指标的评价方式,在确定评价内容及相应评级后,则根据路面状态检测结果进行相关性分析,并最终得到采用路面检测数据的路面状态评价指标。

2.3.2.1　路面舒适安全性评价

公路路面舒适安全性评价采用 10 分制评分法,其评分标准和原则如表 2.37 所示,分别从舒适性和路表观察两个方面,设置其权重分布曲线,并最终进行考量标准的设计。首先提出权重分布曲线的概念,由于本次路面状态评价的打分有两个参考方面,结合指标本身的性质,故采用相同的权重分布,考量分值越高权重越低,整体状态服从较低打分值指标分布状况的特点,因此设计的打分值权重分布曲线如图 2.66 所示。

路面舒适安全性评分标准　　　　　　　　　表 2.37

PCSI	路面状态	评价项目	行驶状况及路面特征	权重
10~8	优秀	舒适稳定性	行车很平稳,无颠簸感	0.1
		路表观察	见不到病害或有少量难以察觉的极轻微损坏	0.1
8~6	良好	舒适稳定性	行车平稳,无明显颠簸感	0.35
		路表观察	有轻微病害,以中、轻度裂缝为主	0.35

续上表

PCSI	路面状态	评价项目	行驶状况及路面特征	权重
6~4	中等	舒适稳定性	明显颠簸,但不影响行车	0.5
		路表观察	常见病害多,主要为龟裂,伴有其他严重损坏	0.5
4~2	不良	舒适稳定性	颠簸严重,行驶不舒适	0.65
		路表观察	大量龟裂、严重坑槽、变形病害	0.65
2~0	很差	舒适稳定性	颠簸非常严重,行驶非常不舒适	0.9
		路表观察	病害十分严重	0.9

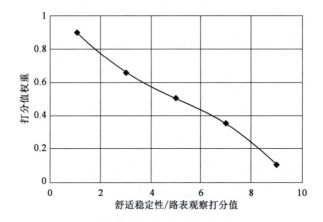

图2.66 打分值权重分布

最终计算结果则采用以下公式:

$$PCSI = \frac{CS \cdot \omega_{CS} + PO \cdot \omega_{PO}}{\omega_{CS} + \omega_{PO}} \tag{2.54}$$

式中:PCSI——路面安全状态指数;

　　CS——舒适稳定性评价值;

　　ω_{CS}——舒适稳定性权重;

　　PO——路面观察评价值;

　　ω_{PO}——路面观察权重。

2.3.2.2 路面评价指标调研与评价

路面评价指标的构建需要采用评价专家组的形式构建,评价专家组成员由12人组成,其中道路使用者3人、道路管理人员4人、道路建设人员1人和道路研究人员4人,如表2.38所示。

专家组成　　　　　　　　　　　　　　　　　表2.38

年龄分布(岁)	20~30	30~40	40~55
道路使用者	1	2	—
道路管理者	1	1	2
道路建设者	—	1	—
道路研究者	2	1	1

在专家组进行现场路面状态评价以前,对专家进行交流和培训,目的是明确调查目的、评价基本过程,认识路面损坏类型,掌握评价原则和标准,统一评价尺度。进行现场评价时,不考虑公路路面结构和周边环境因素,各专家独立进行评分。

根据研究目的及研究对象,本次试验全部选用高速公路作为试验分析路段,而试验路段的选择主要考虑交通量大小与组成、修建年限和车道分布状况等。选择路段时,考虑了不同破坏程度的路面和路段,力图搜集比较完善和系统的路况资料。

研究对选择的24个试验路段分别进行主-客观专家评分,专家评价分两次进行。第一次为舒适安全性评分,专家组成员乘坐同一辆车以60~75km/h的路段平稳速度驶过试验路段,以直观感受进行其舒适安全性程度的评价;第二次为路况评分,专家组下车沿着试验路段行走观察(路段较长时抽样观察),对各试验路段路面损坏状况进行评分。

2.3.2.3　路面评价指标模型

对于路面状态所带来的公路安全性影响,通过对一定数量试验路段的调查评价,建立的模型尚需进行进一步的标定和验证,之后才能推广应用。对24个试验路段进行调查与评分,共获得48组数据,这些数据为建立可靠的评价模型提供了基础。对调查数据进行分析,剔除了车辙对路面使用性能的影响,影响因素只考虑两个,即平整度VBI和破坏率DR。

实测数据和专家评分数据示例如表2.39所示。

实测数据和专家评分结果　　　　表2.39

路段序号	平整度(mm/km)	破坏率(%)	舒适安全性
1	5334	2.2	6.9
2	4064	1.9	7.09
3	3937	2.3	7.46
4	3302	0.4	6.83
5	6121	8.4	3.9
6	6096	3.1	6.17
7	4894	12.3	6.07
8	5334	9.6	6.4
…	…	…	…

利用上述单向指标,结合国内外现有的路面指标的组合方式,设计关系函数如下:

$$PCSI = 10 - aDR^b - c[\lg(1+VBI)]^d \quad (2.55)$$

分别对调查数据进行回归分析,结果如式(2.56)所示,平整度、破坏率与专家评分综合值之间有很高的相关性,相关系数为0.92。

$$PCSI = 10 - 0.092DR^{0.87} - 4.27 \times 10^{-5}[\lg(1+VBI)]^{7.82} \quad (2.56)$$

式中:PCSI——路面安全舒适性指数;

　　DR——路面破坏率(%);

　　VBI——路面平整度值(mm/km)。

根据最初项目组及专家对路面安全舒适性指数 PCSI 的定义与建议,本研究采用该安全舒适性指标作为路面安全性指标。

2.3.3　交通设施状态修正

交通设施包括标志标线、交通防护和隔离设施、防眩设施、视线诱导设施等。它们为道路使用者提供各种警告、禁令、指示、指路信息和视线诱导;排除干扰;提供路侧保护,减轻潜在事故的严重程度;防止眩光对驾驶人视觉性能的伤害。因此,交通设施可以为道路用户提供必要的信息,给予交通指示,限制道路用户的行为;发挥主动引导、被动防护、全时保障、隔离封闭等功能。合理地设置交通设施可有效地降低事故率,减轻事故严重程度。同时,各类交通设施尽量做到全路统一,需具备一定的安全性和有效性,有抵抗外界不良环境的能力。

由于交通设施涉及的分析对象及指标较多,并且部分指标不能简单地进行数值评估,此外,对不同路段特性公路应采用相对应的路段评价体系。而目前的层次分析法,对不同的研究对象需要进行不同的层次分析,对指标层的评价与计算均进行重新设计与制作,而忽略了不同层次分析对象的下层指标层间的内在联系,因此提出了层次分析与多级关系矩阵结合的概念,采用可变对象的多级分层综合评价方法对不同路段进行分项评估的研究。

2.3.3.1 路段因素分布

根据路段的不同交通设施分布及路段特性,可将路段分为 8 类,同时这 8 类路段所包含的交通设施的内容可按照表 2.40 进行划分。

各路段因素分布　　　　　　　　　　　　　　表 2.40

路段类型	T_1 普通路段	T_2 隧道路段	T_3 桥梁路段	T_4 立交路段	T_5 隧道桥梁路段	T_6 桥梁立交路段	T_7 隧道立交路段	T_8 复杂路段
交通诱导	√	√	√	√	√	√	√	√
防护隔离	√	√	√	√	√	√	√	√
隧道交通		√			√		√	√
桥梁交通			√		√	√		√
立交交通				√		√	√	√

而表 2.40 也是一种表征层次分析指标与层次分析对象间内在联系的方式,同样可以采用矩阵的形式表示,而给计算带来方便,减少了工作量。而可变对象的多级分层综合评价方法的关系矩阵也来源于此。

由于提出了多级分层的层次分析方法,因此矩阵的命名较以往有所差别。权重矩阵 W_j^i 表示第 i 指标层对其上一级指标层的权重矩阵,而下标表示该权重矩阵位于第 j 个 $i-1$ 层。而权重矩阵元素 $w_j^i|_m$ 表示为 $W_j^i = [w_j^i|_1 \quad w_j^i|_2 \quad \cdots \quad w_j^i|_n]^T$ 矩阵中的第 m 个元素,同时定义权重矩阵 $W|_{k-l-\cdots}^i$,表示第 i 指标层对目标层的权重矩阵,可定义 $W|^0 = W^0 = w^0$,即目标层的权重均相等,为了更加形象,采用图形表示,如图 2.67 所示。

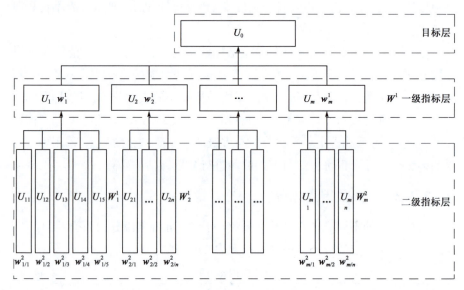

图 2.67　二级指标层次示意

根据命名规则,并定义:

$$[W_{l-m\cdots}^{j}]^{\lambda}=\begin{bmatrix} w_{l-m\cdots/1}^{j} & \cdots & 0 \\ \vdots & w_{l-m\cdots/2}^{j} & \vdots \\ & & \ddots & \\ 0 & \cdots & w_{l-m\cdots/n}^{j} \end{bmatrix} \quad (2.57)$$

可以得到如下权重矩阵与权重元素的特征性质:

$$\left| \begin{bmatrix} 1 & 1 & \cdots & 1 \end{bmatrix} \times W \Big|_{k-l-m\cdots}^{i} \right| = \sum w \Big|_{k-l-m\cdots/n}^{i} = w \Big|_{l-m\cdots/k}^{i-1} \quad (2.58)$$

利用这一权重元素特征性质,可以根据下层权重矩阵进行上层权重矩阵的计算,也可根据上层权重矩阵进行下层权重矩阵的计算,此将大大简化整个分项路段综合矩阵的计算方法,并且根据这一重要特性可以对上层权重发生变化后进行权重重复计算,适合进行各分项项目评价。

2.3.3.2　交通设施权重

按照上述确定权重的方法,对高速公路的交通设施进行评价,得出交通工程质量各因子的权重。

1. 交通设施1级指标

交通设施1级层次包含5个指标,依次为交通诱导设施 U_1、防护隔离设施 U_2、隧道交通设施 U_3、桥梁交通设施 U_4 和立交交通设施 U_5。

根据第一层指标评级结果,全路段交通设施1级指标权重 W^1 如表2.41所示。

U_0 判断矩阵及因子权重　　　　　表2.41

U_0	U_1	U_2	U_3	U_4	U_5	权重
U_1	1.00	1.49	3.32	2.72	2.72	0.38
U_2	0.67	1.00	1.49	1.49	1.49	0.21
U_3	0.30	0.67	1.00	1.22	0.82	0.13
U_4	0.37	0.67	0.82	1.00	1.00	0.13
U_5	0.37	0.67	1.22	1.00	1.00	0.14
一致性检验	\multicolumn{6}{c}{$\lambda_{\max}=5.0257,CI=0.0057,CR=0<0.1$,满足一致性要求}

根据 U_0 指标权重表建立1级指标权重矩阵 W^1:

$$W^1 = \begin{bmatrix} w_1^1 & w_2^1 & w_3^1 & w_4^1 & w_5^1 \end{bmatrix}$$
$$= \begin{bmatrix} 0.38 & 0.21 & 0.13 & 0.13 & 0.14 \end{bmatrix} \quad (2.59)$$

2. 交通设施2级指标

在5个交通设施1级指标内总共包含17个2级指标。

①交通诱导设施 U_1 包含5个2级指标,依次为标志牌设置密度 U_{11}、线形诱导标志完备性 U_{12}、标志标线设置合理性 U_{13}、标志标线信息量 U_{14} 和标志标线信息连续性 U_{15},全路段交通诱导设施2级指标权重 W_1^2 如表2.42所示。

U_1 判断矩阵及因子权重　　　　　表2.42

U_1	U_{11}	U_{12}	U_{13}	U_{14}	U_{15}	权重
U_{11}	1.00	0.55	0.55	1.82	0.45	0.14
U_{12}	1.82	1.00	0.67	1.49	1.49	0.24
U_{13}	1.82	1.49	1.00	1.49	1.49	0.28
U_{14}	0.55	0.67	0.67	1.00	0.82	0.14
U_{15}	2.23	0.67	0.67	1.22	1.00	0.20
一致性检验	\multicolumn{6}{c}{$\lambda_{\max}=5.1628,CR=0.0363<0.1$,满足一致性要求}

U_1 指标系2层至1层权重矩阵为:

$$W_1^2 = \begin{bmatrix} 0.14 & 0.24 & 0.28 & 0.14 & 0.20 \end{bmatrix}^T \quad (2.60)$$

②防护隔离设施 U_2 包含 3 个 2 级指标,依次为防眩效果 U_{21}、护栏防撞效果 U_{22} 和隔离效果 U_{23},全路段防护隔离设施 2 级指标权重 W_2^2 如表 2.43 所示。

U_2 判断矩阵及因子权重 表 2.43

U_2	U_{21}	U_{22}	U_{23}	权重
U_{21}	1.00	1.49	2.72	0.49
U_{22}	0.67	1.00	2.23	0.35
U_{23}	0.37	0.45	1.00	0.16
一致性检验	\multicolumn{4}{c}{$\lambda_{\max} = 3.0044, CR = 0.0043 < 0.1$,满足一致性要求}

U_2 指标系 2 层至 1 层权重矩阵为:

$$W_2^2 = [0.49 \quad 0.35 \quad 0.16]^T \quad (2.61)$$

③隧道交通设施 U_3 包含 3 个 2 级指标,依次为空气质量 U_{31}、亮度过渡安全性 U_{32} 和过渡段防护隔离设施 U_{33},全路段隧道交通设施 2 级指标权重 W_3^2 如表 2.44 所示。

U_3 判断矩阵及因子权重 表 2.44

U_3	U_{31}	U_{32}	U_{33}	权重
U_{31}	1.00	0.37	0.55	0.18
U_{32}	2.72	1.00	2.23	0.54
U_{33}	1.82	0.45	1.00	0.28
一致性检验	\multicolumn{4}{c}{$\lambda_{\max} = 3.0178, CR = 0.0171 < 0.1$,满足一致性要求}

U_3 指标系 2 层至 1 层权重矩阵为:

$$W_3^2 = [0.18 \quad 0.54 \quad 0.28]^T \quad (2.62)$$

④桥梁交通设施 U_4 包含 3 个 2 级指标,依次为桥梁过渡安全性 U_{41}、诱导设施有效性 U_{42} 和桥梁防护隔离设施 U_{43},全路段桥梁交通设施 2 级指标权重 W_4^2 如表 2.45 所示。

U_4 判断矩阵及因子权重 表 2.45

U_4	U_{41}	U_{42}	U_{43}	权重
U_{41}	1.00	0.55	0.37	0.18
U_{42}	1.82	1.00	0.67	0.33
U_{43}	2.72	1.49	1.00	0.49
一致性检验	\multicolumn{4}{c}{$\lambda_{\max} = 3.0000, CR = 0 < 0.1$,满足一致性要求}

U_4 指标系 2 层至 1 层权重矩阵为:

$$W_4^2 = \begin{bmatrix} 0.18 & 0.33 & 0.49 \end{bmatrix}^T \tag{2.63}$$

⑤立交交通设施 U_5 包含 3 个 2 级指标,依次为指路标志信息量 U_{51}、分合流设置 U_{52} 和匝道横断面布置 U_{53},全路段立交交通设施 2 级指标权重 W_5^2 如表 2.46 所示。

U_5 判断矩阵及因子权重　　　　　　　　　　表 2.46

U_5	U_{51}	U_{52}	U_{53}	权重
U_{51}	1.00	0.67	0.37	0.19
U_{52}	1.49	1.00	0.55	0.29
U_{53}	2.72	1.82	1.00	0.52
一致性检验	\multicolumn{4}{c}{$\lambda_{max} = 3.0000, CR = 0 < 0.1$,满足一致性要求}

U_5 指标系 2 层至 1 层权重矩阵为:

$$W_5^2 = \begin{bmatrix} 0.19 & 0.29 & 0.52 \end{bmatrix}^T \tag{2.64}$$

建立 2 级指标权重矩阵 W^2 和 $W|^2$,利用公式得到:

$$W^2 = \begin{bmatrix} W_1^2 & W_2^2 & W_3^2 & W_4^2 & W_5^2 \end{bmatrix}$$

$$= \begin{bmatrix} 0.14 & 0.49 & 0.18 & 0.18 & 0.19 \\ 0.24 & 0.35 & 0.54 & 0.33 & 0.29 \\ 0.28 & 0.16 & 0.28 & 0.49 & 0.52 \\ 0.14 & 0 & 0 & 0 & 0 \\ 0.20 & 0 & 0 & 0 & 0 \end{bmatrix} \tag{2.65}$$

$$W|^2 = W^2 \times [W^1]^\lambda$$

$$= W^2 \times \begin{bmatrix} w_1^1 & 0 & 0 & 0 & 0 \\ 0 & w_2^1 & 0 & 0 & 0 \\ 0 & 0 & w_3^1 & 0 & 0 \\ 0 & 0 & 0 & w_4^1 & 0 \\ 0 & 0 & 0 & 0 & w_5^1 \end{bmatrix}$$

$$=\begin{bmatrix} 0.14 & 0.49 & 0.18 & 0.18 & 0.19 \\ 0.24 & 0.35 & 0.54 & 0.33 & 0.29 \\ 0.28 & 0.16 & 0.28 & 0.49 & 0.52 \\ 0.14 & 0 & 0 & 0 & 0 \\ 0.20 & 0 & 0 & 0 & 0 \end{bmatrix} \times \begin{bmatrix} 0.38 & 0 & 0 & 0 & 0 \\ 0 & 0.21 & 0 & 0 & 0 \\ 0 & 0 & 0.13 & 0 & 0 \\ 0 & 0 & 0 & 0.13 & 0 \\ 0 & 0 & 0 & 0 & 0.14 \end{bmatrix}$$

$$=\begin{bmatrix} 0.05 & 0.10 & 0.02 & 0.02 & 0.02 \\ 0.09 & 0.07 & 0.07 & 0.04 & 0.04 \\ 0.11 & 0.04 & 0.04 & 0.07 & 0.08 \\ 0.05 & 0 & 0 & 0 & 0 \\ 0.08 & 0 & 0 & 0 & 0 \end{bmatrix} \quad (2.66)$$

因此,根据 $W|^2$ 的取值确定全路段交通设施的 2 级指标权重,如表 2.47 所示。

全路段交通设施权重分布　　　　表 2.47

1 级指标层	权重	2 级指标层	权重 W
交通诱导设施 U_1	0.3758	标志牌设置密度 U_{11}	0.05
		线形诱导标志完备性 U_{12}	0.09
		标志标线设置合理性 U_{13}	0.11
		标志标线信息量 U_{14}	0.05
		标志标线信息连续性 U_{15}	0.08
防护隔离设施 U_2	0.2147	防眩效果 U_{21}	0.10
		护栏防撞效果 U_{22}	0.07
		隔离栅效果 U_{23}	0.04
隧道交通设施 U_3	0.1329	空气质量 U_{31}	0.02
		亮度过渡安全性 U_{32}	0.07
		过渡段防护隔离设施 U_{33}	0.04
桥梁交通设施 U_4	0.1329	桥梁过渡安全性 U_{41}	0.02
		诱导设施有效性 U_{42}	0.04
		桥梁防护隔离设施 U_{43}	0.07
立交交通设施 U_5	0.1439	指路标志信息量 U_{51}	0.02
		分合流设置 U_{52}	0.04
		匝道横断面布置 U_{53}	0.08

2.3.3.3 分路段多级分层综合权重分析

利用前面对全路段及分项路段进行的交通设施权重计算方法及公式特性,得到以下分项路设计算方式。

根据各分项路段因素分布表建立分项路段判别矩阵,即利用表 2.48 生成分项路段判别矩阵 T_0。

分项路段判别　　　　表 2.48

路段类型	T_1 普通路段	T_2 隧道路段	T_3 桥梁路段	T_4 立交路段	T_5 隧道桥梁路段	T_6 桥梁立交路段	T_7 隧道立交路段	T_8 复杂路段
交通诱导	√	√	√	√	√	√	√	√
防护隔离	√	√	√	√	√	√	√	√
隧道交通		√			√		√	√
桥梁交通			√		√	√		√
立交交通				√		√	√	√

定义分项路段权重关系矩阵 T:

$$T = \begin{bmatrix} T_1 \\ T_2 \\ \vdots \\ T_n \end{bmatrix} = \begin{bmatrix} t_{11} & t_{12} & \cdots & t_{1n} \\ t_{21} & t_{22} & \cdots & t_{2n} \\ \vdots & \vdots & \ddots & \vdots \\ t_{n1} & t_{n2} & \cdots & t_{nn} \end{bmatrix} \tag{2.67}$$

$$t_{ij} = \begin{cases} 1, \text{类型 } i \text{ 路段对应第 } j \text{ 个 1 级指标} \\ 0, \text{类型 } i \text{ 路段不对应第 } j \text{ 个 1 级指标} \end{cases}$$

以本书为例,原分布表可转换为分项路段权重关系矩阵 T_0:

$$T_0 = \begin{bmatrix} T_1 \\ T_2 \\ T_3 \\ T_4 \\ T_5 \\ T_6 \\ T_7 \\ T_8 \end{bmatrix} = \begin{bmatrix} 1 & 1 & 0 & 0 & 0 \\ 1 & 1 & 1 & 0 & 0 \\ 1 & 1 & 0 & 1 & 0 \\ 1 & 1 & 0 & 0 & 1 \\ 1 & 1 & 1 & 1 & 0 \\ 1 & 1 & 0 & 1 & 1 \\ 1 & 1 & 1 & 0 & 1 \\ 1 & 1 & 1 & 1 & 1 \end{bmatrix} \tag{2.68}$$

定义分项路段权重矩阵 W_i^j 表示 i 分项状态下的第 j 层对应上一层的权重矩阵,并有:

$$W_i^j = \begin{bmatrix} w_i^j|_1 & w_i^j|_2 & \cdots & w_i^j|_n \end{bmatrix}^T \quad (2.69)$$

因此,根据进一步的 T_i 计算方法,可以对各分项路段中的 1 级指标重新进行权重赋值:

$$\begin{aligned} T_i &= \begin{bmatrix} t_{i1} & t_{i2} & \cdots & t_{in} \end{bmatrix} \\ &= \begin{bmatrix} W_i^1 | \end{bmatrix}^T \\ &= \begin{bmatrix} w_i^1|_1 & w_i^1|_2 & \cdots & w_i^1|_n \end{bmatrix} \end{aligned} \quad (2.70)$$

本书则计算得到:

$$T_0 = \begin{bmatrix} T_1 \\ T_2 \\ T_3 \\ T_4 \\ T_5 \\ T_6 \\ T_7 \\ T_8 \end{bmatrix} = \begin{bmatrix} 0.60 & 0.40 & 0 & 0 & 0 \\ 0.34 & 0.21 & 0.45 & 0 & 0 \\ 0.34 & 0.21 & 0 & 0.45 & 0 \\ 0.34 & 0.21 & 0 & 0 & 0.45 \\ 0.20 & 0.14 & 0.33 & 0.33 & 0 \\ 0.20 & 0.12 & 0 & 0.34 & 0.34 \\ 0.20 & 0.12 & 0.34 & 0 & 0.34 \\ 0.16 & 0.10 & 0.26 & 0.24 & 0.24 \end{bmatrix} \quad (2.71)$$

具体权重运算过程如下。

(1) T_1 普通路段

分项路段类型 1 普通路段主要包含 2 个交通设施 1 级层次指标,依次为交通诱导设施 U_1 和防护隔离设施 U_2,权重 W_1^1 如表 2.49 所示。

T_1 路段 1 级权重分布　　　　　表 2.49

T_1	U_1	U_2	权重
U_1	1.0000	1.4918	0.60
U_2	0.6703	1.0000	0.40

(2) T_2 隧道路段

分项路段类型 2 普通路段主要包含 3 个交通设施 1 级层次指标,依次为交通诱导设施 U_1、防护隔离设施 U_2 和隧道交通设施 U_3,权重 W_2^1 如

表 2.50 所示。

T_2 路段 1 级权重分布　　　　　　　　　表 2.50

T_2	U_1	U_2	U_3	权重
U_1	1.0000	1.8221	0.6703	0.34
U_2	0.5488	1.0000	0.5488	0.21
U_3	1.4918	1.8221	1.0000	0.45

(3) T_3 桥梁路段

分项路段类型 3 普通路段主要包含 3 个交通设施 1 级层次指标,依次为交通诱导设施 U_1、防护隔离设施 U_2 和桥梁交通设施 U_4,权重 W_3^1 如表 2.51 所示。

T_3 路段 1 级权重分布　　　　　　　　　表 2.51

T_3	U_1	U_2	U_4	权重
U_1	1.0000	1.8221	0.6703	0.34
U_2	0.5488	1.0000	0.5488	0.21
U_4	1.4918	1.8221	1.0000	0.45

(4) T_4 立交路段

分项路段类型 4 普通路段主要包含 3 个交通设施 1 级层次指标,依次为交通诱导设施 U_1、防护隔离设施 U_2 和立交交通设施 U_5,权重 W_4^1 如表 2.52 所示。

T_4 路段 1 级权重分布　　　　　　　　　表 2.52

T_4	U_1	U_2	U_5	权重
U_1	1.0000	1.8221	0.6703	0.34
U_2	0.5488	1.0000	0.5488	0.21
U_5	1.4918	1.8221	1.0000	0.45

(5) T_5 隧道桥梁路段

分项路段类型 5 普通路段主要包含 4 个交通设施 1 级层次指标,依次为交通诱导设施 U_1、防护隔离设施 U_2、隧道交通设施 U_3 和桥梁交通设施 U_4,权重 W_5^1 如表 2.53 所示。

T_5 路段 1 级权重分布　　　　　　　　　　　表 2.53

T_5	U_1	U_2	U_3	U_4	权重
U_1	1.0000	1.8221	0.5488	0.5488	0.20
U_2	0.5488	1.0000	0.4493	0.4493	0.14
U_3	1.8221	2.2255	1.0000	1.0000	0.33
U_4	1.8221	2.2255	1.0000	1.0000	0.33

（6）T_6 桥梁立交路段

分项路段类型 6 普通路段主要包含 4 个交通设施 1 级层次指标，依次为交通诱导设施 U_1、防护隔离设施 U_2、桥梁交通设施 U_4 和立交交通设施 U_5，权重 W_6^1 如表 2.54 所示。

T_6 路段 1 级权重分布　　　　　　　　　　　表 2.54

T_6	U_1	U_2	U_4	U_5	权重
U_1	1.0000	1.8221	0.5488	0.5488	0.20
U_2	0.5488	1.0000	0.3679	0.3679	0.12
U_4	1.8221	2.7183	1.0000	1.0000	0.34
U_5	1.8221	2.7183	1.0000	1.0000	0.34

（7）T_7 隧道立交路段

分项路段类型 7 隧道立交路段主要包含 4 个交通设施 1 级层次指标，依次为交通诱导设施 U_1、防护隔离设施 U_2、隧道交通设施 U_3 和立交交通设施 U_5，权重 W_7^1 如表 2.55 所示。

T_7 路段 1 级权重分布　　　　　　　　　　　表 2.55

T_7	U_1	U_2	U_3	U_5	权重
U_1	1.0000	1.8221	0.5488	0.5488	0.20
U_2	0.5488	1.0000	0.3679	0.3679	0.12
U_3	1.8221	2.7183	1.0000	1.0000	0.34
U_5	1.8221	2.7183	1.0000	1.0000	0.34

（8）T_8 复杂路段

分项路段类型 8 复杂路段主要包含 5 个交通设施 1 级层次指标，依次为交通诱导设施 U_1、防护隔离设施 U_2、隧道交通设施 U_3、桥梁交通设施 U_4 和立

交交通设施 U_5，权重 W_8^1 如表 2.56 所示。

T_8 路段 1 级权重分布　　　　　　　　　　表 2.56

T_8	U_1	U_2	U_3	U_4	U_5	权重
U_1	1.0000	1.4918	0.5488	0.6703	0.6703	0.16
U_2	0.6703	1.0000	0.3679	0.4493	0.4493	0.10
U_3	1.8221	2.7183	1.0000	1.0000	1.0000	0.26
U_4	1.4918	2.2255	1.0000	1.0000	1.0000	0.24
U_5	1.4918	2.2255	1.0000	1.0000	1.0000	0.24

根据上述计算，则得到各类型路段的 2 级指标权重，如表 2.57～表 2.64 所示。

T_1 路段 2 级权重分布　　　　　　　　　　表 2.57

2 级指标	权重	2 级指标	权重
标志牌设置密度	0.08	线形诱导标志完备性	0.12
标志标线信息连续性	0.14	防眩效果	0.2
标志标线设置合理性	0.17	护栏防撞效果	0.14
标志标线信息量	0.09	隔离效果	0.06

T_2 路段 2 级权重分布　　　　　　　　　　表 2.58

2 级指标	权重	2 级指标	权重
标志牌设置密度	0.05	护栏防撞效果	0.08
标志标线信息连续性	0.08	隔离效果	0.04
标志标线设置合理性	0.09	空气质量	0.08
标志标线信息量	0.05	亮度过渡安全性	0.24
线形诱导标志完备性	0.07	过渡段防护隔离设施	0.12
防眩效果	0.1		

T_3 路段 2 级权重分布　　　　　　　　　　表 2.59

2 级指标	权重	2 级指标	权重
标志牌设置密度	0.05	护栏防撞效果	0.07
标志标线信息连续性	0.08	隔离效果	0.04
标志标线设置合理性	0.09	桥梁过渡安全性	0.08
标志标线信息量	0.05	诱导设施有效性	0.15
线形诱导标志完备性	0.07	桥梁防护隔离设施	0.22
防眩效果	0.10		

T_4 路段 2 级权重分布　　　　　　　　　　表 2.60

2 级指标	权重	2 级指标	权重
标志牌设置密度	0.05	护栏防撞效果	0.07
标志标线信息连续性	0.08	隔离效果	0.04
标志标线设置合理性	0.09	指路标志信息量	0.09
标志标线信息量	0.05	分合流设置	0.13
线形诱导标志完备性	0.07	匝道横断面布置	0.23
防眩效果	0.10		

T_5 路段 2 级权重分布　　　　　　　　　　表 2.61

2 级指标	权重	2 级指标	权重
标志牌设置密度	0.03	隔离效果	0.02
标志标线信息连续性	0.05	空气质量	0.06
标志标线设置合理性	0.06	亮度过渡安全性	0.18
标志标线信息量	0.03	过渡段防护隔离设施	0.09
线形诱导标志完备性	0.04	桥梁过渡安全性	0.06
防眩效果	0.06	诱导设施有效性	0.11
护栏防撞效果	0.05	桥梁防护隔离设施	0.16

T_6 路段 2 级权重分布　　　　　　　　　　表 2.62

2 级指标	权重	2 级指标	权重
标志牌设置密度	0.03	隔离效果	0.02
标志标线信息连续性	0.05	桥梁过渡安全性	0.06
标志标线设置合理性	0.05	诱导设施有效性	0.11
标志标线信息量	0.03	桥梁防护隔离设施	0.16
线形诱导标志完备性	0.04	指路标志信息量	0.07
防眩效果	0.06	分合流设置	0.10
护栏防撞效果	0.04	匝道横断面布置	0.18

T_7 路段 2 级权重分布 　　　　　表 2.63

2级指标	权重	2级指标	权重
标志牌设置密度	0.03	隔离效果	0.02
标志标线信息连续性	0.05	空气质量	0.06
标志标线设置合理性	0.05	亮度过渡安全性	0.18
标志标线信息量	0.03	过渡段防护隔离设施	0.09
线形诱导标志完备性	0.04	指路标志信息量	0.07
防眩效果	0.06	分合流设置	0.10
护栏防撞效果	0.04	匝道横断面布置	0.18

T_8 路段 2 级权重分布 　　　　　表 2.64

2级指标	权重	2级指标	权重
标志牌设置密度	0.02	亮度过渡安全性	0.13
标志标线信息连续性	0.04	过渡段防护隔离设施	0.07
标志标线设置合理性	0.04	桥梁过渡安全性	0.04
标志标线信息量	0.02	诱导设施有效性	0.08
线形诱导标志完备性	0.03	桥梁防护隔离设施	0.12
防眩效果	0.05	指路标志信息量	0.05
护栏防撞效果	0.04	分合流设置	0.07
隔离效果	0.05	匝道横断面布置	0.13
空气质量	0.05		

因此,可根据该 2 级计算标准进行交通设施环境状况的评估。

2.3.4 自然环境风险影响分析

根据前面所分析的自然环境安全性指标的性质及相对应计算方法,可以得到自然环境安全性评价指标是如何进行计算的,而这一指标则是以时间与程度两个参数对交通运营环境进行作用。

对于自然环境所带来的安全性影响,由于针对某一地区的自然环境是相对恒定的,即在一定时间段内,一定路域范围内的自然环境特征较为稳定,因此,不同道路所处的地理位置、气候条件等将伴有相对确定的自然环境风险,即其自然环境安全性指标 NESI 具有相对确定和不变性。同时,对于一条确定的公路,由于道路路幅的局限性,不同路段间的自然环境差异相对较小,因此可考虑针对不同公路间的自然环境差异及相同公路不同时间段的自然环境差异进行客观风险性的评估,并基于基本道路线形所反映的客观安全性指标 OSI 得到自然环境风险的修正参数。利用云南省多条高速公路中公路线形安全性指标接近、事故当量损失率接近的路段,根据不同时间段的不同自然环境评估值进行统计,以自然环境评估值为 10 的路段事故当量损失率的平均值作为基准值(取值为 1),设计基于自然环境的客观评估修正值 k_{NE},得到如表 2.65 所示统计结果。

路段自然环境评估值统计　　　　　　表 2.65

路段	NESI 值	OSI 修正系数	路段	NESI 值	OSI 修正系数
1	10	1.000	11	8.98	0.932
2	8.48	0.779	12	8.44	0.646
3	8.91	0.773	13	8.69	0.789
4	9.35	0.984	14	8.77	0.751
5	8.22	0.657	15	9.74	0.967
6	9.30	0.905	16	9.43	0.856
7	9.29	0.877	17	9.75	0.802
8	9.01	0.822	18	9.50	0.929
9	9.10	0.943	19	8.64	0.667
10	8.80	0.903	20	9.59	0.883

建立分布图像如图 2.68 所示。

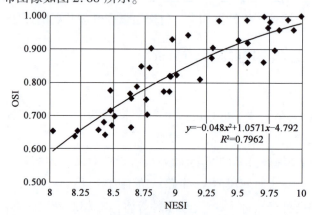

图 2.68　路段自然环境评估值与客观风险比分布

从图 2.68 中可以看出,自然环境评估值的值域大致在[8,10]区间内,这是由自然环境评估值的计算特性决定的。而事故当量损失率比的值域则是在[0.60,1.00]范围内,即对于同路段,较低的自然环境评估值将降低公路客观安全性水平,基准客观安全性修正数降低至 0.5,总体分布则接近开口向下的二次抛物线左半侧,呈递增趋势,递增趋势呈递减,并有如下函数关系(R^2 = 0.7962):

$$k_{NE} = -0.048 NESI^2 + 1.0571 NESI - 4.792 \quad (2.72)$$

利用该函数关系,计算得到如表 2.66 所示几个关键位置的比值。

NESI 值与 OSI 修正系数关系　　　　表 2.66

NESI 值	OSI 修正系数	NESI 值	OSI 修正系数
10.00	0.979	8.75	0.783
9.75	0.952	8.50	0.725
9.50	0.918	8.25	0.662
9.25	0.879	8.00	0.593
9.00	0.834	7.75	0.518

由表 2.66 可以看出,当 NESI 值低于 9.00 后,客观安全性评价修正值 k_{NE} 降至 0.834,而当 NESI 值低于 8.00 后,客观安全性评价修正值 k_{NE} 降至 0.593,表明持续的不良气象环境对事故的发生及事故发生的后果均有较大影响,体现在降低的客观安全性评价修正值 k_{NE}。若未针对这些路段进行专项的设计与预防,将带来较严重的事故量及后果,表现为 OSI 值的持续降低。

2.3.5　客观安全性综合评价

2.3.5.1　客观环境安全性分析

根据前面的分析,高速公路客观安全评估主要由 4 部分构成,分别是公路线形安全性评价、交通设施安全性评价、路面状态安全性评价与自然环境安全性评价,其构成关系如图 2.69 所示。

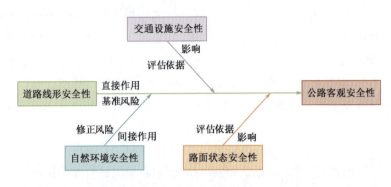

图 2.69　客观影响因素与公路客观安全性关系

利用公路线形安全性指标的研究分析成果,将公路线形安全性指标(LSI)作为基础评估指标,整合交通设施安全性指标(TFSI)的影响因素,结合路面状态安全性指标(PCSI)和自然环境安全性指标(NESI)的影响,建立以客观安全性基准指标(OSI_0)为评估对象的评价指标关系,其中首先建立公路线形客观安全性指标:

$$OSI_L = -0.1943LSI^2 + 3.505LSI - 6.2897 \quad (2.73)$$

式中:LSI——公路线形安全性指标;

OSI_L——基于公路线形的客观安全性基准值。

公路线形由于在建设后一般不再进行调节与修正,因此公路线形安全性指标可以视作静态指标;而自然环境由于公路本身地理环境等因素的影响,其安全性状态随季节性变化,同时将不会由于工程措施等因素发生改变,为半静态指标;路面状态与交通设施状态随公路使用及养护管理情况将发生变化,同时呈一定规律性,但人为影响非常显著,因此为动态指标,同样也是后期养护管理及提高安全性的重要考核内容。因此,客观安全性评价基本指标可由以下公式计算:

$$OSI_0 = OSI_L \cdot k_{NE} \quad (2.74)$$

$$k_{NE} = -0.048NESI^2 + 1.0571NESI - 4.792$$

式中:OSI_0——客观安全性评价基本指标;

OSI_L——基于公路线形的客观安全性基准值;

k_{NE}——基于自然环境的客观评估修正值;

NESI——自然环境安全性指标。

在这一关系模式下,利用基准指标同时结合其他路面状态与交通设施的取值均为普遍正常水平,可以基于这一关系模式下建立客观风险评估的整体关系模型:

$$OSI = f[g(LSI, NESI), h(TFSI, PCSI)]$$
$$= f[OSI_0, h(TFSI, PCSI)] \qquad (2.75)$$

即由公路线形安全性指标 LSI 进行基准客观安全性评价后,利用自然环境安全性指标 NESI 进行客观安全性指标 OSI 的取值,并参考其他指标评价分级,最终得到客观安全性综合评价指标 OSI 评级水平,对利用事故当量指标的概念进行其他指标安全性水平的分级,如表 2.67 和表 2.68 所示。

基于当量指标概念的安全性水平分级　　　　表 2.67

程度	概率		
	100~70	70~40	40~0
100~70	Ⅰ	Ⅱ	Ⅱ
70~40	Ⅱ	Ⅱ	Ⅲ
40~0	Ⅱ	Ⅲ	Ⅲ

交通设施与路面状态安全性水平分级　　　　表 2.68

TFSI	PCSI		
	10~7	7~4	4~0
10~7	Ⅰ	Ⅱ	Ⅱ
7~4	Ⅱ	Ⅱ	Ⅲ
4~0	Ⅱ	Ⅲ	Ⅲ

采用该二维安全水平分级能得到路面环境与交通设施状况的综合状况,其结果为动态指标,可结合高速公路客观运营安全水平再进行二维向量式修正,保证公路总体运营安全性水平,如图 2.70 所示。

因此,最终的客观安全性评价指标 OSI 计算方式如下:

$$OSI = \min(OSI_0, \sqrt{TFSI \cdot PCSI}) \qquad (2.76)$$

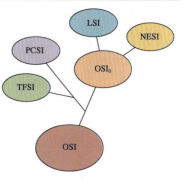

图 2.70　多重二维向量描述

$$OSI_0 = (-0.1943LSI^2 + 3.505LSI - 6.2897) \times$$
$$(-0.048NESI^2 + 1.0571NESI - 4.792) \qquad (2.77)$$

式中：TFSI——交通设施安全性指标；
　　　PCSI——路面状态安全性指标；
　　　OSI_0——客观安全性基准指标；
　　　LSI——公路线形安全性指标；
　　　NESI——自然环境安全性指标。

2.3.5.2　客观安全性评价运用过程

基于以上分析与计算，得到高速公路客观运营环境的评价指标及对应的评价流程，分析方法如下：

①根据道路线形及路段属性进行路段划分，再根据路段划分结果进行公路线形评估值(LSI)的计算，并结合这一指标进行路段基准事故当量损失率的计算。

②对公路的历史气象环境进行统计，得到高速公路自然环境安全性指标(NESI)，并对由公路线形评估值得到的路段基准事故当量损失率进行修正，得到客观安全性基准指标 OSI_0。

③对不同路段的交通设施环境进行实地调研，采用交通设施评估方法进行评估与计算，得到不同路段的交通设施安全性评价值(TFSI)，推算不同路段的 TFS1 水平。

④对沿线高速公路路面状况进行数据采集，并根据路面评估综合性能的计算方法得到路面状态安全性指标(PCSI)，推算不同路段的 PCSI 水平。

⑤结合路段 TFSI 水平和 PCSI 水平对整个高速公路不同路段进行划分，同时结合客观安全性基准指标 OSI_0，得到高速公路客观环境安全性的综合评价结果，即客观安全性评价指标 OSI。

2.4　本章小结

本章从高速公路客观运营环境的组成因素分析出发，将高速公路客观运营环境分为公路线形特性、路面状态、交通设施状态及自然环境特性 4 个方面。根据这些不同因素的特性建立相对应的评价方法及评价指标,并分析其组成关系,最终提炼出综合性的客观环境评价指标,用于对高速公路客观运营环境进行安全性评价,并给出参考标准。

第 3 章　高速公路用户感知及主观安全性评价

主观安全性即道路用户对交通运营环境的认知和感知安全性,也称驾驶人主观安全感。由驾驶人通过认知道路结构及交通环境各要素的综合信息而得到的行驶安全感觉,是驾驶人对不同的信息刺激,经驾驶人认知、判断后产生的一种心理反应。通过对驾驶人生理心理反应的测试来确定公路运营环境安全性指标,使高速公路能够为使用者提供安全、舒适、快捷的交通服务。

驾驶人、汽车和道路环境构成了典型的人机环境系统,如图 3.1 所示。在该系统中,驾驶人是最活跃的因素,对行车安全起着主导控制作用。

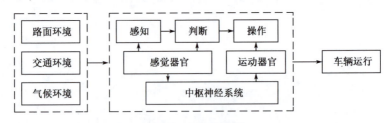

图 3.1　人机环境系统

在汽车行驶时,驾驶人的行为是信息感知、判断决策和操作所组成的一个不断往复进行的信息处理过程,即感知作用于判断决策后影响到操作。首先是道路上来往车辆、行人、交通标志、路面状况以及汽车本身的运行情况等外界信息,通过驾驶人的视觉、听觉和触觉等感觉器官传入其大脑,驾驶人根据其驾驶经验予以加工后,做出相应的判断和决策,然后通过手、脚等运动器官发出调整方向和速率等指令,从而改变汽车运行状态。而汽车行驶道路、相对于道路的适应程度、振动、速度以及各种操纵后汽车的行驶变化再通过上述过程反馈给驾驶人,同时驾驶人仍在不断接收道路及环境信息,不断调整自身驾驶状态以适应新的道路环境信息,确保汽车的操纵稳定性、可靠性和安全性。

由于驾驶人与道路环境的联系是通过汽车的"过滤"来实现的,而驾驶行为对汽车运行状态的影响则表现为驾驶人的不同动作。因此,依据对人的行为 S-O-R(刺激-有机体-反应)经典模式的拓展,驾驶汽车的行为可以分成三个阶段,即感知阶段、判断决策阶段和操作阶段。

感知阶段:驾驶人通过视觉、听觉和触觉感知汽车的运营环境条件,如交通信号、行人的动静位置、路面状况、交警以及汽车的运行情况等信息。这一阶段主要由感觉器官完成。

判断决策阶段:驾驶人在感知信息的基础上,结合驾驶人经验和机能,经过分析,做出判断,采取有利于汽车安全行驶的措施。这一阶段主要由中枢神经系统来完成。

操作阶段:驾驶人依据判断决策所做出的实际反应和行动,具体指手、脚对汽车实施的控制,如加速、制动、转向等。这一阶段主要由运动器官来完成。

交通信息首先经过驾驶人的感知阶段,在该阶段驾驶人对交通状况中的要素进行识别、理解,完成驾驶状态意识。由于受到其他因素,如疲劳、振动、热等的影响,人体便会感觉到不舒适,往往会出现误感甚至无感现象,使之通过感知阶段到判断阶段,甚至放任自然。

人体的舒适度是个复杂的概念,影响因素多,在驾驶过程中,对人体舒适度影响的因素可以从生理和心理两个交叉领域进行解释,如图 3.2 所示。

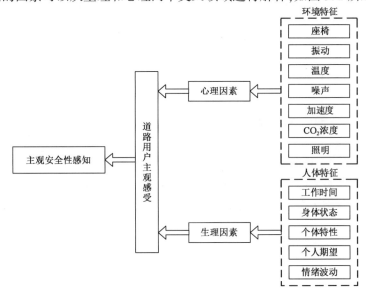

图 3.2　人体舒适度影响因素

3.1 高速公路用户运营环境感知

道路线形指标、车速、交通环境这些外界刺激与反映驾驶人心理紧张量的心率、眼动等这些生理指标有着较强的相关性。借助动态检测仪器,从人的生理心理反应方面测试驾驶人对高速公路运营环境的安全感知,根据心率、眼动等对影响运营环境安全性的特征参数进行研究。

道路主观安全性评价因素包括驾驶人生理负荷心率、眼动和脑力负荷。本节介绍心率生理特性、眼动行为特性和心跳、眼动的分析方法,以及 NASA-TLX 量表说明和任务负荷值(TLX)计算方法。具体结构如图 3.3 所示。

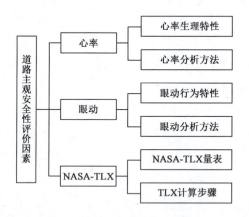

图 3.3　道路主观安全性评价因素

3.1.1　用户感知特征测试

驾驶人在山区高速公路上驾车,当以较高的速度到达急弯陡坡、视距不良、线形组合不当、长大下坡等路段时,心理会出现不同程度的紧张,而人的心理紧张、负荷增大会引起身体各种生理,如心跳反应、眼动行为等的变化,以及情绪不稳定等。

用驾驶人的负荷来判断道路主观安全性水平,交通情况复杂,驾驶人紧张,负荷较大,因此道路主观安全性水平较低;相反,驾驶人较为放松,负荷较小,道路主观安全性水平较高。

3.1.1.1 心率特征测试

驾驶人在行车过程中,道路环境中的各种因素会引起心理紧张程度的变化,心跳会出现加快和减慢的现象。交通环境的复杂程度是引起驾驶人心率变化的主要原因,同时心率也与驾驶人自身的性别、年龄、驾龄、路段熟悉程度等因素有关。

心率是指单位时间内心脏把血液送往全身时的搏动次数。心率是反映作业强度及生理负担程度时的重要指标,心率的升高同人的作业强度、紧张程度成正比,同呼吸、循环机能保持着密切关系。

健康成人安静时的心率为 60~100 次/min,平均在 75 次/min 左右,一般不超过 160 次/min,也存在显著的个体差异。心率可因年龄、性别及其他生理情况而不同。心率快慢与下列因素有关:性别,女性较男性稍快;年龄,老年人心率减慢;体温,正常人每当体温升高 1℃,心率增加 10 次/min;休息、活动和情绪,休息和睡眠时心率一般较慢,活动和情绪激动时心率增快;心功能状态,窦房结的功能状态,房室传导功能状态,创伤、休克、疾病状态,以及一些药物对心率也有影响。

心率及其节律是受自主神经系统(交感和副交感神经/迷走神经)控制的。心跳每搏之间的时间(R-R 间期)不一致,这种心跳间期有节律的波动被称作心率变异性。心脏自主神经活动评定,在驾驶人方面的研究和应用还刚刚起步。副交感神经对心率的作用是导致心率减慢、传导减慢等抑制性效应,交感神经对心率的影响是由释放去甲肾上腺素所调节的。在安静状态下,迷走神经兴奋占优势,心率减慢,心率的变化主要受到迷走神经调节。而在运动、情绪紧张、疼痛等情况下,交感神经兴奋占优势,心脏窦房结自律性增快,传导加强,心率增快。

3.1.1.2 眼动行为特征测试

驾驶人为了保证其正常安全地驾驶,要不断从道路环境获取信息,包括标志信息、交通流信息、交通组织信息、天气情况等。而这些信息有 90% 来自视觉,眼动行为能帮助我们深入了解驾驶人的信息采集过程。如果说眼睛是大脑思维活动的窗户,那么研究眼睛的行为自然成为掌握驾驶人获取和处理视觉信息方式的有效途径。

眼动行为数据反映了每一瞬时的认知过程，并且眼动行为与注意力紧密联系在一起，人们往往直接凝视和注视所关注的目标。一定的信息负荷会让驾驶过程中枯燥的驾驶人有一些刺激，而过量的信息负荷对驾驶人也是不利的。在过去几十年里，众多学者通过分析视觉行为研究驾驶人的知觉和认知过程，研究驾驶人在往哪儿看、看什么、看了多长时间，驾驶人的视觉行为有何规律，道路环境（如曲线、标志、交通环境等）如何影响驾驶人的视觉行为，驾驶经验、疲劳、酒精等驾驶人个体特性怎么影响视觉行为，车内装置、车辆照明等对驾驶人视觉行为有何影响等。随着眼球运动跟踪技术的发展，眼动测量更加便捷和精确，为研究这些问题提供了优良的技术手段，使得不断深入地研究驾驶人在动态驾驶环境中的视觉行为成为可能。

人的视觉系统可分为两个子系统，即中央视力和周边视力。中央视力是指围绕眼球中心约 1° 内的视力，它为驾驶人提供高显像度信息，支持认知等能力；周边视力是指眼球中央 1° 以外视野范围内的视力，使驾驶人能够察觉相反方向和运动上的变化，但周边视力的增加会相应降低视觉灵敏度。这两个子系统同时运作，相互依靠。车辆行驶时，驾驶人通过中央视力检测行驶方向上的行车线索，通过周边视力来维持对汽车的侧向控制，同时也为驾驶人提供宽阔丰富的视觉信息。

人在"看"的过程中，眼球是不停转动的。而在观看的过程中，眼睛并非有秩序地移动，也不是规律地停留在画面的每一个地方，而是在画面的某个位置短暂停留后，快速地移动到下个停留位置。然而眼睛在移动时，无法获得新的知觉信息，只有在注视的停留期间之内才会摄取必要的知觉信息。依据眼球短暂停留与快速移动的特性，可以将"看"分为注视和扫视。区分注视和扫视主要依据的标准有三个：①在某一注视区域停留的时间；②某一单位长度时间段内的眼动速度；③某一单位长度时间段内的眼动加速度。

如何区分注视与扫视是眼动研究中一直存有争议的问题，事实上，从现有的对人眼视觉规律的研究结果看，注视和扫视本身没有清晰的界线，人们暂时无法从视觉认知的角度区分注视和扫视行为，但出于研究的需要，我们仍需对二者加以界定。

一部分研究人员认为，注视是指在 xOy 坐标系中，注视点最少持续 t 时刻停留在一个面积为 $a \times a°$（$a°$ 表示水平及垂直方向的视角）区域内的眼动行为。一般认为大于 100ms 以上的才是注视行为,小于 100ms 的是扫视行为。但是,当采样频率不够高,如小于 10Hz 时,持续 100ms 的 t 值无法区分(因为采样的间隔时间大于 100ms)。当以 30Hz 频率进行采样时,持续 100ms 的 t 值则意味着至少有 3 次连续采样过程中注视点都落在 $a \times a°$ 区域内。a 的取值标准取决于眼动仪的分辨率与试验的先决条件等。例如,Crundan 和 Underwood 的研究中采用的是 $2 \times 2°$,Maltz 和 Shinar 的研究中采用 $1 \times 1°$,而 Chapman 和 Underwood 的研究中则采用 $0.25 \times 0.25°$。

另一部分研究人员认为,眼动的基本形式是眼球运动的不同状态,而眼球运动最原始的表征量应该是眼球运动的速度和加速度,所以注视与扫视行为的分界应该以眼动速度和加速度为标准来衡量。因此,这些研究人员认为,应该确定眼动速度的临界值($m°/s$)和眼动加速度的临界值($n°/s^2$),将在某采样点眼动速度大于 $m°/s$,或者虽然眼动速度小于 $m°/s$,但是眼动加速度大于 $n°/s^2$ 的眼动行为认为是扫视;而眼动速度小于 $m°/s$,且眼动加速度大于 $n°/s^2$ 的眼动行为认为是注视。

3.1.1.3 主观负荷特征测试

为了车辆安全行驶,驾驶人必须正确地完成一系列驾驶任务,然而完成这些动作或者任务却给驾驶人造成了一定的脑力与生理负荷,影响驾驶人的正常驾驶。而本书采用 NASA-TLX 量表来确定驾驶任务对驾驶人脑力与生理负荷的影响。

由于 NASA-TLX 量表从未在道路中应用,从而应对原设计量表的评价内容进行修改,使其更加通俗易懂,贴近实际驾驶情况,从而便于驾驶人回答,如表 3.1 所示。

驾驶人 NASA-TLX 量表负荷因素描述 表 3.1

负荷因素	描述
心理需求	需要耗费多大程度的脑力才能完成驾驶任务,包括驾驶过程中思考、决策、计算、记忆和观察等知觉活动,如思考等脑力活动吃力与否,任务简单还是复杂
体力需求	需要耗费多大程度的体力才能完成任务,包括驾驶过程中,如换挡、制动、转弯、超车、换道等驾驶行为,如肌肉是松弛的还是紧张的,动作是轻松的还是吃力的
时间需求	完成任务给驾驶人造成的时间上的压力,如对任务的速度或节律所带来的时间压力是大还是小,感觉有多大,是紧张还是从容不迫

续上表

负荷因素	描述
操作业绩	完成任务后驾驶人的满意程度,如对所完成的任务自我感觉是好还是差,很有成就感或觉得没有意义
努力程度	为完成任务所付出的努力程度,如您要完成驾驶任务所需要付出的努力
挫折程度	完成任务的过程中感受到挫折的程度,如在驾驶过程中不安全感、烦躁程度是高还是低

3.1.2 用户感知分析

3.1.2.1 心率分析

心率信号同时受到自身生理节律、驾驶操作和刺激三部分的共同影响。已有研究表明,驾驶人在安静时心率的相关函数曲线很快趋于零,说明自身生理因素引起的心率值之间相关性很差,可以看成纯随机过程。由于受到驾驶和外界刺激的影响,心率会出现非自身心跳节律引起的较大周期的波动现象,被试的心率会出现有规律性的变化。心率会因人的差异而不同,对于驾驶人心率在外界刺激下出现规律性的波动通常用以下一些指标表征。

1. 心率增长量

心率增长量表示驾驶人行车过程中某一时刻(段)的心率增长量,即某一时刻(段)的心率值与驾驶人安静状态下平均心率差值,其计算公式为:

$$\Delta N_i = n_i - \bar{n} \quad (3.1)$$

式中:ΔN_i——驾驶人行车过程中某一时刻的心率增长量(次/min);

n_i——驾驶人行车过程中某一时刻的心率值(次/min);

$\bar{n}$——驾驶人安静状态下的平均心率(次/min)。

2. 心率增长率

心率增长率表示驾驶人行车过程中某一时刻(段)的心率增长率,即某一时刻(段)的心率增长量与驾驶人安静状态下平均心率的比值,其计算公式为:

$$N_i = \frac{n_i - \bar{n}}{\bar{n}} \times 100\% \quad (3.2)$$

式中：N_i——驾驶人行车过程中某一时刻的心率增长率(%)；

n_i——驾驶人行车过程中某一时刻的心率值(次/min)；

$\bar{n}$——驾驶人静止时的平均心率(次/min)。

3. 心率波动量

心率波动量表示驾驶人行车过程中某一时刻(段)的心率范围($n_{min} \sim n_{max}$)内的变化，即某一时刻(段)的心率值与驾驶人最低心率差值，其计算公式为：

$$\Delta N_i' = n_i - n_{min} \tag{3.3}$$

式中：$\Delta N_i'$——心率在某时刻的波动量(次/min)；

n_{min}——驾驶人行车过程中心率最小值(次/min)。

4. 心率波动率

心率波动率表示驾驶人行车过程中某一时刻(段)的范围($n_{min} \sim n_{max}$)内变化率，即某一时刻(段)的心率波动量与某一时刻(段)的范围内心率值的变化幅度最大值的比值，其计算公式为：

$$N_i' = \frac{n_i - \bar{n}_{min}}{n_{max} - n_{min}} \times 100\% \tag{3.4}$$

式中：n_i——驾驶人行车过程中某一时刻的心率波动率(%)；

n_{min}——驾驶人行车过程中心率最小值(次/min)；

n_{max}——驾驶人行车过程中心率最大值(次/min)。

5. 心率变异性

心率变异性(HRV)是指逐次心搏间期之间的微小差异，它产生于自主神经系统(ANS)对窦房结自律性的调制，使心搏间期一般存在几十毫秒的差异或波动。大量研究表明，它是正常心血管系统稳态调节的重要机制，反映了心脏交感、迷走神经活动的紧张性和均衡性。心率变异性常用分析方法有时域分析和频域分析。

(1)时域分析

时域分析就是通过统计学离散趋势分析法计算 R-R 间期的变化，可用均值、标准差、极差、均方根、变异系数等指标来表达。以下为常用时域指标。

MRR 为 R-R 间期的均值，它能说明 R-R 间期平均值的大小，能够反映出心脏单位时间内的搏动次数。SDNN 为正常 R-R 间期的标准差，与心率的缓慢变化成分相关,主要反映的是自主神经功能整体的变化。RMSSD 为相邻 R-R 间期差值的均方根。PNN50 为相邻 R-R 间期差值大于 50ms 的 R-R 间期数与全部 R-R 间期数之比。RMSSD 和 PNN50 反映 R-R 间期的突然变化。心率变异系数 RRCV 为由标准差 SDNN 或差值均方 RMSSD 除以该段时间的 R-R 间期平均值 MRR 而得到的。

变化率 MRSD 为驾驶人某一时段 R-R 间期 MRR 与 SDNN 的均值,是由俄罗斯学者提出的一个实时测量驾驶人测量表工作表现的指标,其可以甄别出驾驶人负荷突变部分。

$$CS_N(t) = \frac{\langle RRNN \rangle_A \langle SDNN \rangle_A}{\langle RRNN \rangle_N \langle SDNN \rangle_N} \tag{3.5}$$

式中:RRNN——某时段内 R-R 间期均值;

SDNN——R-R 间期的标准差;

A、N——RRNN、SDNN 值在驾驶情况和安静状态下测得的数值。

(2)频域分析

频域分析法也是一种数学工具,可用来分析一条曲线的变化规律。即任何复杂混乱的曲线都可以转换归纳成不同的正弦曲线的组合,根据各种正弦曲线的功率分布,绘制出频谱曲线。频谱曲线的横坐标是频率(Hz),纵坐标是功率密度(单位频率的功率)。频谱的形状与瞬时心率变化曲线形状有着对应关系。因此,由频谱曲线中的高频成分与低频成分的大小可以估计出瞬时心率变化曲线的特征。常用频域指标及其定义如表 3.2 所示。

心率频域指标分类标准   表 3.2

频域指标	VLF(极低频)	LF(低频)	HF(高频)
范围(ms^2)	<0.04	0.04~0.15	0.15~0.4

由于 LF 及 HF 各频段的数值直接受总功率的影响,特别是在较短时间内进行分析时。在频域指标中,VLF 功率的产生机制不明,可能是和体温调节、肾素血管紧张素系统及体液因子等因素有关的长期调节机制有关。LF 功率的解释仍然有争议,但是大多数学者认为它是交感神经活动的标志。HF 高频段的功率则反映了副交感神经对心率的调制作用。LF/HF 值是用来量化交感神经和副交感神经张力平衡状态的指标。

心率增长量、波动量都是分析具体心率值的增减量,但是由于每个人的身体状况不同,在相同情况下的心率次数也存在差异。因此,简单比较驾驶人心率的增加或者减少次数,不能准确地反映出道路线形对驾驶人心率的影响。心率增长率和心率波动率均是在心率增长量、心率波动量的情况下除以驾驶人的安静状态平均心率或者心率变化范围,是简单、具体的数值,不能深度挖掘驾驶人生理变化过程中的信息。而心率变异性 HRV 中包含大量的统计意义的指标,能够对驾驶人生理心理进行较为科学的研究。

3.1.2.2 眼动分析

注视行为与扫视行为的描述参数如图 3.4 所示。

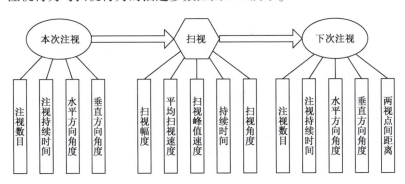

图 3.4 视觉搜索过程的事件及表征参数

1. 注视行为

(1) 注视点数目

在视觉搜索中,注视点的数目与观察者所需要处理信息的数目有关系,而与所需处理信息的深度无关。然而,一旦搜索者发现其兴趣所在,那么注视点的数目就反映了视觉区域中兴趣点的数目,并且信息比例高的区域产生的注视频率也很高。另外,区域的几何形状显著性与在该区域的注视时间之间也有相关性。分区域的注视次数是衡量搜索效率的一个指标,也是区域重要性的衡量指标,区域越重要,注视次数越多。

(2) 注视时间

注视时间是指在注视时,视轴中心位置保持不变的持续时间。注视时间代表着处理与危险相关的信息所花费的时间,反映的是提取信息的难易程度,也就是从所注视的目标上提取信息所用的时间,同时也是注视区域信息内容和主观信息处理策略的度量标准。

眼动过程中信息处理越困难,导致的注视时间也越长。视野范围内信息显示密度高时,注视时间比显示密度低时长 50~100ms。例如,在阅读单倍行距、字符间距比较紧密的字符时,对每个字符的注视时间将会减少(但是对每一行的注视次数将会相应增多)。当字符越小、字符间距越紧密时,注视点数目变少而注视时间变长。

较长的注视时间有两种可能:第一,信息难以提取,需要较大的认知努力;第二,信息源信息丰富,需要较多的时间去读取。延长的注视时间导致负荷的增加,注视时间的长短可以判别负荷的变化。

对注视时间的定义,学者多采用 0.1s、0.165s、0.2s 为最小界值,杜志刚提出驾驶人在隧道内的注视时间比其在隧道外小,得出在隧道路段,当定义最小注视时间为 0.167s 时,视力角最大,视觉资源分配最为合理。出于眼动测试系统实际试验数据采用的考虑,本书选择 $t>0.1s$ 定义为注视时间。

(3)x(水平)、y(垂直)方向的视线角

这两个参数描述的是被试者注视某个目标时,眼球相对于头部在水平和垂直方向转动的角度,如图 3.5 所示。

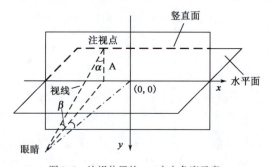

图 3.5 注视位置的 x、y 方向角度示意

图 3.5 中,原点(0,0)即眼球与竖直面垂直的垂线与竖直面的交点,眼球与注视点间的连线称为视线。图中,竖直面上的虚线是视线在竖直面的投影,A 点是视线的投影与水平面的交点,视线与水平面之间的夹角 β 即为视点位置在 y 方向上的视角,视线与垂直面之间的夹角 α 即为视点位置在 x 方向上的视角。

注视点的视角位置可以说明随着时间的推移被试者的空间注意力的所

在,反映了被试者的注意力分配情况。注视点摄取到的信息是个体向大脑输入视觉信息的唯一可能途径,单个注视点能有效摄取信息的范围即注视广度,注视目标的角度即可以反映注视广度。

(4)注视点间距

注视点间距是指相邻两个注视点间的距离。如果距离比较短,则能够说明该信息比较容易识别且看起来很容易发现,同时也反映出前一个注视的效率很低,被试者通过前一个注视点获取的信息量不足以判断该目标是否有危险;如果该距离比较长,则说明从前一个注视点到当前这个注视点需要很长的距离,中间所经过的距离内经扫视判断而认为其间并不存在需要注视的目标。

2. 扫视行为

(1)扫视持续时间

扫视持续时间是指眼球从一个注视运动结束至下一个注视运动开始期间所包含的时间,它反映了在视觉搜索过程中搜索目标所花费的时间。扫视持续时间越长,说明在搜索范围内的信息密度越小;扫视持续时间越短,则在搜索范围内的信息密度越大。扫视持续时间和视觉搜索效率相比,与要处理信息的复杂度更相关。

(2)扫视幅度

扫视幅度是指一次扫视从开始到结束时所覆盖的范围,也是指从一次注视结束开始转移到下一次注视之前眼睛跳跃的范围,通常用视角的角度数来表示,如图3.6所示,图中 α 即为扫视幅度。

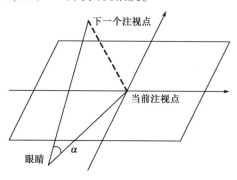

图3.6 扫视幅度解析

扫视幅度是衡量注意深度的一个指标。如果一次注视能包括很多信息，经过加工后，转移到下次注视时就要跳过较大距离。如果一次注视仅能获取到有限的很少的信息，则紧随其后的扫视距离便会很小。

(3)扫视峰值速度

扫视峰值速度是指在一次连续的扫视中，所有的样本点中速度最大的样本点所对应的扫视速度。

(4)扫视平均速度

扫视的过程是眼球大幅度运动的过程，扫视的平均速度即为每一次扫视的距离(角度)与扫视持续时间的比值，其计量单位是°/s。扫视平均速度能够说明前一次注视过程中信息加工的速度以及被试者寻找下一个目标的速度。

3.1.2.3 主观负荷量表分析

主观负荷量表的计算步骤如下。

1. 负荷因素权重

NASA-TLX 量表中 6 个负荷因素对脑力负荷贡献不同，因此权重不同。采用两两比较法，对每个负荷因素对脑力负荷贡献值的相对重要性进行评定，且 6 个因素的权数之和等于 1，如表 3.3 所示。

表3.3 NASA-TLX 中 6 个影响因素两两比较统计

次/主	心理需求 α_1	体力需求 α_2	时间需求 α_3	操作业绩 α_4	努力程度 α_5	挫折程度 α_6
心理需求 α_1						
体力需求 α_2						
时间需求 α_3						
操作业绩 α_4						
努力程度 α_5						
挫折程度 α_6						
计数						
权重						

表 3.3 横向为主要因素，纵向为其对比项，主要因素的影响程度大于对比因素时，在二者交叉的方格处计数 1，反之则为 0。主要因素为 α_i，次要因素为

α_j,交叉处为 α_{ij},主要因素对应的权重为 β_i。

$$\begin{cases} \alpha_i = \sum_1^6 \alpha_{ij} \\ \sum_1^6 \sum_1^6 \alpha_{ij} = 15 \\ \beta_i = \dfrac{\alpha_i}{15} \end{cases} \quad (i=1,2,\cdots,6;j=1,2,\cdots,6) \tag{3.6}$$

由上式可以计算得 α_i 以及权重 β_i。

2. 负荷评价值

负荷评价值为驾驶人对自身各负荷因素的评价主观分值 γ_i。要求被试者在完成一项任务之后,针对实际驾驶情况,按照负荷因素描述表中对 6 个因素的描述说明,分别对自己的 6 个因素值做出评价,分值为 1~10。

3. 主观负荷值

确定了 6 个因素的权重 β_i 和负荷评价值 γ_i 之后,对各因素评价值进行加权求和,即可得出该项设计任务的脑力负荷。计算公式为:

$$\mathrm{TLX} = \sum_1^6 \beta_i \gamma_i \tag{3.7}$$

式中:β_i——负荷因素 i 的权限;

γ_i——负荷因素 i 的负荷评价值。

3.1.3 自由流状态下用户行驶状态

在自由流状态下,车辆所受约束较小,驾驶人根据实际的道路情况产生了期望运行速度和期望行驶路线(或期望车道),通过车辆的加速或减速以达到期望运行速度,变换车道行驶至期望车道,从而获得最大的行车利益,如提高速度和行驶自由空间。期望车速和期望行驶路线受驾驶人个性、车辆动力性能、道路线形、天气环境及路面条件等多方面影响。不同驾驶人驾驶不同车辆在不同的道路和交通环境下行驶,驾驶人期望车速和期望路线也不相同。当车辆运行速度低于期望车速时,驾驶人进行加速操作;当运行车速大于期望车速时,驾驶人考虑安全因素则实施减速。当车辆不在期望车道上行驶时,驾驶人改变车道;当驾驶人已经在期望车道上行驶时,车辆则不发生变道行为。

大量的研究成果表明,运行车速与设计车速的车速差、连续时段的运行车速差是自由行驶安全性的重要评价指标,其本质上是评价车速的连续性和差异性(图3.7)。

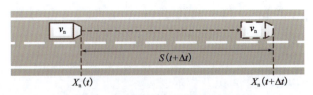

图3.7 自由行驶状态下车辆运动变化

3.1.3.1 心率变异性指标测试

对心率变异性的众多时域和频域指标(MRR、SDNN、RMSSD、RRCV、LF、HF、LF/HF)进行试验分析,并选出对驾驶人负荷较为敏感的心率指标。以公路线形评价指标 LSI 进行排序,排序结果如表3.4所示。

驾驶人时域和频域指标数据　　　　表3.4

序号	LSI	MRR	SDNN	RMSSD	RRCV	LF	HF	LF/HF
1	3.67	735.00	35.10	32.80	0.05	246.39	236.91	104.10
2	4.39	793.00	49.70	45.30	0.06	1006.66	952.09	105.80
3	6.94	782.00	33.90	32.70	0.04	453.32	296.25	153.10
4	8.47	753.00	33.00	59.80	0.04	401.58	107.38	374.00
5	8.59	677.00	20.90	16.50	0.03	116.78	144.62	80.80
6	8.60	772.00	17.00	19.50	0.02	35.83	150.73	23.80
7	9.21	754.00	22.00	23.00	0.03	106.58	130.62	81.60
8	14.78	826.00	30.90	33.50	0.04	106.56	427.75	25.00
9	21.99	715.00	19.40	13.30	0.03	379.09	237.09	159.90

1. MRR

MRR 值在正常状态下约为 840ms。MRR 值与心率值成反比,MRR 值越低则说明心跳次数越高,驾驶人紧张度增加。随着公路线形评价指标增大,R-R 间期变化并不明显,略有降低的趋势,如图3.8所示。驾驶人在山区公路上驾车时,平曲线半径越小其 MRR 值越小,心跳速度加快,容易紧张,其交感神经活性增加幅度越大,驾驶人越容易疲劳。

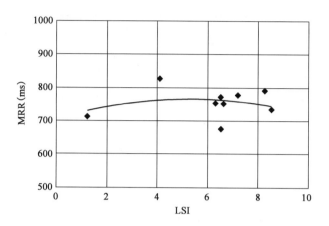

图 3.8 驾驶人 MRR 值与公路线形评价值之间的关系

2. SDNN

人体在正常情况下受功能相反的交感神经和副交感神经影响处于相互平衡制约中。当机体处于紧张活动状态时,交感神经活动起着主要作用。其中,SDNN 主要反映神经总体的调节水平,但主要反映交感神经水平,当其值增大时,交感神经活性降低,副交感神经活性增强,注意力下降。正常范围为 141ms±29ms,SDNN<50ms 时为明显降低,SDNN<100ms 时为中度降低,SDNN≥100ms 时则心率变异程度高,驾驶人较平稳。其计算公式为:

$$SDNN = \sqrt{\frac{\sum(RR_i - MRR)^2}{N}} \quad (3.8)$$

有研究表明,驾驶人 SDNN 值在驾驶状态比非驾驶状态有明显降低,说明在驾驶过程中增加驾驶人负荷,SDNN 下降。但是在姚娜论文中同样得到驾驶人在直线路段 SDNN 较非直线路段高,她发现长期低负荷容易导致在草原平直路段发生事故。

由图 3.9 可以看出,SDNN 均小于 50ms,说明驾驶人交感神经活性增强,紧张度增加,并随着线形安全性指标增大而降低。这说明由于公路线形评价指标较小,驾驶人的交感神经活性较强,兴奋性暂时性升高,负荷增大。

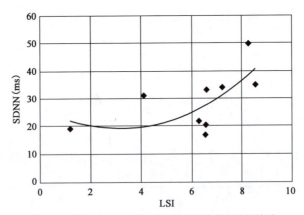

图 3.9　驾驶人 SDNN 值与公路线形评价值之间的关系

3. RMSSD

RMSSD 反映 R-R 间期的突然变化。其计算公式为：

$$\text{RMSSD} = \sqrt{\frac{\sum(\text{RR}_{i+1} - \text{RR}_i)^2}{N}} \qquad (3.9)$$

有研究表明，RMSSD 指标适合作为城市道路环境中驾驶人工作负荷的评价指标。而本试验研究 RMSSD 的变化较小，如图 3.10 所示，仅有一个小突变点，其余较为稳定，没有太大异常，并不能很好地体现驾驶人的负荷。

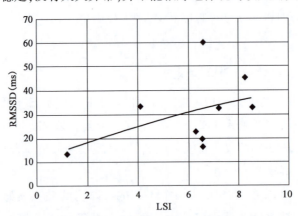

图 3.10　驾驶人 RMSSD 值与公路线形评价值之间的关系

4. RRCV

RRCV 即为标准差 SDNN 或差值均方 RMSSD 除以该段时间的 R-R 间期

平均值 MRR，有利于进行对比。其计算公式为：

$$RRCV = \frac{SDNN(或 RMSSD)}{MRR} \quad (3.10)$$

RRCV 判定标准：<40 岁，≤1.5% 为异常，1.5%～3.0% 为临界，≥3.0% 为正常；≥40 岁，<0.7% 为异常，0.7%～1.5% 为临界，>1.5% 为正常。

张殿业、张开冉等研究发现，驾驶人在夜间行车比白天行车时的心率变异系数低，夜间的驾驶人驾驶负荷较大，RRCV 变小。由图 3.11 可以看出，驾驶人的心率变异系数 RRCV 随着公路线形评价指标的增大而增大，同时验证了驾驶人负荷越大，其 RRCV 值越小，其变化较明显。因此，RRCV 能很好地衡量驾驶人负荷。

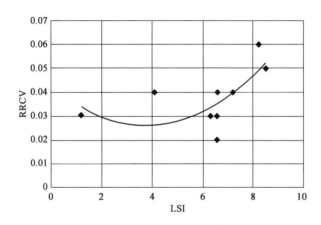

图 3.11　驾驶人 RRCV 值与公路线形评价值之间的关系

通过上面对心率变异性时域指标（MRR、SDNN、RMSSD、RRCV）的分析，发现时域指标如均值 MRR、标准差 SDNN 等参数丢失了数据中蕴含的时间顺序，它们反映的心率变化的涨落机制十分有限。MRR 变化并不太大，趋势也不够明显。然而 SDNN 相关性较大，随着公路线形评价指标的增大而增大，能比较好地表明驾驶人的负荷，但是不考虑驾驶人 MRR 使得所表达的意义不够充分。因此，选择心率变异系数 RRCV 来表征解释驾驶人负荷。

5. LF、HF、LF/HF

低频值 LF 可用于表征交感神经的兴奋程度，高频值 HF 则用于表征副交感神经/迷走神经的兴奋程度，LF/HF 值反映交感神经与迷走神经张力平衡程度。在安静的情况下，心率的变化主要受到迷走神经的调节，而在运动、情绪紧张等情况下，交感神经兴奋占优势。由较多试验结果可知，随着疲劳程度增加，LF 明显上升，表明交感神经兴奋加强，心率的调节主要受交感神经的控制，HF 总体呈下降趋势，表明迷走神经兴奋降低。LF/HF 值增大，表明心率调节的平衡向交感神经倾斜。例如，李平凡研究发现，驾驶中拨打手机时，心率变异性指标 LF/HF 值相比于正常状态明显增大，是因为拨打手机引起了驾驶人脑力负荷的大幅增加。

图 3.12 表明，随着公路线形评价指标的减小，驾驶人的 LF 值随之下降，表明交感神经活性兴奋程度下降，说明随着公路线形评价指标的减小，驾驶人的紧张程度减小，负荷减小。HF 值也有相同趋势，随着公路线形评价指标的减小而减小，代表迷走神经活性降低，二者相互矛盾。LF/HF 值几乎呈一水平直线。关于各段的生理病理意义有些还不清楚，存在较多不一致情况，且在此处心率频域分析效果并不明显。

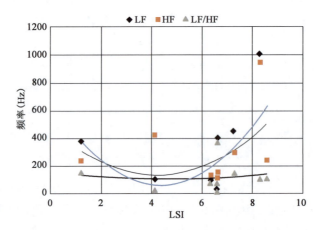

图 3.12　驾驶人 LF、HF、LF/HF 值与公路线形评价值之间的关系

有研究表明，心率变异性 HRV 的时域分析和频域分析这两种方法虽然数学分析原理不同，但两者有着内在的联系。每一种频域的测量都与一种时域测量有明显相关性，如 HF 与 RMSSD、PNN50 相关，LF 和 SDNN 相关，SDNN 与频谱总功率的平方根相关等，且在这些参数间均有近乎直线的相关性。但总的来说，时域分析能较好地反映迷走神经的活动性，且分析方法相对较简单，指标意义明确，频域分析对交感神经和迷走神经功能状态分析较具体和有

效,但易受人为因素及非窦性心律的干扰,且指标的生理意义还有待进一步研究商榷,上述分析表明,在本次试验中频域分析趋势性不明显,同时 LF/HF 值变化不大。

因此,采用时域分析的统计指标心率变异系数 RRCV 作为心率分析指标来解释驾驶人生理负荷。

3.1.3.2 眼动行为指标测试

眼动行为主要分为注视行为、扫视行为和眨眼行为。更多眼动行为集中在驾驶人的注视行为与扫视行为,但是对驾驶人负荷的影响主要取决于注视行为,扫视行为则主要是信息的复杂度和深度的反映。

下面对驾驶人眼动注视行为参数进行分析选取。对试验路段的注视行为(累计注视时间、累计注视次数以及路段平均注视时间、85%位注视时间)统计如表3.5所示。

驾驶人注视行为参数数据   表3.5

线形排序	累计注视时间(s)	注视次数(次)	平均注视时间(s)	85%位注视时间(s)
3.67	13.598	45	0.302	0.668
4.39	10.962	35	0.313	0.717
6.94	5.222	20	0.261	0.517
8.47	8.092	27	0.300	0.952
8.59	10.194	34	0.300	0.617
8.60	9.343	38	0.246	0.951
9.21	20.556	56	0.367	1.518
14.78	33.470	81	0.413	1.318
21.99	19.371	48	0.404	1.585

累计注视时间和注视次数与公路线形评价指标相关性较小,主要是由于路段长度不同,随着驾驶时间变长则注视次数变多,累计注视时间变长;而平均注视时间与公路线形评价指标相关性较大,随着公路线形评价指标的增大而减小(图3.13)。注视时间与注视次数受路段长度、路段行驶速度影响,因此平均注视时间更能客观反映真实情况。

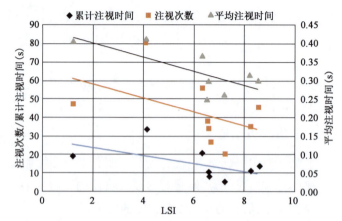

图 3.13 驾驶人注视行为参数与公路线形评价值之间的关系

柳忠起等对飞行员注意力进行研究,得出平均注视时间是脑力负荷大小的一个良好指标,有较高的诊断性,随着任务难度的增加而延长。道路出现较长的注视时间有两种可能:第一,信息难以提取,需要较大的认知努力;第二,信息源信息丰富,需要较多的时间去读取。延长注视时间导致工作负荷增加,注视时间的长短可以判别驾驶人负荷的变化。

但是平均注视时间把整个路段进行平均,可能掩盖了路段中的一些突变注视时间,因此,本书基于眼动行为指标提出85%位注视时间(为语言简洁,下文中平均注视时间和85%位注视时间分别简称为 MFT 和 FT_{85})。FT_{85} 即为驾车某一时段内所有注视行为的第85%位注视时间。各路段 FT_{85} 如表3.5所示。MFT 和 FT_{85} 与公路线形评价值之间的关系如图3.14所示。由图可知,FT_{85} 与 MFT 的变化趋势相同,与公路线形评价指标呈负相关性,FT_{85} 对应的 R^2 值比 MFT 对应的 R^2 值稍高,但均大于0.5,可以说明 FT_{85} 指标略优于 MFT,选择 MFT 和 FT_{85} 作为驾驶人负荷眼动因素衡量的指标,在下一章节中进一步检验 MFT 和 FT_{85} 中哪个指标能更好地衡量驾驶人负荷。

3.1.3.3 高速公路线形与安全性测试

高速公路平、纵、横线形参数,如平曲线半径、坡长、坡度、超高、横向力系数等参数对驾驶人心率影响较大,根据驾驶人的生理心理指标特点、心率变化值等进行试验设计的优化组合,以便检测到最佳的生理心理数据,进行道路线形与安全性试验设计和测试。

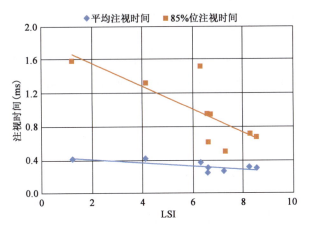

图 3.14　驾驶人 MFT 和 FT_{85} 与公路线形评价值之间的关系

根据乔建刚提出的道路线形(半径和坡度)与驾驶人心率之间的相关性的研究成果,对山区高速公路进行分类,如表 3.6 所示。

山区高速公路线形分类　　　　　　　　　表 3.6

分类	属性	分类	属性
顺直路段	>600m	陡坡路段	>6.5%
一般最小半径路段	600~300m	一般坡路段	6%~3%
最小半径路段	<60m	平坡路段	<3%

以此来对驾驶人在不同路段下的舒适性进行讨论,得出驾驶人的紧张程度。

图 3.15 可以定量得出驾驶人的舒适、紧张、恐惧感是三条垂直直线,直线的长度代表其离散程度,也就是驾驶人的舒适、紧张、恐惧感的紧张度的区域。为了取得一个合理的理论基值,出于安全考虑,初步取满足 85% 的驾驶人心率增长率的驾驶人心率增长率值作为紧张度阈值。由图表数据用插值法得出心率增长率为 18%、27%、39% 时分别为理论舒适、紧张、恐惧阈值。

选择项目工程中 2 条或 3 条高速公路,根据其线形对驾驶人心率方面影响进行试验研究。通过驾驶人

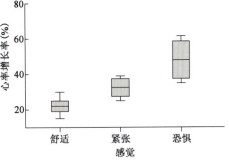

图 3.15　紧张程度箱线图

在山区高速公路坡路段的行车试验,获得驾驶人心理紧张性影响的数据和驾驶人对道路认知评价。

在行驶至急弯、陡坡或线形组合不当的路段,驾驶人的心理会出现不同程度的紧张,而心率这一生理指标便可以定量地体现这种紧张程度,综合驾驶人对道路的认知从主观方面得出驾驶人主观安全程度。这样用卫星定位系统和Polar心率表就可以测得驾驶人行车时的车速和心率值,以及通过问卷获得驾驶人对道路的认知程度。

3.1.3.4 交通安全设施与安全性测试

交通标志是用图形符号、文字向驾驶人及行人传递法定信息,用以禁令、警告及引导交通的安全设施,它在现代公路交通管理中发挥重要作用。

从人机工程学的角度分析,驾驶人行车过程中,公路交通标志所提供的信息主要依靠驾驶人的视觉认知和判断来决定其驾驶行为,而交通标志的设计、设置状况又会给驾驶人的认知和判断带来影响,以及通过驾驶人生理眼球变动来测试交通安全设施的有效性与合理性。

对交通标志的影响分析应对视觉和信息量两方面进行考虑,交通安全设施试验在室内进行。

1. 信息量与认知时间关系

经过试验数据的处理和分析,可得到指路标志信息量和认知时间的试验数据,回归关系如图 3.16、图 3.17 所示。

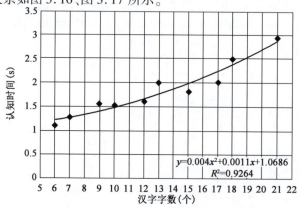

图 3.16 指路标志的汉字字数与认识时间的关系

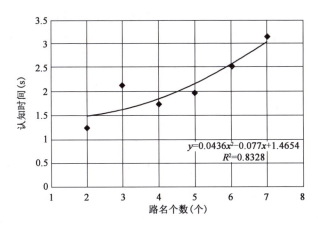

图 3.17 指路标志的路名数与认知时间的关系

由图 3.16、图 3.17 可以发现,指路标志的信息量与认知时间之间存在很好的相关性。随着信息量的增多,指路标志的认知时间增长;汉字字数少于 17 个字,路名数少于 6 个时,认知时间增长趋势相对均匀,超过这一界值增长趋势明显。

2. 指路标志认知性

美国纽约米克和合伙人公司的拉茨蒙特与宾夕法尼亚运输协会(PPT)合作,进行了交通标志认知性实地驾驶试验,试验结果表明,混合大小写比全大写要易读得多。研究发现,Clearview 字体比现有公路哥特字体在夜间易读程度高 16%,两者在白天的易读程度相同。当驾驶人以 88km/h 速度在黑暗中行车时,平均早 34m 看到 Clearview 标志,所以能有更多时间做出决定。

我国现行国家标准《道路交通标志和标线 第 2 部分:道路交通标志》(GB 5768.2—2022)第 4.5.1 条规定:标志上使用英文时,地名用汉字拼音,第一个字母大写,其余小写;交通标志专用名词用宜全部大写,如"EXIT";出口标志上的字母应大写。

3.1.4 非自由流状态下行车风险测试

非自由流状态下高速公路的运营安全性不仅与道路、交通设施有关,还与实际交通流状态有关。车辆运行过程中的行车风险,不仅受道路几何线形的影响,还受运行车速与沿线交通控制、交通流密度的影响。

3.1.4.1 非自由流状态分析

1. 跟车行驶风险分析

随着交通流密度的增加,车辆行驶的自由度减小,车辆处于非自由行驶的状态,即车辆是以车队形式运行,车辆的驾驶行为主要由车队的整体运动特性决定,而车辆特征和驾驶人个性的影响则较小。正常情况下,驾驶人根据前车速度、本车速度、车辆加减速性能及车辆间距等状况,选择调整车速的驾驶行为。通常,跟车行驶的车辆具有三个特征:①制约性;②延迟性;③传递性。本质上,跟车所在当前车道上不同车辆驾驶行为的"同化过程",即前车对后车产生的影响,导致后车与前车的运行状态大致相近(图3.18、图3.19)。

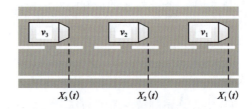

图3.18 前后车辆跟车过程

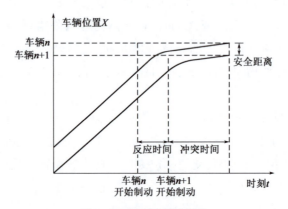

图3.19 前后车辆跟车轨迹

跟车行驶的车辆应保证不与前车发生追尾碰撞。换言之,跟车行驶的安全约束条件是前后车辆间保持避免追尾碰撞的安全车距,即在前车紧急制动的情况下,后车的驾驶人能及时做出反应并实施制动操作,避免车辆发生追尾事件(图3.20)。

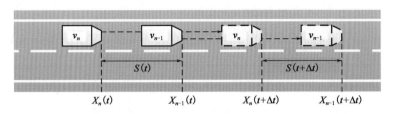

图3.20 跟车行驶状态下车辆紧急制动时运动变化

在驾驶人反应时间和车辆制动时间内,以车辆行驶的距离是否大于车辆间距作为跟车安全判别的依据,其各参数的计算如下所示。

假设从 t 时刻开始车辆 $n-1$ 紧急制动时,在 $X_{n-1}(t+\Delta t)$ 处停车,其制动距离为:

$$X_{n-1}(t+\Delta t) - X_{n-1}(t) = \frac{v_{n-1}^2}{2g(\mu+i)} = \frac{v_{n-1}^2}{254(\mu+i)} \quad (3.11)$$

式中:$X_{n-1}(t)$——前车 $n-1$ 在 t 时刻的位置;

$X_{n-1}(t+\Delta t)$——前车 $n-1$ 在 $t+\Delta t$ 时刻的位置;

μ——路面系数,$\mu = \varphi + f$;

i——路段纵坡。

后车 n 的驾驶人在经历驾驶人反应时间 τ 后实施制动操作,在 $X_n(t+\Delta t)$ 处停车,其制动距离为:

$$X_n(t+\Delta t) - X_n(t) = \frac{v_n \tau}{3.6} + \frac{(v_n/3.6)^2}{2g(\mu+i)} = \frac{v_n \tau}{3.6} + \frac{v_n^2}{254(\mu+i)} \quad (3.12)$$

式中:$X_n(t)$、$X_n(t+\Delta t)$——车辆 n 分别在 t 时刻和 $t+\Delta t$ 时刻的位置;

v_n——后车 n 的车速(km/h)。

在 t 时刻,前车 $n-1$ 与后车 n 的车辆间距为:

$$S(t) = X_{n-1}(t) - X_n(t) = \frac{v_{n-1}(t)h}{3.6} \quad (3.13)$$

式中:$v_{n-1}(t)$——前车$n-1$在t时刻的车速(km/h);
　　　　h——前车$n-1$与后车n的车头时距(s)。

2. 换车道行驶风险分析

在中等交通流密度状态时,车辆间存在着可变换车道的间距。车辆为实现摆脱慢速车辆的限制、驶入或驶出匝道等目的而变换车道,从而获得最大的驾驶满意程度或达到一定的驾驶目的,如提高车辆行驶的自由度、驶出或驶入匝道等。根据换车道的形态特征,将换车道的行为分为判断性换车道和强制性换车道两大类。前者主要发生在交通流畅行的高速公路基本路段上,属于选择性操作行为(图3.21);后者主要发生在匝道出入口、立交交织区、事件影响区域等路段,属于强制性操作行为(图3.22)。

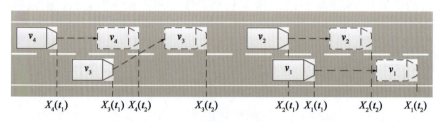

图3.21　判断性换车道过程

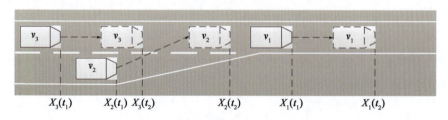

图3.22　强制性换车道过程

目前,变换车道模型的主要类型是基于人工假设的可接受间距理论,以假设目标车道的可接受车头时距为变换车道条件,即当车辆产生变换车道的需求时,如果目标车道上的车头时距大于人工假设的可接受车头时距,那么车辆在下一时刻便瞬间变换到目标车道上,反之车辆不变换车道。

将变换车道过程简化为连续反向圆曲线的几何描述模型,选择车辆抗滑极限为圆曲线的安全条件,获取运行车速下车辆变换车道的抗滑临界圆曲线半径,从而界定车辆变换车道的临界安全状态。

驾驶人在车辆变换车道过程中实施以下三个操作:①方向盘往目标车道方向转动,车辆驶离当前车道;②方向盘反方向转动,确保车辆不驶出目标车道;③方向盘的小角度调整,确保变换车道后车辆在目标车道上稳定行驶。其中,以①和②的驾驶操作对车辆变换车道的安全影响最大。基于车辆变换车道的行驶轨迹特征,将该轨迹简化为等半径的连续反向圆曲线,此时车速限制下最小转弯半径的圆曲线为车辆变换车道的极限最小半径。

圆曲线换车道模型的基本假设如下:①车辆变道开始时,绕圆心 O_1(半径为 R_1)做匀速圆周运动;驶过车道分界线后,车辆绕圆心 O_2(半径为 R_2)做匀速圆周运动。②车辆在变道开始和变道结束时,车速方向都与道路前进方向平行。③变换车道过程中车速方向发生变化,而车速大小不发生变化。④连续反向圆曲线的半径大小相等(图 3.23)。

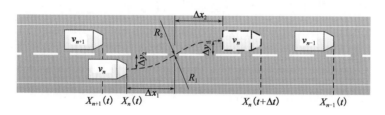

图 3.23 车辆变换车道轨迹示意

假定反向曲线上前、后两个圆曲线的半径为 R_1 和 R_2,车辆在两个转向过程中横向位移为 Δy_1 和 Δy_2,纵向位移为 Δx_1 和 Δx_2。

根据圆曲线的几何特征关系可知,第一个圆曲线对应的圆心角 α 为:

$$\alpha = \arccos \frac{R_1 - \Delta y_1}{R_1} \tag{3.14}$$

圆曲线长度 $\hat{l}$ 为。

$$\hat{l} = R_1 \arccos \frac{R_1 - \Delta y_1}{R_1} \tag{3.15}$$

假设车辆 n 绕圆心 O_1 做匀速圆周运动,车速 v_n 近似于圆周速度 $\hat{v}_n$,即 $v_n \approx \hat{v}_n$;那么,车辆 n 在连续反向圆曲线上的行驶时间 h_1 为:

$$h_1 = \frac{7.2R_1}{v_n}\arccos\left(\frac{R_1 - \Delta y_1}{R_1}\right) \quad (3.16)$$

式中：v_n——车辆 n 的车速(km/h)。

3.1.4.2 非自由流状态风险测试

在影响驾驶环境的要素中，交通流状态的影响起主要作用。交通量大小直接影响驾驶人驾驶行为和心理紧张程度，也影响交通事故的发生。交通量非常小时，驾驶人只根据道路环境的感觉操纵汽车，根据个人习惯选择速度，大都保持符合汽车动力和制动的安全行驶速度。随着交通量增大，驾驶人开始注意同向车的影响，迫使其暂时改变行车状况；前面有车慢行时，便会跟车运行或加速超车。若交通量继续增大，行车速度继续降低，这时只有冒险才能超车，同时超车会对迎面来的车形成障碍，相应地对驾驶人心理造成负担。可见，不同交通流对驾驶人心理影响程度是不同的。

驾驶人在高速公路上行车，由于路况较好，道路安全保障较高，驾驶人便会产生较高的"驾驶人安全感"，这时就会以较高速度驾驶。高速行驶如遇到紧急情况，驾驶人心理紧张度变化比较明显。闫莹对小客车超越大货车以及小客车驾驶人心率变化进行分析，认为驾驶人在超车、跟车、被超车过程汇总有40%的驾驶人心率增长了超过30%，最大心率增长率为38%。这反映出交通流的复杂性对驾驶人心理造成很大负担，驾驶人受交通流影响而心理紧张度增加。

通过测试发现，驾驶人在非自由流条件下的车速普遍低于自由流条件下，心率增长率却高于自由流条件下。本次高速公路实车试验数据中，提取某货车驾驶人大约20min内超越4辆车及跟车运行的数据(由于地点是在山区高速公路，货车行驶在外侧车道，所谓超车的车型也都是货车)，来具体分析驾驶人超车过程中车速和心率的变化情况(图3.24~图3.26)。

从驾驶人前后超越的4辆车来看，货车驾驶人在超车过程中，行驶速度均有不同程度下降，心率则有所增大，注视时间也有所突增(此处注视时间是通过计算每秒内大于0.1s的注视时间的综合)。这说明驾驶人在超越小客车和小货车时生理心理上的紧张度增大。

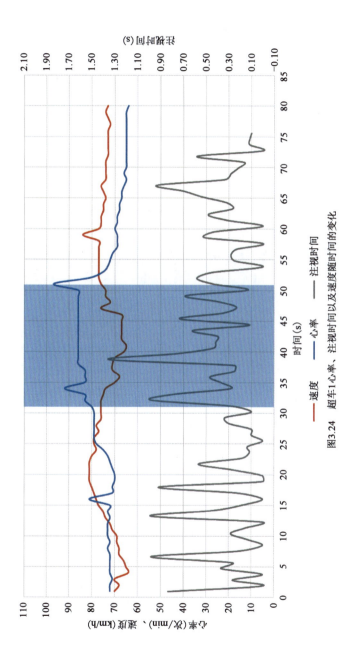

图3.24 超车1心率、注视时间以及速度随时间的变化

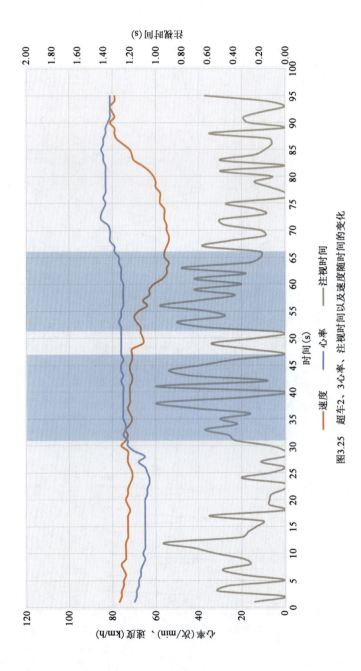

图3.25 超车2、3心率、注视时间以及速度随时间的变化

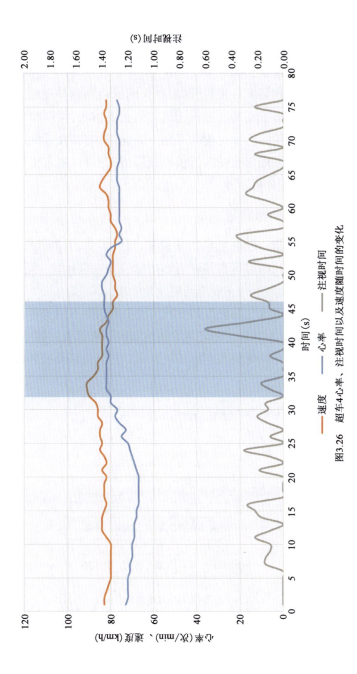

图3.26 超车4:心率、注视时间以及速度随时间的变化

3.1.5 不良气象环境下风险测试

不良气象环境对高速公路行车安全极为不利。由于不利气象环境状况不稳定,时间性也不强,现场不易控制,具有较大的试验风险与隐患。而虚拟现实技术进行驾驶模拟试验则是交通行为试验的重要方法,可模拟现实公路运营环境的虚拟场景和实际行驶性能的车辆。因此,对灾害性天气下高速公路驾驶人行为测试分析采用驾驶模拟器模拟真实情况,对驾驶人生理反应进行试验采集,并对其进行分析。

3.1.5.1 试验模拟背景

云南高原山区地形、地貌、地质工程复杂,气候多变,兼具低纬气候、季风气候、山原气候的特点,雨雾等自然灾害影响驾驶人正常行驶。降水充沛,雾日较多,使得灾害性天气下行车安全问题较为突出。

驾驶模拟试验通过改变驾驶舱的参数来模拟雨、雾、大风等各种山区高原常见天气环境,让驾驶人在设定的环境中进行驾驶。在驾驶过程中,使用测谎仪和动态心电仪同步记录驾驶人生理反应数据。三维道路模拟环境元素组成如图 3.27 所示。

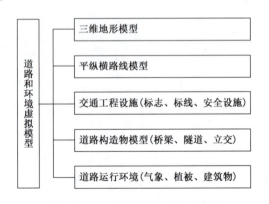

图 3.27 三维道路环境模型的元素组成

本次试验的目的之一在于对灾害性天气对驾驶人生理心理的影响进行分析,试图探寻各种生理反应与车速、环境之间的关系。

3.1.5.2 环境参数

本次试验中,环境参数是通过控制驾驶舱的计算机来设定的,通过设定不同的环境参数实现对不同天气状况的模拟,让驾驶人在雾、雨、风等虚拟环境中进行试验。

1. 大气能见度

能见度是通过计算机设定不同的能见度参数体现出来的。能见度参数用 Vis 表示,与能见度的对应关系如表 3.7 所示。

能见度与 Vis 对应表　　　　表 3.7

能见度(m)	50	100	150	200	正常情况
能见度参数 Vis	0.036	0.016	0.01	0.007	0

2. 路面摩阻系数

试验中主要是通过计算机设置不同的道路摩阻系数,模拟不同的降雨量所造成的路面与车轮之间摩擦力的变化。同时,投影仪也能够输出一定的降雨场景。试验共设置了 4 组不同的路面摩阻系数(即 0.8、0.5、0.4、0.3,其中 0.8 为无降雨时路面摩阻系数正常的情况,0.5 为降雨较小时路面摩阻系数处于中等水平的情况,0.3 和 0.4 为降雨量较大时路面摩阻系数处于较低水平的情况)。

3. 环境参数设定

驾驶仿真环境参数设定如表 3.8 所示。

驾驶仿真环境参数设定　　　　表 3.8

驾驶趟数	环境参数	驾驶趟数	环境参数
1	摩阻系数 0.5,能见度 150m	1	摩阻系数 0.5,能见度 200m
2	摩阻系数 0.8,能见度正常	2	摩阻系数 0.8,能见度正常
3	摩阻系数 0.3,能见度 50m	3	摩阻系数 0.5,能见度 50m
4	摩阻系数 0.3,能见度 100m	4	摩阻系数 0.4,能见度 150m

3.1.5.3 数据分析

通过上述模拟试验分析能见度和摩擦系数以及风对驾驶人生理的影响。

1. 能见度

不同摩擦系数情况时,在同一路段不同能见度下驾驶人行车速度与心率的变化如图 3.28～图 3.30 所示。

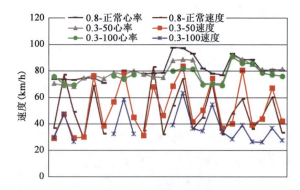

图 3.28 摩阻系数为 0.3 时不同能见度下速度、心率变化

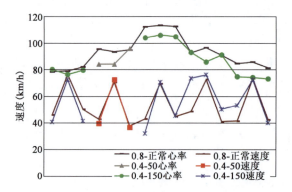

图 3.29 摩阻系数为 0.4 时不同能见度下速度与心率变化

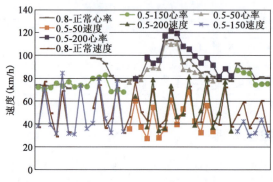

图 3.30 摩阻系数为 0.5 时不同能见度下速度与心率变化

由图 3.28 可以看出,当摩阻系数为 0.3 时,正常情况下行驶速度较高,引起驾驶人的心率偏高。而在摩擦系数为 0.3 的情况下,能见度 50m 和 100m

情况下驾驶人行车速度相同,但是能见度越低的情况下驾驶人心率越高。

由图3.29可以看出,当摩阻系数为0.4时,正常情况下行驶速度较高,引起驾驶人的心率偏高。由于数据量较少,在此处趋势不是很明显。

由图3.30可知,当摩阻系数为0.5时,能见度越差驾驶人行车速度越低,心率在能见度为200m的情况下,驾驶人的心率值相对最高,最易使驾驶人感觉危险。而在低能见度情况下,速度较低,因此驾驶人的心率也较低。

2.摩擦系数

鉴于上述能见度对驾驶人生理、速度影响,心率相关性较大,以下仅对驾驶人心率进行分析:

当能见度为50m时,驾驶人心率随着摩擦系数的增大而增大(图3.31)。

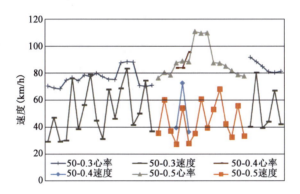

图3.31 能见度为50m时不同摩阻系数下速度、心率和呼吸频率变化

当能见度为150m时,驾驶人心率随着摩擦系数的增大而降低(图3.32)。

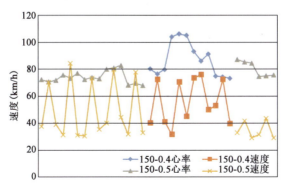

图3.32 能见度为150m时不同摩阻系数下速度、心率和呼吸频率变化

当能见度为正常时,驾驶人心率随着摩擦系数的增大而增大(图3.33)。

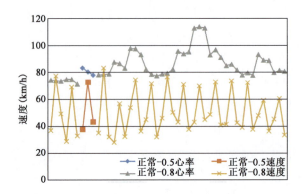

图3.33　能见度正常时不同摩阻系数下速度、心率和呼吸频率变化

能见度正常、过高或者过低时,驾驶人的行车速度会相应调整过快或者过慢。而当能见度为150m时,驾驶人的行车速度一定与正常时不相上下,但是速度过快导致不安全感增大,驾驶人紧张,从而心率增大,达到最高。

3.2　高速公路用户主观安全性评价模型

本节从驾驶人生理心理反应角度,定量地给出高速公路路面附着系数、横向力系数、平曲线半径、视距、超高、坡长、视认性等和汽车运行速度、心率增长率的关系模型;通过分析得出驾驶人心率的舒适、危险、事故阈值,构建基于驾驶舒适性的高速公路主观安全性评价模型。

3.2.1　主观安全性评价指标

选择不熟悉路段新老驾驶人共6名,在限制速度80km/h试验路段2对驾驶人的生理心理以及脑力负荷进行跟踪采集,以平面线形要素分段进行试验。试验路段2共分为33个路段,每位驾驶人行车两趟,间隔采集驾驶人33个路段心率、眼动以及脑力负荷问卷信息。通过统计方法对多种负荷指标综合评估,建立道路主观安全性评价模型。

道路主观安全性评价指标包括RRCV、FT_{85}和TLX,根据试验分别计算各路段 RRCV、FT$_{85}$ 和 TLX 值,并分析各指标与事故率之间的关系。

3.2.1.1　RRCV

心率变异系数 RRCV 是 R-R 间期标准差 SDNN 与 R-R 间期均值 MRR 的比值。各路段 RRCV 如表 3.9 所示。

驾驶人 RRCV 值　　　　　　　　　　表 3.9

路段编号	RRCV	路段编号	RRCV	路段编号	RRCV
1	0.05115	12	0.02997	23	0.02512
2	0.03428	13	0.02931	24	0.00860
3	0.02747	14	0.02160	25	0.01056
4	0.04200	15	0.03843	26	0.01708
5	0.02346	16	0.02556	27	0.01275
6	0.02297	17	0.01547	28	0.01385
7	0.02530	18	0.02370	29	0.01718
8	0.03467	19	0.01548	30	0.01598
9	0.01868	20	0.03770	31	0.03273
10	0.03311	21	0.02614	32	0.01707
11	0.02197	22	0.03687	33	0.02677

有学者研究发现,事故黑点处驾驶人的心率会发生一定变化。潘晓东根据实际事故黑点小半径曲线的行车试验发现,在事故黑点处驾驶人心率比一般路段增加20%以上,加大了驾驶人生理负担程度。建立各路段驾驶人 RRCV 值与该路段事故率间的关系,如图 3.34 所示,且由表 3.10 所示相关性可知,RRCV 与万车公里事故率呈现负相关性,显著性 0.195＞0.05,相关性较弱;或许因为研究的是长下坡接 75m 的小半径曲线,且小客车速度为 48km/h,与试验路段高速公路环境较为不同,试验路段最小半径为 400m,货车车速最高为 100km/h,因此在试验路段 RRCV 与事故率间关系较弱。

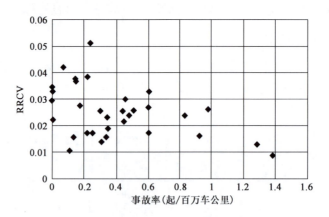

图 3.34 驾驶人 RRCV 与事故率对应关系

驾驶人 RRCV 与事故率相关性   表 3.10

指标	RRCV
Pearson 相关性	−0.231
显著性(双侧)	0.195
N(试验路段数)	33

3.2.1.2 FT_{85}

图 3.35 所示为试验过程中所有驾驶人的每一次注视所持续的时间频率分布,可以看出驾驶人的注视时间一般处在[0.1,3]范围。

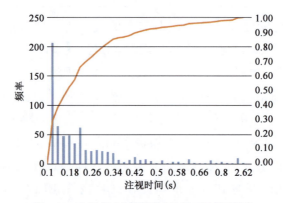

图 3.35   山区高速公路驾驶人注视时间累计频率

由前文的分析可知,FT_{85}能较好地说明驾驶人的注视行为,各路段驾驶人平均的FT_{85}值如表3.11所示。

驾驶人FT_{85}值　　　　　　　　表3.11

路段编号	FT_{85}(s)	路段编号	FT_{85}(s)	路段编号	FT_{85}(s)
1	0.102	12	0.243	23	0.263
2	0.174	13	0.434	24	0.791
3	0.345	14	0.541	25	0.330
4	0.334	15	0.218	26	0.331
5	0.327	16	0.819	27	0.324
6	0.365	17	0.242	28	0.476
7	0.246	18	0.292	29	0.447
8	0.115	19	0.334	30	0.150
9	0.235	20	0.290	31	0.199
10	0.592	21	0.538	32	0.334
11	0.406	22	0.199	33	0.274

驾驶人FT_{85}与事故率的对应关系如图3.36所示。由表3.12所示相关性可知,FT_{85}与事故率呈正相关,但相关性均较低,从注视时间来看并不适合用来衡量事故之间的关系。

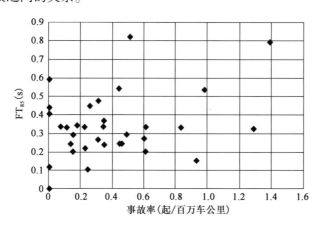

图3.36　驾驶人FT_{85}与事故率对应关系

驾驶人 FT_{85} 与事故率相关性　　　　　　　　　　　　表3.12

指标	FT_{85}
Pearson 相关性	0.292
显著性(双侧)	0.099
N(试验路段数)	33

3.2.1.3　TLX

NASA-TLX 量表中包括脑力负荷来源对比卡和脑力负荷等级卡。脑力负荷包括的 6 个负荷因素(维度),即心理需求、体力需求、时间需求、操作业绩、努力程度和挫折程度。对比卡得出这 6 个负荷因素的重要性,而脑力负荷等级卡得出每种脑力负荷因素的评分。驾驶人在行车过程中对其驾驶任务实时完成 NASA-TLX 量表。

各路段的计算结果如表 3.13 所示。TLX 越大代表驾驶人在该路段中脑力负荷较大。驾驶人 TLX 与事故率对应关系如图 3.37 所示。由表 3.14 所示相关性可以看出,驾驶人 TLX 负荷值与万车公里事故率呈正相关性,相关性较弱,随着事故率的增大驾驶人的脑力负荷相对降低,但仍处于较高的位置。

驾驶人 TLX 值　　　　　　　　　　　　表3.13

路段编号	TLX	路段编号	TLX	路段编号	TLX
1	5.3	12	4.4	23	1
2	3	13	2.4	24	6.4
3	6.8	14	8.4	25	4.7
4	2.7	15	6.5	26	7.2
5	7.1	16	3.7	27	3.3
6	4	17	2.5	28	6.1
7	2.9	18	5.9	29	1.4
8	3.7	19	3.6	30	4.7
9	7.6	20	4.6	31	5.3
10	4.7	21	6.8	32	2.9
11	5.3	22	5.3	33	8.5

第3章 高速公路用户感知及主观安全性评价

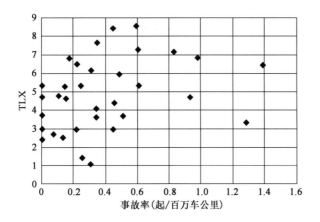

图 3.37 驾驶人 TLX 与事故率对应关系

驾驶人 TLX 与事故率相关性　　　　　　表 3.14

指标	TLX
Pearson 相关性	0.320
显著性(双侧)	0.069
N(试验路段数)	33

3.2.2 主观安全性评价运用

3.2.2.1 主观安全性评价模型

根据以上一些指标比较分析,分别从心率、眼动和脑力负荷三方面开展研究。根据前面的研究,取 6 名驾驶人在 33 段试验路段中的心率变异系数 RRCV、眼动 85% 分位注视时间 FT_{85} 和脑力负荷 TLX 指标,应用主成分分析法建立一定的关系来综合研究驾驶人安全。驾驶人安全指数 DSI 计算公式如下:

$$DSI = w_1 \cdot RRCV + w_2 \cdot FT_{85} + w_3 \cdot TLX \qquad (3.17)$$

式中:w_i——主成分系数。

应用 SPSS 软件进行主成分分析开展多指标综合评价时,应首先对原始指标做同向化处理,即把所有评价指标都变成正指标或逆指标。根据 SPSS 软件对数据进行标准化处理并执行因子分析,得到主成分分析的相关系数矩阵表、方差分解主成分提取分析表、初始因子荷载矩阵表。

1. 数据预处理

从前述分析得出驾驶人 RRCV 为逆指标,而 FT_{85} 和 TLX 均为正指标。对此进行综合评价,则对 RRCV 指标进行商式转换而成正指标 1/RRCV。由于不同指标单位不同,标准差变化较大,这就造成对原始变量信息的扭曲。为了充分说明主分量的内涵,就必须对原始变量数据标准化,去掉量单位和数量级的影响。变量标准化如表 3.15 所示。

主观安全性指标标准化　　　　　　　　　　表 3.15

编号	1/RRCV	FT_{85}	TLX	编号	1/RRCV	FT_{85}	TLX
1	-1.56991	-1.44831	0.30024	18	-0.14429	-0.31044	0.60986
2	-0.2075	-0.81075	-0.88664	19	1.26743	-0.06037	-0.57702
3	-0.50879	0.00475	1.59032	20	-1.13062	-0.32294	-0.06099
4	-1.30162	-0.05783	-1.04145	21	-0.39223	1.16536	1.07429
5	-0.11612	-0.09909	1.2291	22	-1.09292	-0.87077	0.30024
6	-0.05951	0.12474	-0.37061	23	-0.29435	-0.48291	-1.91871
7	-0.31203	-0.58748	-0.93824	24	0.58557	2.68119	0.86788
8	-0.24805	-1.3735	-0.52542	25	3.16366	-0.08094	-0.00938
9	0.56971	-0.65437	-0.57702	26	0.88569	-0.07845	1.2807
10	-0.07621	1.4906	-0.00938	27	-0.03329	-0.11785	-0.73183
11	-0.83128	0.37242	0.30024	28	1.74696	0.79021	0.71307
12	-0.6998	-0.60442	-0.16419	29	0.86504	0.62133	-1.7123
13	-0.65224	0.54256	-1.19626	30	1.14071	-1.16077	-0.00938
14	0.11414	1.18403	1.89994	31	-0.87705	-0.86574	0.30024
15	-1.1626	-0.7564	0.91948	32	0.88776	-0.06028	-0.93824
16	-0.33729	2.85246	-0.52542	33	-0.44824	-0.41544	1.95155
17	1.26929	-0.6106	-1.14466				

2. 相关矩阵

相关矩阵如表 3.16 所示。

相关矩阵 表3.16

	指标	RRCV	FT_{85}	TLX
相关	RRCV	1.000	−0.013	−0.086
	FT_{85}	−0.013	1.000	0.097
	TLX	−0.086	0.097	1.000
Sig.(单侧)	RRCV	—	0.472	0.316
	FT_{85}	0.472	—	0.296
	TLX	0.316	0.296	—

行列式＝0.983＞0.0001，表示4个变量中至少有一个变量是一系列其他变量的线性组合。

3. KMO 检验

KMO 检验是由 Kaiser、Meyer 和 Olkin 提出的抽样适合性检验。KMO 抽样适度测定值用于研究变量之间的偏相关性，计算偏相关时由于控制了其他因素的影响，所以比简单相关系数小。Kaiser 认为，KMO 值越逼近1，表明对这些变量进行因子分析的效果越好，如表3.17所示。

KMO 检验标准 表3.17

KMO	＞0.9	＞0.8	＞0.7	＞0.6	＞0.5	＜0.5
接受程度	很棒	很好	中等	普通	可接受	不能接受

从检验标准中可以看出，KMO＝0.506时，可接受因子分析。

4. 公因子方差

公因子方差如表3.18所示。

公因子方差 表3.18

指标	初始值	提取值
RRCV	1.000	1.000
FT_{85}	1.000	1.000
TLX	1.000	1.000

注：提取方法为主成分分析法。

由于三个指标需要全部入选，因此公因子方差初始值与提取值均为1。

5. 解释的总方差

解释的总方差如表3.19所示。

解释的总方差 表 3.19

成分	初始特征值			提取平方和载入			旋转平方和载入		
	合计	方差的(%)	累积(%)	合计	方差的(%)	累积(%)	合计	方差的(%)	累积(%)
1	1.184	39.450	39.450	1.184	39.450	39.450	1.000	33.337	33.337
2	1.086	36.186	75.636	1.086	36.186	75.636	1.000	33.336	66.673
3	0.731	24.364	100.000	0.731	24.364	100.000	1.000	33.327	100.000

注：提取方法为主成分分析法。

通常选用≥85%准则，也有80%、75%、70%，根据国内用主成分分析进行多指标综合评价的时间来看，≥85%通常可以保证样本排序稳定。本研究保留全部成分信息，采用100%。

6. 未旋转和旋转后成分矩阵

表 3.20 所示为原始成分矩阵和旋转后的成分矩阵。可以看出，在原始成分矩阵情况下，无法清楚地看出每个变量的归属，而通过旋转矩阵后，各指标分属一个成分。成分 1 代表心率变量，而成分 2 代表 TLX 值，成分 3 代表眼动变量。

未旋转和旋转后成分矩阵 表 3.20

指标	成分矩阵 a			指标	旋转成分矩阵 a		
	成分				成分		
	1	2	3		1	2	3
RRCV	−0.520	0.741	0.424	RRCV	0.999	−0.005	−0.043
FT_{85}	0.570	0.661	−0.487	FT_{85}	−0.005	0.999	0.048
TLX	0.735	0.011	0.678	TLX	−0.043	0.048	0.998

7. 成分得分系数矩阵

成分得分系数矩阵如表 3.21 所示。

成分得分系数矩阵 表 3.21

指标	成分		
	1	2	3
RRCV	0.054	1.015	−0.091
FT_{85}	−0.082	−0.091	1.021
TLX	1.013	0.055	−0.083

注：提取方法为主成分分析法。
旋转方法为具有 Kaiser 标准化的正交旋转法。

成分得分系数矩阵是各指标对某一成分的系数(权重),则可得各种成分的表达式如下:

$$F_1 = 0.054Z(1/\text{RRCV}) - 0.082Z(\text{FT}_{85}) + 1.013Z(\text{TLX}) \quad (3.18)$$

$$F_2 = 1.015Z(1/\text{RRCV}) - 0.091Z(\text{FT}_{85}) + 0.055Z(\text{TLX}) \quad (3.19)$$

$$F_3 = -0.091Z(1/\text{RRCV}) + 1.021Z(\text{FT}_{85}) - 0.083Z(\text{TLX}) \quad (3.20)$$

以每个主成分所对应的特征值占所提取主成分总的特征值之和的比例,作为权重计算主成分综合模型:

$$F = \frac{\lambda_1}{\sum \lambda_i}F_1 + \frac{\lambda_2}{\sum \lambda_i}F_2 + \frac{\lambda_3}{\sum \lambda_i}F_3 \quad (3.21)$$

其中,$\lambda_1 = 1.184$,$\lambda_2 = 1.026$,$\lambda_3 = 0.731$,由于计算基础是标准化的数据,故 $\sum \lambda_i = 3$。根据式(3.21)计算得到的驾驶人安全指数模型:

$$\text{dsi} = 0.3865Z(1/\text{RRCV}) + 0.1834Z(\text{FT}_{85}) + 0.3991Z(\text{TLX}) \quad (3.22)$$

计算结果如表3.22所示。

dsi 值计算结果　　　　　　　　　　表3.22

编号	dsi	编号	dsi	编号	dsi
1	1.020	12	-0.557	23	-0.721
2	-0.697	13	0.236	24	-0.245
3	-0.107	14	-0.609	25	0.179
4	-0.136	15	-0.421	26	-0.179
5	0.834	16	-0.529	27	-0.313
6	-0.147	17	0.502	28	1.154
7	-0.596	18	0.242	29	-0.416
8	-0.086	19	0.223	30	-0.946
9	0.461	20	-0.124	31	-0.341
10	1.109	21	0.223	32	-0.047
11	-0.483	22	1.420	33	-0.446

虽然上述 dsi 模型通过主成分分析可以简化评价寻求指标权重的过程，但是综合评价值对同一样本具有不唯一性。某路段与 10 个路段一起计算综合安全指标值与另外 10 个路段一起计算得到的综合安全指标值不同。其仅适用于横向比较，较适合与一次性的综合评价做比较。

然而由于 dsi 模型中数据均是经过标准化后的结果，可通过数学转换而得到通过模式，模型中通过数据选择选择数据而不需经过标准化，推导过程如下：

$$\begin{aligned} dsi_i &= 0.3865 Z(1/RRCV)_i + 0.1834 Z(FT_{85})_i + 0.3991 Z(TLX)_i \\ &= 0.3865\left(\frac{1/RRCV_i - \overline{1/RRCV}}{\sigma_{RRCV}}\right) + 0.1834\left(\frac{FT_{85i} - \overline{FT_{85}}}{\sigma_{FT_{85}}}\right) + \\ &\quad 0.3991\left(\frac{TLX_i - \overline{TLX}}{\sigma_{TLX}}\right) \\ &= \frac{0.3865}{\sigma_{RRCV}}(1/RRCV_i - \overline{1/RRCV}) + \frac{0.1834}{\sigma_{FT_{85}}}(FT_{85i} - \overline{FT_{85}}) + \\ &\quad \frac{0.3991}{\sigma_{TLX}}(TLX_i - \overline{TLX}) \\ &= \frac{0.3865}{\sigma_{RRCV}} \times \frac{1}{RRCV_i} + \frac{0.1834}{\sigma_{FT_{85}}}FT_{85i} + \frac{0.3991}{\sigma_{TLX}}TLX_i - \\ &\quad \left(\frac{0.3865}{\sigma_{RRCV}} \times \overline{\frac{1}{RRCV}} + \frac{0.1834}{\sigma_{FT_{85}}}\overline{FT_{85}} + \frac{0.3991}{\sigma_{TLX}}\overline{TLX}\right) \end{aligned}$$

(3.23)

$1/RRCV$、FT_{85}、TLX 均值、标准差如表 3.23 所示。

$1/RRCV$、FT_{85}、TLX 均值、标准差 表3.23

指标	1/RRCV	FT_{85}	TLX
均值	44.478	0.332	4.718
标准差	15.878	0.174	1.938

由此得到道路主观安全性评价模型：

$$DSI = 0.023(1/RRCV) + 1.051(FT_{85}) + 0.260(TLX) \quad (3.24)$$

计算结果如表 3.24 所示。

DSI 值计算结果　　　　　　　　　　　　　　　　　表3.24

编号	DSI	编号	DSI	编号	DSI
1	3.368	12	1.791	23	1.627
2	1.650	13	2.584	24	2.102
3	2.240	14	1.738	25	2.527
4	2.212	15	1.926	26	2.168
5	3.182	16	1.818	27	2.035
6	2.201	17	2.849	28	3.502
7	1.751	18	2.590	29	1.932
8	2.261	19	2.571	30	1.402
9	2.809	20	2.224	31	2.006
10	3.457	21	2.571	32	2.300
11	1.865	22	1.768	33	1.902

为采用源数据而不进行标准化处理,通过 dsi 模型逆推得到 DSI 模型。DSI 值越大,代表驾驶人主观安全性越低;相反,DSI 值越小,代表驾驶人主观安全性越高。由表3.24可以看出,DSI 在(1.402,3.768),大于3的值较少。

从模型计算角度来比较 dsi 和 DSI 两类模型,二者的区别为是否需要进行数据标准化。对于单个路段组间比较,两类模型评价结果相同,但是当为两个路段组或者多于两个时,评价结果便不同。例如,路段组 A、B 组,dsi 模型计算需要对 A 组和 B 组内数据分别进行标准化,而得出 A、B 两组路段内部的主观安全性值,并进行组内路段主观安全性比较,不能进行 A、B 两组间路段主观安全性的比较,即横向比较,除非把 A、B 两组数据合二为一重新进行上述计算。DSI 模型比 dsi 模型优越的是,其可以直接计算 A、B 两组路段的主观安全值,并可以对 A、B 两组内数据进行直接组合比较,即纵向比较。

3.2.2.2 事故率绝对阈值与安全性等级

公路安全性是通过事故率来确定的,公路安全性等级是通过事故率分级来确定的。国内外学者对事故等级进行了许多研究。

英国从事故次数、事故类型、事故发生时间、日期、道路长度或区域大小来定义交通事故多发生点(段),在0.1km 范围内,1年发生过4次事故,称为危险地点;在0.3km长的路段上,3年中发生过12次事故,称为危险位置;在 1km² 范围内,1年中有40次或40次以上事故,称为事故易发地区。

泰国考虑了事故率与交通量的关系,确定了在单位长度和单位时间内事故率大于标准值,则被认为是事故多发位置,事故率标准如表3.25所示。

泰国事故率标准　　　　　　　　　　　　表3.25

交通量 AADT(万辆/d)	≤1.5	1.5~3	3~5	5~7	>7
事故率标准(起/百万车公里)	5	1.5	1.25	1	0.75

我国尚未有如英国、泰国事故标准,许俊康从我国国情出发参考泰国的事故率标准,最终确定高速公路安全性的事故率标准 $I=1$ 起/百万车公里,大于该值则为事故多发位置,在此基础上定义0.85与0.65两个分界值,并确定 $I<0.65$ 时路段安全性好,定义为1级。因此,确定了我国公路安全性等级,如表3.26所示。

公路安全性等级　　　　　　　　　　　　表3.26

事故率绝对阈值	<0.80	0.80~1	>1
公路安全性	好	一般	不良
安全等级	1	2	3

通过试验路段根据表3.26所示公路安全等级标准所确定的公路安全水平,如表3.27所示。

公路安全等级　　　　　　　　　　　　表3.27

路段	事故率	安全等级	路段	事故率	安全等级	路段	事故率	安全等级
1	0.241	1	12	0.453	1	24	1.383	3
2	0	1	13	0	1	25	0.107	1
3	0.174	1	14	0.443	1	26	0.604	1
4	0.072	1	15	0.222	1	27	1.284	3
5	0.829	2	16	0.511	1	28	0.307	1
7	0.442	1	17	0.132	1	29	0.255	1
8	0	1	18	0.484	1	30	0.924	2
9	0.345	1	20	0.147	1	31	0.604	1
10	0	1	21	0.976	2	32	0.218	1
11	0	1	22	0.146	1	33	0.597	1

3.2.2.3 主观安全性与安全性等级关系

把表 3.24 中 DSI 数值与其对应的事故率等级绘成图 3.38。由图可知，DSI 与事故率无单一规律，相同的事故率等级对应着不同的 DSI 值,同时相同的 DSI 值也会对应着不同的事故率等级。

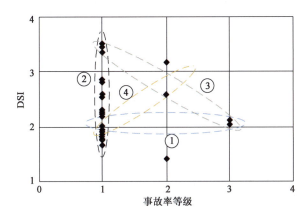

图 3.38 DSI 与事故率等级关系

选择典型路段,分别对图 3.38 中①、②、③、④这四种情况进行分析,如图 3.39 所示。

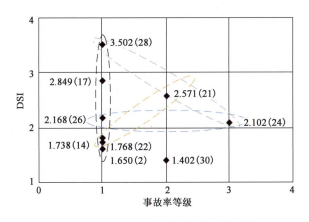

图 3.39 典型路段 DSI 与事故率等级关系分析

①相同的主观安全值 DSI 对应不同的事故率等级。

路段 24(图 3.40)与路段 26(图 3.41)的 DSI 值相近且较高,但事故率等级相差较大,如表 3.28 所示。

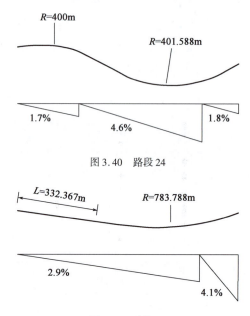

图 3.40　路段 24

图 3.41　路段 26

DSI 发展规律(1)　　　　　　　　　　　　表 3.28

编号	24	26
DSI	2.102	2.168
速度(km/h)	66.82	94.15
事故率等级	4	1

路段 24 为两个短半径曲线相连,且连续下坡,坡度较大,尽管路段 24 线形较差,但行车速度较低,主观安全性较高;路段 26 为直线加短小曲线,坡度主要为 2.9%,尽管行车速度大,但其线形较好,主观安全性也较高。

DSI_{24} 与 DSI_{26} 相近,此时事故率等级不同可能是与客观条件有较大关系。

②道路主观安全性降低,事故率保持不变。

当事故率等级为 1 时,DSI 值变化范围较大(表 3.29)。例如,路段 14(图 3.42)、路段 22(图 3.43)、路段 17(图 3.44),DSI 值逐渐增大,DSI_{14} = 1.738,DSI_{22} = 1.768,DSI_{17} = 2.849,道路主观安全性均较高。路段 14 和路段 22 平面线形较路段 17 好,因此路段 17 的主观安全性较低。路段 14、路段 22

主观安全性相同,事故率等级相同,尽管路段 17 主观安全性低于路段 14、路段 22 的主观安全性,但事故率等级均为 1。

DSI 发展规律(2)　　　　　　　表 3.29

编号	14	17	22
DSI	1.738	2.849	1.768
速度(km/h)	75.48	74.72	68.28
事故率等级	1	1	1

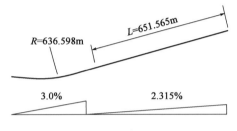

图 3.42　路段 14

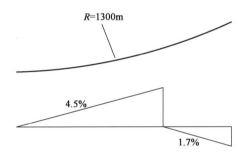

图 3.43　路段 22

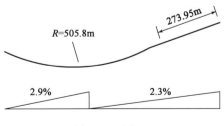

图 3.44　路段 17

当事故率等级为 2 时,路段 21(图 3.45)与路段 30(图 3.46)是均为同向曲线间所夹的直线段,坡度变化多,线形较路段 14、路段 17、路段 22 差。

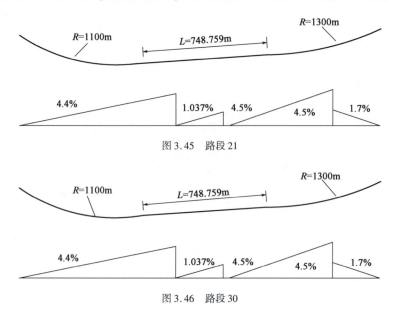

图 3.45　路段 21

图 3.46　路段 30

驾驶人从同向曲线行车时,在直线段道路主观安全性均比前一曲线道路主观安全性略有升高,而在路段 30 从一个较小半径曲线驶入直线,驾驶人的安全感容易升高,$DSI_{30} = 1.402 < DSI_{21} = 2.571$,路段 30 道路主观安全性高于路段 21 的道路主观安全性,但事故率属于一个等级。路段 21 与路段 30 是两种行车方式,路段 21 同向曲线选择速度先降低,到直线段时降至最低,到第二个曲线段时速度上升,因此道路主观安全性也表现为先降低后升高。在曲线段 30 时则选择先升高速度到直线段最高,接着在第二个曲线段速度降低,道路主观安全性先升高后降低。这说明速度与道路主观安全性没有太明显的关系(表 3.30)。

DSI 发展规律(3)　　　　　表 3.30

编号	20	21	22	29	30	31
DSI	2.224	2.571	1.768	1.932	1.402	2.006
速度(km/h)	66.11	60.50	68.28	77.80	79.57	77.77
事故率等级	1	3	1	1	2	1

③公路安全性升高或降低时,事故率相应升高或降低,即 DSI 值降低、事故率升高。

路段 28、路段 21、路段 24 随着道路 DSI 值的降低而事故等级增大(表 3.31),路段 28(图 3.47)为 S 形曲线,线形较差,驾驶人主观安全性较差,给予较高关注,尽管速度很高,但是公路安全性高,事故率等级为 1;路段 21 则由于与前面曲线图具有连续性,主观安全性变化不大,主观安全性一般,但由于是其同向曲线间直线段,公路安全性较低,事故率等级为 3;然而路段 24 道路线形较差,而主观安全性相对较低,因此公路安全性低,事故率等级为 4。

DSI 发展规律(4) 表 3.31

编号	28	21	24
DSI	3.502	2.571	2.102
速度(km/h)	79.08	60.50	66.82
事故率等级	1	3	4

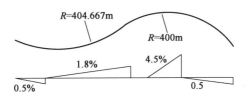

图 3.47 路段 28

④随着主观安全性的升高或降低而事故率降低或升高。

这种情况多以公路客观安全性为主导地位,道路主观安全性的高低取决于公路客观环境的好坏。

$DSI_{26} > DSI_{21}$,即路段 26 的主观安全性高于路段 21 的主观安全性,但路段 26 的事故率等级低于路段 21 的事故率等级。

道路主观安全性与事故率的关系并不能唯一确定,受公路客观环境影响存在多种变化的可能。

3.2.3 用户感知反应与自由流交通行为

自由流状态下高速公路客观运营环境状况的好坏决定了道路用户驾驶行

为的倾向性，集中表现在速度这一特征值上。分析自由流状态下驾驶人的生理心理反应与道路设施、交通设施、自然环境及运行车速间的关系，建立高速公路用户生理心理反应与交通行为关系模型。

3.2.3.1 路段熟悉程度影响

在试验期间，从当地人以及加水站加水的驾驶人了解到，试验路段1的事故发生主要是由于外省市驾驶人不熟悉道路情况，有的甚至大意没有给水箱加水，经过长大下坡后制动失效，速度失控，造成事故，甚至追尾造成二次事故。所以有必要分析驾驶人对路段熟悉程度对其生理心理影响。

把试验路段中10km的长大下坡路段按平曲线分为9个路段，完成心率试验和眼动试验，采集驾驶人生理数据。有10名驾驶人（其中不熟悉路段驾驶人5名，熟悉路段驾驶人5名，如表3.32所示）参与试验。在9个路段的驾驶人行车速度和其生理心理指标 RRCV、FT_{85} 按照熟悉路段程度进行分组，如表3.33所示。试验结果如图3.48～图3.50所示。

试验路段1驾驶人　　　　　　　　　表3.32

驾驶人	1	2	3	4	5	6	7	8	9	10
年龄（岁）	36	32	29	31	38	49	35	43	33	24
驾龄（年）	12	15	2	7	14	31	15	23	10	3
年里程（10^4km）	15	10	15	10	8	15	10	8	18	10
是否熟悉	是	是	否	否	是	是	否	是	是	否

熟悉路段程度对驾驶人生理心理指标影响变化　　　　表3.33

指标	是否熟悉	路段								
		1	2	3	4	5	6	7	8	9
RRCV	否	0.191	0.321	0.252	0.237	0.238	0.114	0.179	0.111	0.191
	是	0.519	0.23	0.335	0.563	0.413	0.207	0.274	0.293	0.309
速度（km/h）	否	55.74	50.1	44.83	44.56	49.29	41	49.11	49.07	45.75
	是	57.83	57.74	57.59	61.1	62.19	67.55	54.03	60.51	62.15
FT_{85}（s）	否	0.100	0.199	0.250	0.215	0.195	0.206	0.083	0.399	0.684
	是	0.100	0.138	0.147	0.152	0.122	0.149	0.078	0.232	0.314

由图 3.48 可知,驾驶人 $V_否 < V_是$,同时 $V_是$ 比 $V_否$ 波动较稳定。郑柯提出,熟悉道路的驾驶人比不熟悉道路的驾驶人在各种半径的弯道上都具有更高的行车车速;哪怕熟悉道路的驾驶人在弯道上受到相邻车道货车的影响时,仍比不熟悉道路的驾驶人在弯道上不受相邻车道货车影响时的行车速度要高。可见熟悉路段驾驶人对路况较熟,大多能自主克服不良路况。

由图 3.49 及图 3.50 可知,$RRCV_否 < RRCV_是$、$FT_{85否} > FT_{85是}$,说明驾驶人对路段不熟悉会造成心理紧张程度较大、负荷也较高。

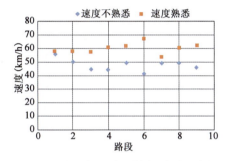 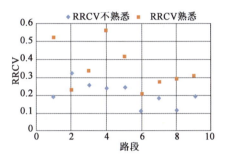

图 3.48　熟悉路段程度对驾驶人行车速度的影响变化　　图 3.49　熟悉路段程度对驾驶人 RRCV 的影响变化

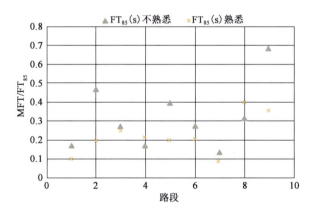

图 3.50　熟悉路段程度对驾驶人 FT_{85} 的影响变化

标志设计成功与否取决于一个不熟悉本地道路的道路用户能否跟着标志找到目的地,同样,不熟悉路段的驾驶人能安全到达目的地,是检验公路交通环境安全的标准。不熟悉路段的驾驶人对安全情况的感知更加敏感,因此,道路主观安全程度宜对不熟悉路段的驾驶人安全程度进行分析,易识别道路危险路段。下面对从限制速度和道路平竖曲线等方面对不熟悉路段驾驶人生理心理影响进行分析。

3.2.3.2　限制速度影响

为研究速度对驾驶人的生理心理的影响,排除曲线半径、坡度以及交通流对其的影响,试验路段应选择在自由流情况下的平直路段。何种情况为平直路段,半径应大于多少以及坡度应小于多少?

郑柯认为,$-3\% \sim 3\%$ 的坡度、半径 $R > 2000 \mathrm{m}$ 对驾驶人的生理心理影响很小。郑柯在选取坡度临界时直接剔除,但未对此种做法做出明确的解释,在其博士论文中对上下坡对驾驶人的影响开展研究并得出,在上下坡路段,坡度值2.0%左右是一个分界点,纵坡小于此值时,随坡度增大,车速和驾驶人紧张度都缓慢增加;纵坡大于此值时,随坡度增大,车速和驾驶人紧张度都较明显降低。而姚娜则根据坡度、半径对驾驶人生理心理影响分析,认为在 $-2\% \sim 2\%$ 的坡度范围时,$R \geqslant 2150 \mathrm{m}$ 的路段称作平直路段,此时对驾驶人在道路上行车时的心理状态在很大程度上只受到行车速度影响。因此,选取 $-2\% \sim 2\%$ 的坡度范围时,对 $R \geqslant 2150 \mathrm{m}$ 的路段进行速度分析。

刘士翠研究某公路交通数据,分析表明,小车的超速比例明显高于货车,且有将近三分之一的小车超速行驶,超速行车的情况比较严重。大车的运行速度在最高限制速度内,超速比例小于10%:一说明大多数货车驾驶人的驾驶安全意识较高;二是缘于货车有着实际的经济效益,道路上行驶的货车大多不会空载,因此货车质量大、惯性大,不能像小车能够很大程度地超速,因此为保证安全行车,车速一般都在限制速度上下波动;三则是我国的大车性能决定了运行速度处于较低水平。随着大车限速的增加,大车速度均值逐渐增加,速度方差逐渐增大。因此,速度对货车的影响主要取决于限制速度。

由于山区高速公路的货车限制速度较多采用 60km/h 和 80km/h,选择两种限制速度的顺直路段,分析限制速度对实际车速、驾驶人的生理心理的影响(表3.34)。分别对不同限制速度下新老驾驶人生理指标求平均值而进行的分析,如图3.51~图3.53所示。

试验路段 1、2 不熟悉路段驾驶人信息表 表 3.34

驾驶人序号	1-1	1-2	2-1	2-2	2-3	2-4	2-5	2-6
限制速度(km/h)	60		80					
年龄(岁)	29	31	35	33	27	31	37	35
驾龄(年)	2	7	12	15	2	8	13	17
年里程(10^4 km)	15	10	15	10	15	10	8	15
熟悉程度	0	0	0	0	0	0	0	0

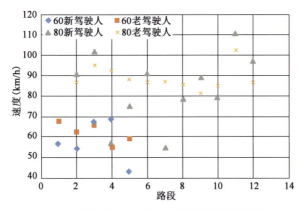

图 3.51　限速 60km/h、80km/h 新老驾驶人行车速度

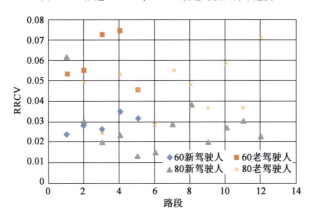

图 3.52　限速 60km/h、80km/h 对新老驾驶人 RRCV 的影响

由图 3.51 可知,在限制速度为 60km/h 时,新老驾驶人的车速(40～70km/h)都在 60km/h 上下波动;而在限制速度为 80km/h 时,新老驾驶人的车速(50～100km/h)大都在 90km/h 上下波动,少数路段低于 70km/h,整体速

度处于 70~100km/h,说明线形条件越好,限制速度会设置越高,货车驾驶人选择的速度越容易高于限制车速,但均值都未超过限制速度的15%,此结论与刘士翠的结论相差不大,均未达到道路法规超速罚款临界值20%。

从图3.51还可以得出,老驾驶人经验丰富,虽然对路况不熟悉,仍能保持车速稳定;而新驾驶人因缺乏经验且不熟悉路况造成车速波动较大,而且限制车速越高,波动越大。

不同限制速度是通过对驾驶人自身判断的作用而反映到速度的变化,而限制速度对驾驶人生理心理又是如何影响的呢?

由图3.52、图3.53可以看出,$RRCV_N < RRCV_O$,$FT_{85N} > FT_{85O}$,FT_{85}值离散,更加敏感。同时,限制速度60km/h时驾驶人的RRCV均大于限制速度80km/h时驾驶人的RRCV,FT_{85}则相反,从而说明随着速度增大,RRCV降低,而FT_{85}值升高,驾驶人的心理越紧张,负荷加重。

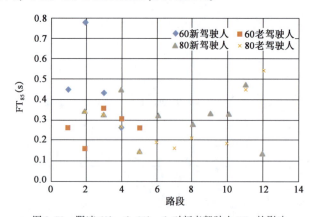

图3.53 限速60km/h、80km/h对新老驾驶人FT_{85}的影响

由于山区高速公路较多采用80km/h进行限速,且在80km/h下驾驶人更危险,故下面对限制速度为80km/h的试验路段进行平面和纵断面因素分析。

3.2.3.3 平面因素影响

道路平面线形由直线、圆曲线和缓和曲线组成。平曲线是由圆曲线和缓和曲线构成的。平曲线是道路线形最重要的组成部分。据资料统计分析,道路上有相当比例的交通事故是发生在平曲线上,而且平曲线半径越小,发生事故的概率就越大。例如,与车速不相适应的小半径的平曲线、位置设置不当或组合不合适的平曲线,轻者给驾乘人员带来紧张与不适,重者造成交通事故。调查统计表明,10%~12%的交通事故发生在平曲线处,高速公路平曲线路段的事故率与平曲线半径大小存在密切关系。

根据上一小节中对平直路段的定义,避免坡度对驾驶人的影响,选取坡度为 $-2\%\sim2\%$、$R<2150\mathrm{m}$ 的曲线以及 $-2\%\sim2\%$、$R\geqslant 2150\mathrm{m}$ 的平直路段,针对不同平面因素对驾驶人的生理心理影响进行分析(表3.35、图3.54、图3.55)。

直线与平曲线对驾驶人生理心理指标影响　　　　表3.35

指标	RRCV		MFT(s)		FT_{85}(s)	
	新驾驶人	老驾驶人	新驾驶人	老驾驶人	新驾驶人	老驾驶人
直线	0.028	0.050	0.205	0.183	0.337	0.288
平曲线	0.024	0.048	0.223	0.185	0.382	0.312

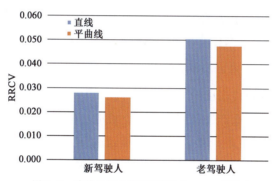

图3.54　直线段与曲线段对驾驶人RRCV的影响

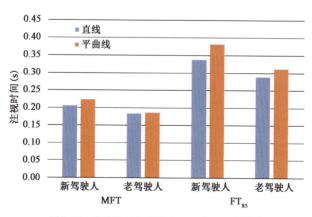

图3.55　直线段与曲线段对MFT和FT_{85}的影响

山区高速公路驾驶人在平曲线路段生理心理变化，主要受平曲线半径和车速的影响，而在坡度较小的情况下，由于货车在山区高速公路的速度较为均匀，故仅考虑其半径因素的影响作用。

由图 3.54、图 3.55 可知，$RRCV_{直} > RRCV_{曲}$，$MFT_{直} < MFT_{曲}$，$FT_{85直} < FT_{85曲}$，即驾驶人在平曲线路段的信息负荷比在直线路段高，此结论与 Brackstone Mark、Aterson Ben 研究得出平曲线段(尤其是 HY-ZH 段)的平均注视时间明显高于直线段的平均注视时间的结论相吻合。内蒙古农业大学的霍月英研究得出，驾驶人在直线段上的注意力较其在一般段的注意力要分散，注视行为较少。在山区高速公路平曲线路段自由流行驶时，驾驶人需要不断关注前方和弯道内侧的交通情况，注意力集中，注视时间 MFT 和 FT_{85} 变长；相反，在直线路段交通情况较为简单，驾驶人注意力容易游离，注视时间 MFT 和 FT_{85} 变短。同时，新驾驶人的平均注视时间长于老驾驶人，故其信息负荷高于老驾驶人。因此，驾驶人在曲线段的负荷大于直线段的负荷。

3.2.3.4 纵断面因素影响

纵坡是公路几何线形中的一个重要指标。车辆在纵坡上行驶时，无论上坡或下坡都对交通安全产生直接影响。上坡时，其重力沿坡道的平行分力阻碍车辆前进，由于坡度阻力使车速降低，坡道越陡，车速下降越快。当坡度很大时，可能会出现平行分力比后轮的切向反力与前轮的切向反力之和大得多的情况，若车速不好控制，常使车辆被迫向前溜车，易造成交通事故；而且长距离的陡坡对行车安全更不利。

公路几何线形设计时，纵坡值大小的取舍影响车辆运行的特性和安全通过。国内外研究文献已有研究得出，车辆在纵坡路段行驶时，纵坡的坡度、坡长和车辆的运行速度等都会对驾驶人的心理和生理产生影响。下面选择 $R \geqslant 2150m$ 的路段且分为坡度值 $< -2\%$ 和 $> 2\%$ 以及坡度绝对值不同来进行分析。

选择符合条件的平直路段，并在自由流下分析不同坡度行车时对驾驶人生理影响(表3.36、图3.56、图3.57)。在下坡时，车速增加，制动频繁，造成驾驶人紧张；而在上坡路段，低挡行驶，车速变化不大，紧张程度相对减轻。闫莹在其论文中提到上坡时心率增长率较为平缓，且与下坡变化规律相同。

坡度对驾驶人生理心理指标影响　　　　　表3.36

指标	RRCV		MFT(s)		FT_{85}(s)	
	新驾驶人	老驾驶人	新驾驶人	老驾驶人	新驾驶人	老驾驶人
下坡	0.024	0.041	0.222	0.217	0.401	0.358
上坡	0.028	0.042	0.225	0.209	0.370	0.341
|i|<2%	0.030	0.035	0.212	0.205	0.362	0.353
2%<|i|<4%	0.029	0.035	0.314	0.194	0.666	0.325
|i|>4%	0.025	0.034	0.117	0.190	0.152	0.301

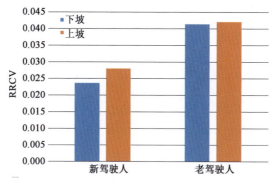

图3.56　上下坡对驾驶人 RRCV 的影响

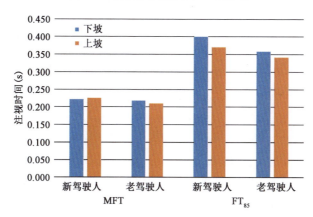

图3.57　上下坡对驾驶人 MFT 和 FT_{85} 的影响

由图3.56、图3.57可知，$RRCV_D < RRCV_U$，即新老驾驶人 RRCV 上坡时明显大于下坡时；但 $MFT_{DN} < MFT_{UN}$，$MFT_{DO} > MFT_{UO}$，$FT_{85D} > FT_{85U}$，注视时间 MFT 和 FT_{85} 趋势不明显，总体上说明下坡所需注视时间比上坡长。这说明下

坡时驾驶人的负荷大于上坡时,同时新驾驶人的负荷大于老驾驶人的负荷。

有研究表明,上下坡随着坡度的增大对驾驶人生理心率变化规律相同,下面对纵坡的绝对值大小进行分析研究(图3.58、图3.59)。

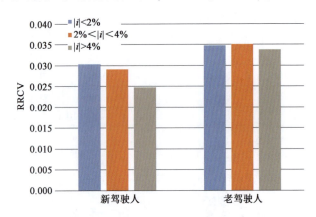

图3.58 不同坡度对驾驶人RRCV的影响

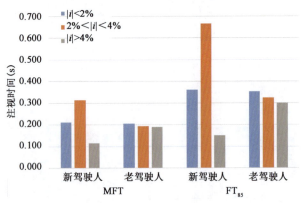

图3.59 不同坡度对驾驶人MFT和FT_{85}的影响

由图3.58可看出,$RRCV_N < RRCV_O$,新驾驶人RRCV则随着坡度的增大而降低,而老驾驶人RRCV随坡度的变化没有明显变化。这说明坡度对新驾驶人的影响较大,随着坡度的增大对驾驶人的负荷加重,同时新驾驶人的心电负荷高于老驾驶人的心电负荷。

由图3.59可看出,新老驾驶人在不同坡度下的注视行为不同。新驾驶人的MFT和FT_{85}都在$2\% < |i| < 4\%$时达到最大;在$|i| > 4\%$时最少,有可能是因为$|i| > 4\%$的坡度较多为上坡,速度较低,驾驶人不需要过多注视,从而

MFT 和 FT_{85} 值较低。而老驾驶人的注视时间较为稳定,随着坡度增大而微弱减小。坡度大小对老驾驶人的注视时间 MFT 和 FT_{85} 影响很小。

由上述分析可知,坡度对驾驶人的 RRCV 影响较大,$RRCV_- < RRCV_+$,RRCV 随坡度增大而减小,驾驶人的负荷随坡度增大而增大,同时 $RRCV_N < RRCV_O$,新驾驶人的负荷仍然高于老驾驶人的负荷。

上下坡对驾驶人注视时间影响不一,$MFT_{N-} < MFT_{N+}$,$MFT_{O-} > MFT_{O+}$,$FT_{85-} > FT_{85+}$,$FT_{85N} > FT_{85O}$,而坡度绝对值大小对新驾驶人的影响为 $MFT_{2\sim4} > MFT_{<2} > MFT_{>4}$,$FT_{85\,2\sim4} > FT_{85<2} > FT_{85>4}$,对老驾驶人注视时间的影响很小,不同坡度对新老驾驶人的注视行为影响不同。

3.2.3.5 交通标志影响

分别对指路标志和限速标志的可视距离进行试验研究,如图 3.60、图 3.61 所示。

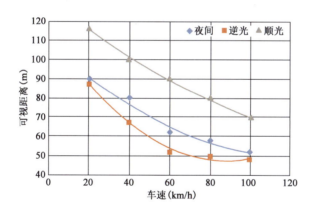

图 3.60 指路标志的可视距离与车速、光线的关系

由图 3.60、图 3.61 可知,交通标志的可视距离随车速的提高而降低,同一试验车速、不同光线条件下标志的可视距离:白天顺光下标志的视认性最好,其次为夜间反光标志的视认性,逆光条件下的标志视认性最差。

1. 两种标志可视距离的比较

指路标志和限速标志在不同光线条件下的可视距离比较如图 3.62 ~ 图 3.64 所示。

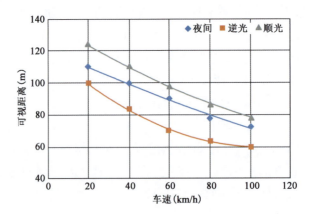

图 3.61 限速标志的可视距离与车速、光线的关系

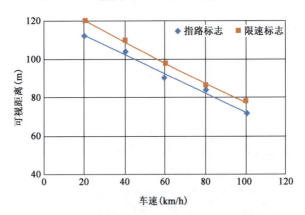

图 3.62 白天顺光条件下两种标志的可视距离对比

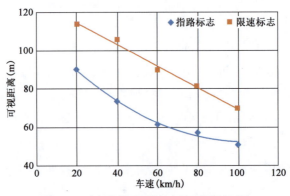

图 3.63 夜间条件下两种标志的可视距离对比

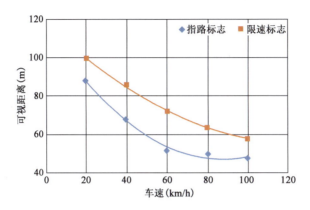

图 3.64　白天逆光条件下两种标志的可视距离对比

由图 3.62~图 3.64 可知,在同一车速下,限速标志的可视距离较指路标志的可视距离大。

2. 交通标志视角阈值

各国不同研究人员所得出的交通标志视角的阈限值如表 3.37 所示。

各国交通标志认读视角阈值　　　　表 3.37

国家	日本	美国	荷兰	法国	苏联
视角阈值	6~7	8~10	8~10	10~12	6~19

由于国外字母文字和我国的汉字文字视认性有着很大区别,因此国外研究结果不能被直接引用。

交通标志的视角大小由标志尺寸和可视距离所决定。由于可视距离会因车速和光线条件的不同而变化,因此交通标志的视角阈值与行车速度和天气环境之间有着密切的关系(图 3.65)。

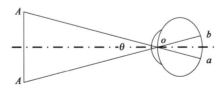

图 3.65　视角和视网膜成像

交通标志的视角阈值计算公式如下:

$$\theta = 57.3 \frac{b}{L} \tag{3.25}$$

式中：θ——交通标志的视角阈值(°)；
$\quad\quad b$——交通标志尺寸(m)；
$\quad\quad L$——交通标志的可视距离(m)。

不同车速和光线条件下的交通标志视角阈值计算结果如表 3.38、图 3.66 所示。

交通标志的视角阈值   表 3.38

车速(km/h)	指路标志		
	夜间	顺光	逆光
20	2.1671	1.6685	2.1896
40	2.84453	1.8985	3.538
60	4.9939	2.8911	6.8462
80	6.4335	3.1511	8.2695
100	10.2647	4.9260	12.184

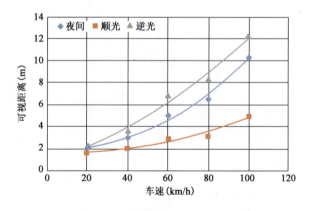

图 3.66　交通标志的视角阈值与车速和光线条件的关系

由此可见，两种交通标志的视角阈值与车速和天气条件之间存在密切的关系。视角阈值随车速的提高而迅速增大，同时也验证了驾驶人的动视力随车速提高而降低的结论。对于高速行车环境下的交通标志设置，应该考虑到这种变化对交通标志设置有效性的影响。

3.2.4 非自由流状态下的高速公路用户行为与风险

非自由流状态下,高速公路运营环境安全性不仅受到静态公路交通设施状况的影响,还受到动态交通流状况的影响,分析换车道及高速行车时驾驶人的生理心理变化特性。

3.2.4.1 变换车道风险与驾驶人反应关系

分析非自由流状态下车辆变换车道与驾驶人生理心理反应测试数据,建立前后车加速度、车速与驾驶人生理心理反应关系模型(图3.67~图3.70)。

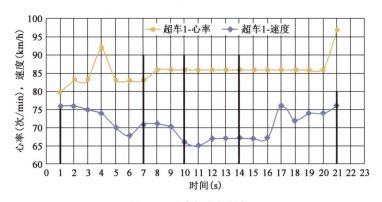

图3.67 心率与速度-超车1

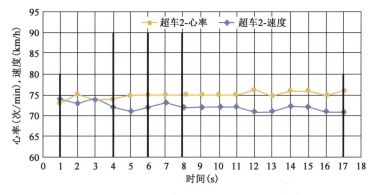

图3.68 心率与速度-超车2

图中:第一条线代表开始换道;第二条线代表换道完毕车头到达被超车辆的车尾;第三条线代表车头与被超车车头齐平;第四条线代表超车完毕,开始换道返回原车道；第五条线代表换道完毕，若没有第五条线则认为是超车完毕后 30s 内并未返回原车道。

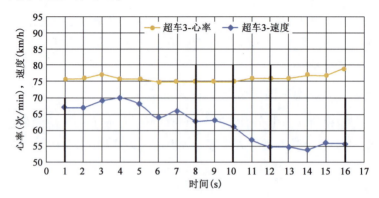

图 3.69 心率与速度-超车 3

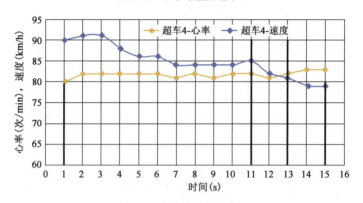

图 3.70 心率与速度-超车 4

从图 3.67 ~ 图 3.70 中可以看出，第一阶段换车道准备超车阶段，车辆行驶速度是整个超车过程中速度最快的，缩短了本车与前车的距离后，到达第二阶段，本车从前车的车尾驶过并驶向车头。这段时间车辆由于前车车速较低，且两辆车均为大货车，超车过程更难控制，为保证安全，降低速度，但不小于前车车速行驶。车速的降低并不能使驾驶人心率降低，由于超车行为本身具有一定的危险性，驾驶人心理紧张，心率增大，对于超车 2 和超车 3 心率值较低是由于在超车前心率值基数较低，但仍表现出随着时间的增加心率值增加，驾驶人的紧张度增大。因此，建立速度与心率值之间的关系是不具有科学依据的，故选取每次超车前 15s 的心率值作为该次试验的基准值，计算超车过程中驾驶人的心率增量,并研究心率增量与行车速度之间的关系(图 3.71)。

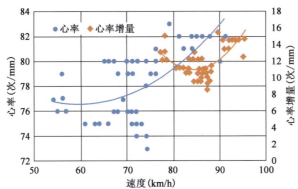

图 3.71　心率增量和心率与速度间关系

由图 3.71 可知,驾驶人在超车情况下心率值以及心率增长量都与速度的规律性不明显,打破了以往随着速度增大而驾驶人的心率值增大的规律。这时影响驾驶人心理紧张状况的主要因素为超车行为和被超越车的状况。在超越时会出现两种情况引起驾驶人紧张:第一种是驾驶人开车过快而造成紧张,心率增加,如超车 4;第二种是驾驶人由于降速过低而没有信心超越,从而引起心理紧张,如超车 1。因此,在超车过程中存在一个安全超车车速,由图 3.71可知,该路段超车安全车速为 65～75km/h,在超车 2、3 中车辆超车速度在65～75km/h 范围时驾驶人的心率值较稳定。

由图 3.72 可知,驾驶人在速度小于 69km/h 情况下累计频率增加到 57.97%。

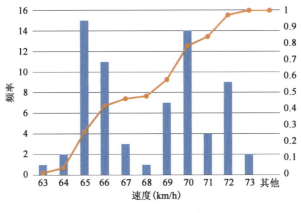

图 3.72　速度累计频率曲线

超车过程中心率增长量小于 12 次/min 时,累计频率迅速增加至约 57.97%,说明试验中驾驶人大多数情况下会因行车过程中车速变化心率增量增加 12 次/min,当增加量在 12~12.5 次/min 时,累计频率突增至约 72.46%,之后又平稳增加(图 3.73)。一般情况下,驾驶人行车心率较安静状态谨慎,这种情绪上的适度紧张属于正常的生理心理反应,而且对保证安全驾驶十分重要。当其外界因素将影响正常安全行车状态时,驾驶人心理紧张度便会增加至较高,这种状态虽在整个行车中占小部分,但容易导致事故发生。因此,通过分析心率增量累计频率曲线的突出位置,可以认为占有较小比例的心率增长量大于 12.5 次/min 的情况属危险行车,心率增量 12.5 次/min 为货车驾驶人非自由流状态下超车的安全心率增量临界值。

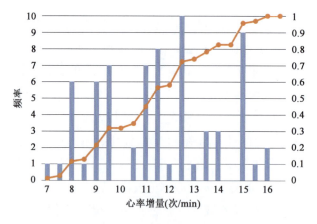

图 3.73 心率累计频率曲线

3.2.4.2 高速行车风险与驾驶人反应关系

主观综合评价方法的权重确定过度依赖专家经验,主观性较大,同时生理心理方面的研究还属较少,专家无法正确衡量出指标的权重大小,因此选用客观综合评价方法从定性角度分析,无论从定量还是定性的角度客观评价方法中主成分分析法较优。同时,日本学者 Miyake 采用主成分分析方法,将 HRV、手指体积描记图振幅和拇指出汗量三个生理变量与 NASA-TLX 中三个负荷因素(心理需求、时间需求和努力需求)的加权值集成一个负荷指数。Kilseop 和 Myung 运用主成分分析法将三种生理指标(脑电、眼动和心率)和主观负荷组合成一个综合评估指数,发现综合指数较单项指标能更准确地区分不同难度任务中被试的负荷水平。

速度是影响驾驶人行车安全的一个重要指标,速度越高事故率也越高,然而高速公路上在较高的行驶速度下驾驶人的心率状况会引起驾驶人生理心理的变化。由于驾驶人在每次超车前均会以一个较高的速度行车,因此较高的速度选择驾驶人每次超车前10s的速度均值,整理结果如表3.39和图3.74所示。

高速行车速度与对应的心率增量　　　　表3.39

速度 (km/h)	心率增量 (次/min)	速度 (km/h)	心率增量 (次/min)	速度 (km/h)	心率增量 (次/min)	速度 (km/h)	心率增量 (次/min)	速度 (km/h)	心率增量 (次/min)
63.60	10.32	69.04	12.73	61.26	9.44	55.67	7.23	70.06	13.79
64.45	11.02	59.47	8.03	60.48	10.32	61.39	8.45	62.48	11.48
60.52	8.49	64.36	10.49	65.48	11.47	65.06	12.36	63.23	12.06
75.73	14.39	62.82	9.05	62.16	10.64	67.17	12.22	60.40	11.39
72.53	13.63	57.65	8.11	59.03	9.57	71.95	13.26	80.43	16.78
61.65	9.58	58.36	9.47	73.77	14.01	62.55	9.84	50.96	6.64
59.78	9.61	61.52	9.22	62.86	11.31	66.47	13.40	77.69	15.88

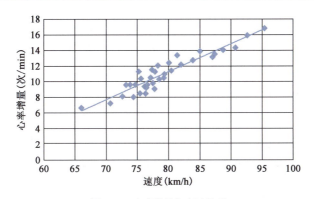

图3.74　心率增量与车速关系

对上述样本数据进行回归分析,可见驾驶人高速行车时速度与心率呈线性增长关系,车速与心率增量关系如下($R^2=0.8784$):

$$y = 0.3558x - 17.213 \quad (3.26)$$

式中：y——心率增量（次/min）；
  x——速度（km/h）。

3.2.5 不良气象环境下的高速公路用户行为与风险

前面对驾驶模拟试验所得到不良天气下行驶速度、驾驶人生理反应做了数据概述。驾驶模拟试验的主要目的之一是考察不同环境下驾驶人的行车速度，研究不同环境的运行速度特征。从前面的数据分析可以看出，灾害性天气下的安全运行车速与运行的气象环境、道路线形、驾驶人的生理心理有着密切关系，下面主要对驾驶模拟试验的速度特征进行分析，分析不良天气下驾驶人生理心理变化与高速公路运营环境和汽车运行速度的关系，构建不良天气下高速公路用户生理心理反应与安全车速模型。

3.2.5.1 速度与环境相关性分析

为了进一步分析的需要，在原始数据记录的基础上，提取新的指标来更好地反映数据之间的规律性，这些新指标的定义及计算方法说明如下：

速度及速度差——本次试验采集得到的心率、呼吸率均为每10s一个数据，即取得该10s内的平均值，所以在分析速度与生理反应关系时，需要对试验中驾驶舱的速度数据做出如下处理：

①取该10s内第5s的速度值为心率、呼吸率对应的速度值v_i。

②取$\Delta v_i = v_i - v_{i-1}$为心率、呼吸率对应的速度差。

心率差值——连续记录下来的两个心率值之差，可以用来表征驾驶人紧张程度在具体时刻的变化。

1. 路段行驶速度

分析线形对速度的影响时，将曲线路段分为曲线入口、出口以及直线段。原始数据中的速度是每隔0.03s记录的驾驶舱实际速度，对于分析的目的来说数据量过于冗繁，为此定义了路段行驶速度的计算方法。首先根据驾驶舱采集到的车辆之间的距离，排除本车正前方、左侧面、右侧面车辆对速度的影响，然后针对所得的每组数据，计算车辆稳定运行时所有原始速度数据的平均值，用"$\overline{v_\text{入}}$、$\overline{v_\text{主}}$、$\overline{v_\text{出}}$"表示，其意义是指某一驾驶人在某一环境中在曲线段上的行车速度。如果速度波动范围较小,且不易得到稳定运行的路段,直接以整体数据的平均速度作为该环境下直线段的行驶速度。

2. 速度与环境参数的相关性分析

(1)相关性和偏相关性分析

运用统计分析,对$\overline{v_直}$和三种环境参数进行相关性和偏相关性分析,结果如表 3.40 和表 3.41 所示。

皮尔逊相关系数　　　　表 3.40

速度	环境参数		
	能见度参数	摩阻系数	风速
$\overline{v_直}$	-0.768	0.594	-0.444
	$p=0.000$	$p=0.000$	$p=0.003$

偏相关系数　　　　表 3.41

速度	摩阻系数		能见度参数		风速	
	能见度参数	风速	摩阻系数	风速	能见度参数	摩阻系数
$\overline{v_直}$	-0.766	-0.587	0.070	0.010	-0.789	0.635
	$p=0.000$	$p=0.000$	$p=0.664$	$p=0.951$	$p=0.000$	$p=0.000$

通过上面的相关性分析可以看出:

①p 值为相关系数为 0 成立的概率,$\overline{v_直}$与能见度参数 Vis 存在负相关性,$\overline{v_直}$与摩阻系数f_R存在正相关性;$\overline{v_直}$与风速v_w存在负相关性。

②相关系数为 0 的假设成立的概率,相对而言,$\overline{v_直}$与风速v_w的相关系数较低。

通过偏相关性分析可以看出:

①当控制变量为摩阻系数f_R时,$\overline{v_直}$与 Vis、$\overline{v_z}$与v_w的相关系数较低。

②当控制变量为能见度参数 Vis 时,$\overline{v_直}$与f_R、$\overline{v_z}$与v_w的相关系数极低,并且偏相关系数为 0 假设成立的概率非常高,达到 0.664 和 0.951。这说明能见度对速度的影响是不能排除的。

当控制变量为风速v_w时,$\overline{v_直}$与 Vis、$\overline{v_z}$与f_R的相关系数都比较高。

(2)能见度和摩阻系数f_R对$\overline{v_直}$的影响分析

①摩阻系数f_R相同时,不同能见度对速度的影响。

裴汉杰认为允许速度随着能见度距离的增大而增大(图3.75)。

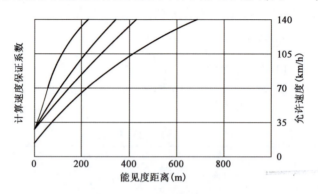

图3.75 允许速度与能见度关系

例如,出现风、霜、雨、雪、雾等天气状况时,能见度降低,此时由于停车视距的变化,限速也应相应调整。

汽车停车视距 $S_{停}$ 为:

$$S_{停} = \frac{v_f}{3.6}t \tag{3.27}$$

式中:v_f——汽车行驶速度(km/h);

t——反应时间(s)。

若取停车视距 $S_{停}$ = 能见度,可根据式(3.27)算出 v_f。当交通流量 Q_s 最大时,即 $Q_s = \frac{1}{4}v_f$,目标速度值 $v_i = \frac{1}{2}v_f$。此时,道路速度应随能见度的变化而线性变化(表3.42)。

能见度对应运行速度关系 表3.42

能见度(m)	50	100	150	200
允许速度(km/h)	36	72	108	144

a. 摩阻系数为0.3时,能见度对路段速度的影响如图3.76所示。

由图3.76可以看出,在摩阻系数为0.3时,能见度距离100m情况下驾驶人行车的行车速度比能见度距离50m情况下的低,在直线段的速度较高,同时出口速度略低于入口速度。

b. 摩阻系数为0.4时,能见度对路段速度的影响如图3.77所示。

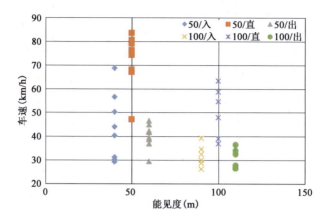

图3.76 摩阻系数为0.3时能见度对路段速度的影响

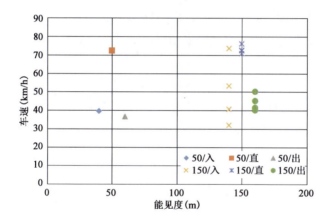

图3.77 摩阻系数为0.4时能见度对路段速度的影响

由图 3.77 可以看出,在摩阻系数为 0.4 时,能见度距离 150m 情况下驾驶人行车的速度比能见度距离 50m 情况下的速度高。在直线段的速度与摩阻系数为 0.3 时变化趋势相同,均是在直线段速度较大且出口速度低于入口速度。

c. 摩阻系数为 0.5 时,能见度对路段速度的影响如图 3.78 所示。

由图 3.78 可以看出,在摩阻系数为 0.5 时,随着能见度距离的增大而速度相对增大,能见度距离为 250m 时由于数据量不足而不具规律性。同时,直线段速度仍大于出入口速度,出入口间速度大小关系不确定。

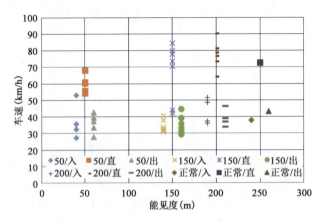

图 3.78　摩阻系数为 0.5 时能见度对路段速度的影响

从图 3.76～图 3.78 中可以看出，驾驶人在摩阻系数不变的情况下，在 $f_R=0.4, f_R=0.5$ 时速度随着能见度的增大而增大，仅在 $f_R=0.3$ 的情况下呈相反趋势。

下面分析当能见度不变时摩阻系数对速度的影响。

②能见度相同时，不同摩阻系数 f_R 对速度的影响。

当路面摩阻系数降低时，车辆在紧急制动时的制动速度与摩阻系数之间的关系如下：

$$a = f_R \cdot g \qquad (3.28)$$

式中：a——制动减速度（m/s²）；

g——重力加速度（m/s²）。

此时，车辆紧急制动时的速度 v_f 和减速度的关系可以简写为：

$$v_f = at = f_R g t = (1-p) f_0 g t \qquad (3.29)$$

式中：f_0——干燥路面的摩阻系数；

p——因路面湿滑引起摩阻系数的下降系数。

此时，要保持同干燥路面相同的制动距离，必须相应降低道路运行速度。以交通流量最大为例，当路面摩阻系数由 f_0 降低到 f_R 时，道路运行速度和限速值降低到原来的 $1/(1-p) = f_R/f_0$。当限速值因路面摩阻系数降低而达到最小限速值以下时，为确保交通安全，也应采取关闭高速公路的措施，禁止车辆驶入。

在能见度较小的情况下,由于摩阻系数小时,路面湿滑,行车速度不易控制,因此在能见度较小的情况下摩阻系数越小,行车速度越不容易控制;而在能见度正常的情况下,摩阻系数越大,抓地越牢,较安全,因此行车速度也越快。

a. 能见度为 50m 时(图 3.79)。

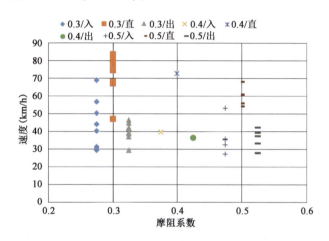

图 3.79　能见度为 50m 时摩阻系数对行车速度的影响

在能见度为 50m 的情况下,随着摩阻系数的增大,行车速度出现降低,说明在能见度低的情况下,增大摩阻系数越安全。

b. 能见度为 150m 时(图 3.80)。

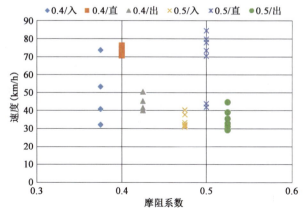

图 3.80　能见度为 150m 时摩阻系数对行车速度的影响

由图 3.80 可以看出,在能见度为 150m 时,摩阻系数的增大使行车速度降低。

c. 能见度正常情况时(图 3.81)。

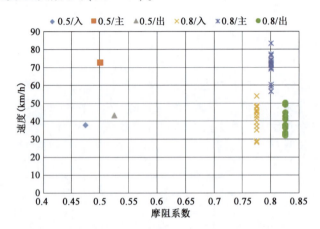

图 3.81　能见度正常时摩阻系数对速度的影响

在能见度正常情况时,可以看出行车速度随着摩阻系数的增大而增大。由此可见,行车速度与能见度、摩阻系数均成正比。用公式表达如下。

当 $S_停$ 与能见度相等时,那么有:

$$S_停 = \frac{v_f^2}{2a} = \frac{v_f^2}{2f_R g} \tag{3.30}$$

$$v_f^2 = 2aS_停 = 2f_R g S_停 \tag{3.31}$$

目标速度值为:

$$v_i = \frac{1}{2} v_f \tag{3.32}$$

因此,在不同情况下的安全车速如表 3.43 所示,目标车速如表 3.44 所示。

不同能见度以及摩阻系数下的允许速度(km/h)　　表 3.43

摩阻系数	能见度(m)			
	50	100	150	200
0.3	61.73	87.30	106.91	123.45
0.4	71.28	100.80	123.45	142.55
0.5	79.69	112.70	138.03	159.38

不同能见度以及摩阻系数下的目标速度(km/h)　　　表3.44

摩阻系数	能见度(m)			
	50	100	150	200
0.3	30.86	43.65	53.46	61.73
0.4	35.64	50.40	61.73	71.28
0.5	39.84	56.35	69.01	79.69

其他依据式(3.31)、式(3.32)进行计算。

3.2.5.2 速度与驾驶人反应分析

本次试验研究了驾驶人在一定驾驶状态下的心理反应。驾驶状态包括驾驶人的驾驶速度以及车辆的行驶环境,也就是引起驾驶人的心理反应变化的两个因素。根据试验特点,做出如下两方面分析:①相同行驶环境下行车速度对驾驶人生理反应的影响;②不同行驶环境下驾驶人的生理反应。

由于驾驶人在出入口行车速度低于直线段速度,且速度较低,因此由车速原因引起驾驶人自身紧张的情况也就不多,加上心率本身具有波动性,所以,在不是很紧张的情况下心率并没有明显的变化规律。根据北京工业大学以前的相关试验数据,排除其他因素的干扰,当驾驶模拟器中车速达到120km/h以上时,驾驶人的心率等生理指标才会有明显变化,因此选择直线速度与驾驶人的生理指标进行研究讨论。

1. 速度-心率关系模型

在研究不同行驶环境下驾驶人的生理反应时,需要同时使用多人的心率数据进行分析,由于人体的心率各不相同,可以采用心率增量(驾驶状态下的心率减去静止状态的心率)作为一个消除个体差异的指标,但在本试验中没有测驾驶人在静止状态下的心率。

本试验中,每名驾驶人会来回驾驶4趟,每趟之间有休息时间,拟采用驾驶人第2趟试验结束之后3min时间内的平均心率作为一个基准(称为恢复状态下的心率),即心率增量=驾驶状态下的心率－恢复状态下的心率。

对照南京航空航天大学曾经做过的以动态心率为指标的体力劳动强度评价方法的试验,比较本试验的平均心率,可知本试验数据得到的恢复状态下心率和驾驶人静止状态下心率差别不大。所以,可以将恢复状态下的心率作为基准的心率增量和一般的心率增量相当。

然而一般说来,心率增量大于 15~20 次/min 才会明显造成驾驶人心理上的压迫感和紧张感。

呼吸频率随车速的增大而几乎呈线性地缓慢加快。按生理心理学知识,人精神紧张的增加是与呼吸频率的减慢相对应的,因此行车速度升高引起驾驶人的紧张度升高,应该使呼吸频率减慢,但人的呼吸频率同时又受运动状态的影响,即运动越激烈呼吸频率越快。虽然驾驶人驾车时除手和脚稍有运动外,坐在驾驶座上的身体基本上不动,但驾驶人的身体却随车在一起高速运动着,这种状况也会引起呼吸频率变化。

每一个试验路段内存在不同的速度,离散的速度不方便研究,因此对速度进行分组研究。通过计算每个速度分组中,心率增量大于 15 次/min 的次数占总数目的百分比(心率增量百分比,该变量称为心率突变率)和呼吸率均值来反映驾驶人在不同行驶环境下的速度对其生理(心率呼吸)的影响(图 3.82~图 3.87)。

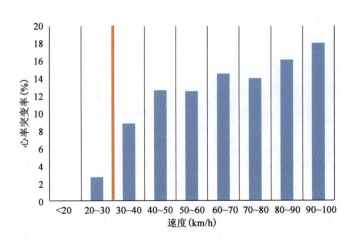

图 3.82　摩阻系数为 0.3、能见度距离为 50m 时心率突变率

由图 3.82~图 3.87 可以看出,随着速度的加快,驾驶人的心率突变率上升。闫莹研究认为,驾驶人心率增量随着速度的增大而增大,可见心率突变率与心率值均能表示驾驶人的紧张程度,但是由于在计算过程中心率增量均值

较小且变化也小,因此选择了心率突变率,研究发现该指标能较有效地说明驾驶人的紧张程度。

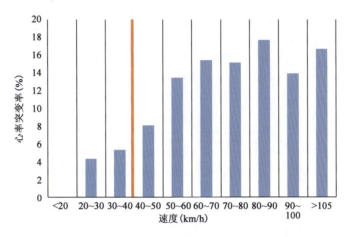

图 3.83　摩阻系数为 0.3、能见度距离为 100m 时心率突变率

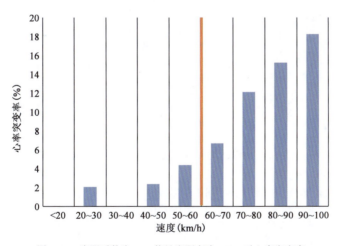

图 3.84　摩阻系数为 0.4、能见度距离为 150m 时心率突变率

6 个图中的竖线表明驾驶人在特定天气条件下的驾车允许速度。观察发现,限速线对应的速度分组下的心率突变率增长最快,该组的心率突变率为一个突变点,左侧心率突变率较低,缓慢波动增大,右侧经过突增后也增速变缓。因此此处对应的心率突变率为安全允许心率突变率,低于此值时驾驶人处于安全状态,相反则容易发生事故。

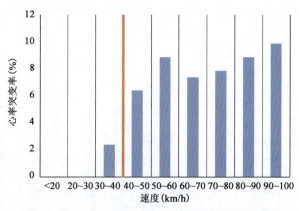

图 3.85 摩阻系数为 0.5、能见度距离为 50m 时心率突变率

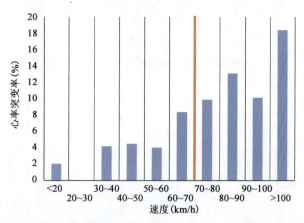

图 3.86 摩阻系数为 0.5、能见度距离为 150m 时心率突变率

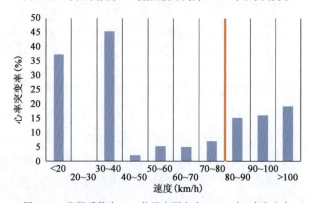

图 3.87 摩阻系数为 0.5、能见度距离为 200m 时心率突变率

以上不同天气条件下，驾驶人心理变化是因高速行驶引起心理紧张和身体随车辆一起高速运动对呼吸频率共同影响的结果。但其规律性不是太明显。北京工业大学的祝站东在其研究中发现，呼吸率的均值或者标准差均没有表现出规律性。

2. 安全车速与生理模型

上述研究了灾变天气环境因素与速度之间的关系，并分析速度与心率呼吸率之间的关系，同时加入了特定环境下的允许速度与驾驶人生理因素之间的关系。

研究发现，驾驶人心率突变率在允许速度处增长率最高，因此选择在心率突变率临界处的速度为安全速度，并与不良天气环境因素下计算的允许速度相对应（表3.45）。

不良天气下环境参数与生理参数关系 表3.45

摩阻系数	能见度（m）							
	50		100		150		200	
	安全速度（km/h）	心率突变率（%）	安全速度（km/h）	心率突变率（%）	安全速度（km/h）	心率突变率（%）	安全速度（km/h）	心率突变率（%）
0.3	30.86	8.81	43.65	8.08	53.46	—	61.73	—
0.4	35.64	—	50.40	—	61.73	6.65	71.28	—
0.5	39.84	6.38	56.35	—	69.01	8.33	79.69	6.90

3.3 本章小结

本章从高速公路用户感知测试的指标及特性出发，对常用生理心理测量方法进行了试验与敏感性分析，确定了能够用于进行高速公路主观安全性评价的试验类型与测试指标。研究分析确定采用心率变异系数 RRCV、85 位注视时间 FT_{85} 与量表负荷指数 TLX 这 3 类指标组合的方式构建道路用户主观安全性感知指标，并采用主成分分析法建立指标之间的权重关系及最终的计算方式。利用这一指标，对高速公路自由流路段、非自由流路段及不良气象环境下高速公路用户主观安全性感知特征进行计算及分析，得到不同运营环境下的用户生理心理特性及指标变化规律。在这一基础上，研究设计了高速公路行车风险的基本模式和结构，确定了评价行车风险的方法与所采用的指标。

第4章 基于主-客观安全性的运营风险评估与管理

在提出客观环境安全性评价指标和评价方法的基础上,根据高速公路用户主观评价技术的应用与结合,得到基于主-客观安全性的高速公路综合运营风险评估。在这一评价体系中,客观安全性主要从道路环境设计的角度,对道路运营环境进行基础性标定,并对运营状况进行初步预判。而利用主观安全性评价指标及对应评价方法,则可以对高速公路的运营环境做进一步的调查计算与分析,从而得到基于人体主观感受的公路安全性效果。综合两种评价方法,可从理论设计及实际效果两个方面对高速公路环境的安全性进行评估。

基于高速公路客观运营环境感知测试,分析驾驶人主观安全性的量化评价指标,综合主观和客观的安全影响关系,提出运营环境风险评估指标,构建高速公路运营风险的主-客观运营风险评估模型。

4.1 高速公路主-客观安全性关系模型

近年来,一些道路建设相对成熟的发达国家开始研究与发展各种不同的安全理论与方法体系,并加以实施,如道路安全宏观、微观分析,以及道路安全主动性与被动性等。由于这些方法体系都是对道路环境设计内容进行关注,因此把这些方法体系统称为道路安全设计理论体系。下面对这些道路安全评价理论体系进行简要介绍。

1. 安全宏观与微观分析

宏观分析主要目的在于分析区域的社会变革、经济和技术的发展所带来的道路安全状况的变化,在此基础上制定宏观的技术和政策方面的公路安全性改善对策。

微观分析则是从不同的角度分析影响道路安全、产生道路交通事故的各种具体因素,对于道路与交通工程领域的工程技术人员,着重研究道路、交通环境因素与道路事故的关系,以指导道路安全设计。

2. 安全主动与被动性

主动安全是指事故前的"安全",即实现事故预防和事故回避,防止事故发生。主动安全性是指通过事先预防,避免或减少事故发生的能力。被动安全是指传统的安全设计,是相对于主动安全设计的,是一种事后的安全管理。

以上两种道路安全评价理论体系均从客观方面即路和车两方面来研究公路安全性。山区高速公路行车风险中的重要因素还包括驾驶人,驾驶人的行驶状态能够反映并影响公路安全性。驾驶人的驾驶操作包括3个基本任务(图4.1):路线搜索,引导,车辆控制。

图4.1 驾驶人驾驶任务示意

这三个任务需要驾驶人从道路环境中获取信息、处理信息,预测可能的行为,制定决策,实施并观察采取该行为产生的影响,接着进行新的信息处理(图4.2)。完成这些任务最基本的是驾驶人对道路交通环境安全性相对准确的估计。

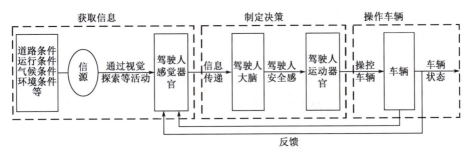

图4.2 道路交通信息传递与驾驶人信息处理过程示意

然而,在大多数情况下,驾驶人不可能有充分的时间进行准确认知、分析、决策,完全是靠一种主观的安全感知或者经验来判断、决策、实施,但这样的做法容易造成信息感知、信息处理加工和决策执行等失误,导致道路交通事故发生的概率变大,公路安全性降低。因此,应从驾驶人主观安全感知以及公路客观环境角度来评价公路安全性。

4.1.1 高速公路主-客观安全性关系分析

主-客观安全性即道路用户主观安全感受与公路客观运营环境相互作用下的人车路系统安全性。系统安全性取决于客观安全保证的可靠性与驾驶人对这种可靠性的信息表现的感知之间的协调,即交通安全性与客观环境安全保证有关,也与驾驶人安全感有关,只有当驾驶人的安全感和实际的客观安全保证协调统一时,系统交通安全才能实现。

4.1.1.1 高速公路主观安全性

主观安全性即道路用户对交通运营环境的认知安全性,也称驾驶人主观安全感,指由驾驶人通过认知道路结构及交通环境各要素的综合信息而得到的行驶安全感觉,是驾驶人对不同的信息刺激,经驾驶人认知、判断后产生的一种心理反应。

高速公路主观安全性是高速公路用户对交通运营环境的主观安全感知。而在高速公路封闭的环境下,道路主观安全性是指驾驶人在接收道路交通环境各要素综合信息刺激后,认知、判断并感知的行驶安全性。

高速公路主观安全性是一个相对抽象的概念,需要借助一定的评价指标来量化。当驾驶人正常行车时,安全性较高;因道路环境发生变化,如行驶轨迹上出现障碍物等情况需要紧急制动时,道路主观安全性降低,驾驶人会出现心理紧张并伴随心跳加快、血压升高等一系列生理变化,同时也会引起驾驶人情绪方面的不良变化。因此,可通过生理心理指标对道路主观安全性进行量化。

4.1.1.2 高速公路客观安全性

高速公路客观安全性是指高速公路的几何线形、路面状况和交通环境等高速公路客观运营环境的综合优劣程度。客观安全性强调道路的设计安全性,主要由多个指标的优劣程度决定,而对于山区高速公路,其道路几何线形对高速公路整体安全性的影响最大。道路线形是引导和提示车辆行驶方向最终到达目的地,但从另一方面说也是规范和制约车辆,使车辆不能完全按驾驶人的意图任意运动。同样,传统的公路安全性评价较多是基于道路线形进行研究,国内外学者非常重视道路线形连续性。

客观安全性即客观风险。Haight 认为客观风险是事件发生概率和事件严重性的产物。Alberto Miguel Figueroa Medina 认为客观风险是在某一特定地点对于某一驾驶人的事故风险,由事故频率或者事故比率评估。HSM(Highway Safety Manual)认为客观安全性是用一种独立于观察者使用定量测量的安全结果,可以预测或评估特定路网、设施或者特定地点在给定的时间内事故数和事故严重性。

本书中的高速公路客观安全性与 HSM 中的客观安全性不同,传统道路安全评价体系(包括 HSM)多是以事故相关参数为评价指标,用事故代表公路安全性的水平。

4.1.1.3 主-客观安全性评价体系

顾名思义,安全与风险相对应。公路安全性(风险)评价包括公路客观危险检测和驾驶人个人在危险情况下反应能力评价。国内外一些学者对道路安全(风险)进行了一定的研究,并提出了相关概念,如主观安全性、主观风险及客观安全性、客观风险。

主观安全性即主观风险,传统认为是个人对真实风险的估计。长安大学的高丽敏认为,主观安全性是不同信息经驾驶人认知、判断后产生的不同心理反应,称为安全感。而 HSM 认为,主观安全性是指驾驶人或者其他道路参与者对所在道路交通环境的安全感知。

HSM 提出了道路主观安全性和公路客观安全性的相互关系,如图 4.3 所示,图中横坐标从左向右代表事故数减少,公路客观安全性越高;纵坐标从下到上代表驾驶人安全感知升高,道路主观安全性升高。在 HSM 中表现了道路主观安全性与公路客观安全性之间的三种不同变化趋势,即 A-A′、B-B′、C-C′。

1. A-A′

道路主观安全性降低的同时公路客观安全性也降低。例如,移除交叉口照明导致夜间驾驶人安全感知降低,事故率增加。

2. B-B′

交通网道路主观安全性降低但客观安全性未发生改变。例如,通过电视节目宣传攻击性驾驶的危险性,道路用户会对攻击性驾驶人重视程度加强,从而主观安全感知降低。如果电视节目宣传并未有效减少由攻击性驾驶所引起的事故,则只表现为道路主观安全感降低而事故数不变。

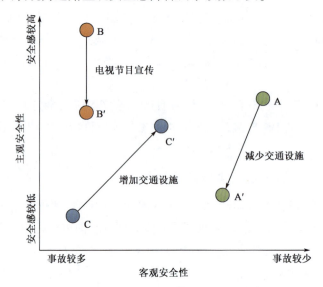

图4.3 HSM主观安全性和客观安全性相互关系

3. C-C′

主观安全性增大的同时客观安全性也增大。例如,增加左转车道等交通设施,从而增加主观安全性,降低事故率。

HSM分析了道路主观安全性与道路交通事故之间存在不同的方向变化。不同的变化是因为事故的发生不仅仅由道路主观安全性引起,而是由道路主观安全性和公路客观环境相互作用引起。图4.3说明的是某一点或某一路段改变其客观环境(如增减交通安全设施)同时引起主观安全性的变化,从而反映到事故率上。

HSM对道路主-客观安全性研究的不足在于:

①事故率应该是一个目标安全性,不应与道路主观安全性相对应。

②只是对主观安全性与事故率之间的关系进行分析,未包含公路客观环境。

③未对当主观安全性增加时事故率升高的情况进行分析。

④未分析在主观安全性相同的情况下会出现不同的事故率。

4.1.2 高速公路主-客观安全性关系模型

4.1.2.1 主-客观安全性关系分析与修正

公路安全性的诠释应在 HSM 研究的基础上增加一个指标形成三维关系，即驾驶人主观感知、公路客观环境以及事故率，建立主观安全性、公路客观环境与事故率三者之间的关系。以驾驶人主观安全感知为道路主观安全性，公路客观环境的安全性为公路客观安全性，而事故率则作为道路的目标安全性，由道路主观安全性与公路客观安全性相互作用引起。

道路交通事故是由道路主-客观安全性相互作用引起的。山区公路多连续长大下坡路段、连续弯道等，其客观环境较平原高速公路差；同时，山区事故数较多且事故死亡率很高，特大交通事故大部分集中在山区公路中。由此可以推断出，当公路客观安全性较低时，其对公路安全性的影响占主导地位，而主观安全性的影响则相对较小。

公路客观安全性的不同会引起道路主观安全性的变化，如图 4.3 中 A-A′、C-C′变化就是由增加或者减少交通设施引起主观安全性的升高或降低。但是主观安全性的升高与降低也不完全取决于客观安全性，还与驾驶人性别、教育程度、驾驶习惯、安全意识以及驾驶人自身性格、情绪等有关。驾驶人做出的判断决策与公路客观环境互相作用影响公路安全性。道路主观安全性与公路客观安全性之间的相互关系如图 4.4 所示。

1. 主观安全性高于客观安全性

主观安全性高于客观安全性即道路的设计安全水平低，而驾驶人的安全感觉反而较高。其主要特征为：道路线形参数的标准低而路面及交通运营环境状况好，形成所谓道路结构及交通环境设计指标的"逆偏差"，此时驾驶人判断的安全车速会高于该路段的"设计车速"，车辆将处于不安全行驶状态，容易引发交通事故。当主观安全性过高于客观安全性时，驾驶人意识过于松懈，容易发生交通事故。

2. 客观安全性高于主观安全性

客观安全性高于主观安全性即道路的设计安全水平高，而驾驶人的安全感觉反而较低。其主要特征为:道路线形参数的标准高而路面及交通运营环境状况差,形成所谓道路结构及交通环境设计指标的"正偏差",此时驾驶人判断的安全车速会低于该路段的"设计车速",车辆将处于裕量安全行驶状态,不容易发生交通事故。从防止事故发生的角度看,此种情况最为理想,但从充分发挥道路通行能力、提高道路运输效率的角度看,认知安全性的速度负偏差不宜太大。当主观安全性过低于客观安全性时,道路安全水平很高,往往造成公路客观环境成本过高,安全但不经济。

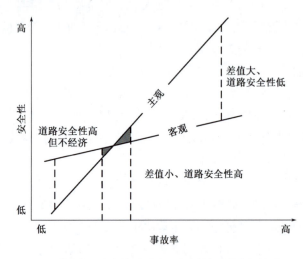

图 4.4　道路主观安全性、公路客观安全性与事故率间关系

3. 主-客观安全关系平衡

主-客观安全关系平衡即驾驶人的主观安全感觉与道路的客观安全水平相接近。其主要特征为:①道路线形参数的标准高而且路面及交通环境状况也好,此时驾驶人判断的安全车速与该路段的"设计车速"非常接近,车辆将处于临界安全行驶状态,正常情况下不会发生交通事故;②道路线形参数的标准低,但路面及交通环境状况也较差,道路结构及交通环境设计指标协调一致、匹配性好,此时驾驶人判断的安全车速也与该路段的"设计车速"非常接近,车辆同样处于临界安全行驶状态,正常情况下也不易引发交通事故。当主观安全性与客观安全性差别不大时,道路安全水平较为理想,既安全又经济。

一般情况下道路设计控制经济成本,情况2较少出现,因此仅对情况1和情况3进行研究。

4.1.2.2 主观安全性与事故情况关系

道路交通事故是由道路主观安全性与公路客观安全性相互作用引起的,因此道路主观安全性与事故率没有确定的相关关系,可能存在多种不同的变化趋势(图4.5)。

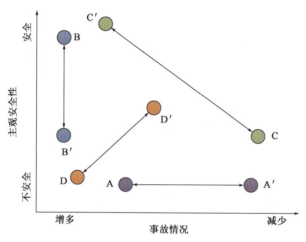

图4.5 主观安全性与事故率间的关系

1. A-A′:道路主观安全性相同但事故率不同

驾驶人误读公路客观环境信息,把客观环境较差的路段误认为安全性较高。如驾驶人误把凸形竖曲线认知成直线段时,凸形竖曲线与直线段的主观安全性相同,事实上凸形竖曲线视距较差,驾驶人不知道前方线形,等发现前方情况时来不及反应,容易造成事故。

2. B-B′:道路主观安全性升高或降低时事故率保持不变

道路主观安全性与公路客观安全性相差一定时,事故率不变。例如,在事故率为0时,不一定是客观安全性很好,而是主观安全性与客观安全性相近。

3. C-C′:道路主观安全性升高或者降低时事故率相应地升高或降低

这种情况主要发生在公路客观环境较差时,驾驶人容易解读错误而造成事故,即主观安全性过高于客观安全性容易发生事故;相反,通过一些辅助标识等措施使驾驶人正确判断,那么道路主观安全性降低,能够有效降低公路事故率。

如驾驶人误把凸形直线视认成直线段,因此凸形直线的主观安全性升高;但是当驾驶人发现道路为凸形直线,没有心理准备,容易发生事故,事故率升高。相反,如果驾驶人预知前方道路线形,提前应对道路状况时,会发生心理紧张程度增大、心跳加快、注视等一系列变化,道路主观安全性降低,从而事故率减少。

4. D-D′:道路主观安全性升高或者降低时事故率相应地降低或者升高

这种情况是公路客观环境较好,道路主观安全性占主导地位。

当线形条件较好或者道路标志标线较好地引导驾驶人时,即客观安全性较高时,主观安全性也较高,相应事故率也较少。

4.1.2.3 公路安全性评价模型

公路安全性分为主观安全和客观安全两个方面,由上面两节的分析可以看出,公路事故率与公路客观安全性相关性较大;而从第 2 章中分析得知,公路客观条件反作用于驾驶人,驾驶人的正常行车需要对公路客观环境的准确认知,因此公路安全性也与驾驶人有一定的关系。公路客观环境中交通标志标线无法用通用的公式来量化,这些辅助性设施是通过道路主观安全性来反映,标志标线设置的合理性以及速度的大小会影响到驾驶人生理反应。那么道路主观安全性与客观安全性又是如何互相作用来影响道路安全的?

当道路主观安全性过高于公路客观安全性时,容易造成交通事故;而道路主观安全性与公路客观安全性相近时,公路安全性高,事故率约为 0;然而当主观安全性低于公路客观安全性时,公路安全性最高,但不够经济,对道路基础设施形成一定的浪费。因此,主观安全性与客观安全性间存在相对大小关系,通过道路主观安全性与公路客观安全性相比,建立公路安全性评价模型 SOR:

$$SOR = \frac{道路主观安全性}{公路客观安全性} \quad (4.1)$$

DSI 值越大,道路主观安全性越低;OSI 值越小,公路客观安全性越低,相反 OSI 越大则路段客观安全性越高。因此,DSI 值变化趋势相对于安全性为

第4章 基于主-客观安全性的运营风险评估与管理

逆向指标,而 OSI 则为正向指标。当主观安全性过高于客观安全性容易发生事故,SOR 值越大则路段安全性越低;相反,SOR 值越小则路段安全性越高。因此,建立以下计算形式:

$$\text{SOR} = \frac{1/\text{DSI}}{\text{OSI}} = \frac{1}{\text{DSI} \cdot \text{OSI}} \quad (4.2)$$

式中:SOR——主-客观安全性评价比;

DSI——驾驶人主观安全性评价指标;

OSI——公路客观安全性评价指标。

主观安全性评价模型与安全等级有多种变化趋势,变化的不确定性是因为公路客观安全性也对公路安全性有影响。因此,说明孤立的道路主观安全性并不能直观预测公路事故率,需要与客观安全性一起来解释公路安全性。根据公式计算路段 SOR,结果如表4.1 和图4.6 所示。

路段分类 DSI、OSI 与 SOR 统计 表4.1

路段	事故率绝对阈值等级	DSI	OSI	SOR
24	3	2.102	1.148	0.414
27	3	2.035	2.332	0.211
5	2	3.182	1.445	0.217
21	2	2.571	2.352	0.165
30	2	1.402	4.819	0.148
1	1	3.368	4.469	0.066
2	1	1.65	6.882	0.088
3	1	2.24	6.934	0.064
4	1	2.212	6.53	0.069
7	1	1.751	7.953	0.072
8	1	2.261	5.48	0.081
9	1	2.809	5.425	0.066
10	1	3.457	5.923	0.049
11	1	1.865	5.805	0.092

续上表

路段	事故率绝对阈值等级	DSI	OSI	SOR
12	1	1.791	7.94	0.070
13	1	2.584	6.949	0.056
14	1	1.738	5.528	0.104
15	1	1.926	7.007	0.074
16	1	1.818	7.845	0.070
17	1	2.849	7.378	0.048
18	1	2.59	7.976	0.048
20	1	2.224	6.965	0.065
22	1	1.768	5.799	0.098
25	1	2.527	7.045	0.056
26	1	2.168	4.329	0.107
28	1	3.502	42.505	0.114
29	1	1.932	6.599	0.078
31	1	2.006	3.852	0.129
32	1	2.3	6.411	0.068
33	1	1.902	6.273	0.084

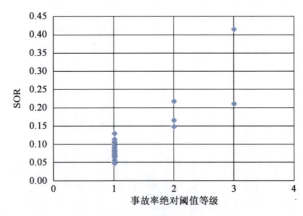

图 4.6 SOR 与安全等级间对应关系

由图 4.6 可以看出，SOR 值随着安全等级升高而降低，即当 SOR 值降低时，道路主观安全性小于公路客观安全性，公路安全性提高。

对图 4.6 进一步分析，分析结果如图 4.7 所示。可以看出安全等级为 1 时 SOR 值处于下部，安全等级为 2 时 SOR 值处于中部，而安全等级为 3 时 SOR 值处于上部，随着 SOR 降低安全等级升高。因此，可由图 4.7 分析确定道路安全水平如下。

①SOR < 0.15 时公路安全性较高，安全等级为 1。此处的 0.15 仅仅是一个数值，代表相对的意义，在 SOR = 0.15 时道路主观安全性稍高，接近公路客观安全性，或者基本相同，以下的临界值也仅代表相对意义，反映主-客观安全性间的相互联系。

②0.15 < SOR < 0.2 时，公路安全性一般，安全等级为 2。

③SOR > 0.2 时，公路安全性较差，为事故多发点，安全等级为 3，需要改善。

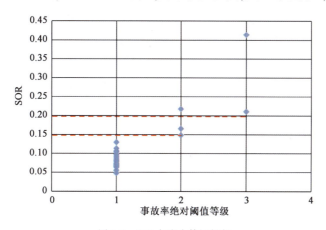

图 4.7　SOR 与安全等级判定

最后建立 SOR、安全等级与道路主观安全性评价指标 DSI 和客观安全性评价指标 OSI 间关系，如图 4.8 所示。图中蓝色菱形、红色方块与绿色三角形分别代表事故率绝对阈值等级 3、2、1 的路段。而两条分界线表示 SOR = 0.15 与 0.2，绿色实线的右侧代表道路主观安全性接近公路客观安全性，公路安全性高，安全等级为 1；红色实线左侧部分为道路主观安全性过高于公路客观安全性，存在无法感知道路风险的风险，道路安全等级为 3；两实线间的区域代表公路安全性一般，安全等级为 2。

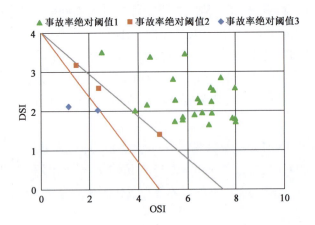

图 4.8　DSI 与 OSI、SOR、安全事故率绝对阈值等级四者关系

考虑了公路客观安全性的关系,使道路交通事故有规律可循,也验证了道路主观安全性、公路客观安全性与事故率间关系,即当道路主观安全性过高于公路客观安全性时,那么发生交通事故的可能性就变大;当道路主观安全性接近或者低于公路客观安全性时,发生事故的可能性较低。下面进行举例并验证上述关系的正确性。

(1)道路主观安全性与公路客观安全性相近,或小于公路客观安全性时,公路安全性较高。

①公路客观条件好,驾驶人负荷低,因此公路安全性高,事故率也较低。例如,路段 2(图 4.9)为半径为 1255m 的平曲线,平曲线内包括一个竖曲线,坡度分别为 2.9% 和 −0.55%,线形良好,客货空间曲率对客货车的影响离散性较小,因此安全等级为 1,路段 2 事故率为 0(表 4.2)。

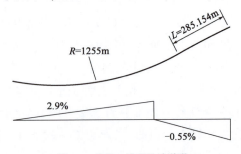

图 4.9　路段 2 线形设计说明

第4章 基于主-客观安全性的运营风险评估与管理

路段属性一览(1) 表4.2

编号	DSI	OSI	SOR	速度(km/h)	区间	安全等级
2	1.650	6.882	0.088	89.05	<0.15	1

②公路客观条件较好时,客货空间曲率对客货车的影响离散性较小,驾驶人的负荷也相应有所增大,公路安全性有所降低,但是只要道路主观安全性与公路客观安全性相对关系仍在安全范围内(SOR<0.15),事故率较低,安全等级为1。表4.3中路段安全等级均为1。

路段属性一览(2) 表4.3

编号	DSI	OSI	SOR	速度(km/h)	区间	安全等级
14	1.738	5.528	0.104	75.48	<0.15	1
17	2.849	7.378	0.048	74.72	<0.15	1
22	1.768	5.799	0.098	68.28	<0.15	1
26	2.168	4.329	0.107	94.15	<0.15	1

由表4.3可以看出,空间曲率均值和标准差至少有一个大于路段2的,且DSI值均大于$DSI_2=1.650$,OSI值也基本小于6,路段17除外。

表4.1中分析到的DSI_{14}和DSI_{22}小于DSI_{17},路段14、路段22主观安全性较高,路段14和路段22客观道路线形较优于路段17。路段17空间曲率均值与标准差均很高,可能由于其对应平曲线半径较小以及直线段较短,上坡坡度较小的缘故,因此对应的OSI值较大。

总体来说三个路段OSI值均较大,路段的客观环境因素对车辆的行驶影响较小,因此公路安全性评价指标SOR值较高,公路安全性较高,安全等级为1。

路段26与路段14的平曲线要素基本相同,即直线段与曲线段的组合,但由于上下坡度的差异,路段26的OSI值比路段14的低,但二者道路主观安全性与客观安全性相比,SOR_{26}与SOR_{14}相近,安全等级为1。

(2)道路主观安全性过高于公路客观安全性时,容易发生交通事故。

根据主观安全性高于客观安全性,按比值大小分为安全等级2、3。

①比值很大时,安全等级为3。在公路客观环境很差路段,道路空间曲率对客货车的影响不同,导致客货空间曲率离散性较大,事故率较多。

即使驾驶人降低速度,同时加强注意力,驾驶人负荷增加,主观安全值降低,但主观安全性的降低并不能那么容易造成事故。

路段 24 为两段小半径短曲线相连,连续下坡,坡度为 -4.6%,OSI_{24} 较低。这样一来由于路段 24 道路主观安全性高、客观安全性低,二者相比,得出 SOR_{24} 低,导致公路安全性较低,事故率为 1.38,高于事故率 1,为高风险路段(表 4.4)。

路段属性一览(3)　　　　　　　　　　　表 4.4

编号	DSI	OSI	SOR	速度(km/h)	区间	安全等级
24	2.102	1.148	0.414	66.82	>0.2	3

②比值较大时,安全等级为 2。驾驶人在道路较差的路段,道路主观安全性降低,进而采取措施如降低速度,如果仍不能满足客观安全性之间差值时,公路安全性较低,因此事故率仍较高。

路段 21 与路段 30 是直线段,因此直线段空间曲率均值和标准差均很小,由于路段均为同向曲线间所夹的直线段且坡度变化较多,尤其路段 21 处坡度值较大,OSI 值小于路段 30 的,但又因为是上坡路段 OSI 值大于路段 24 的。

OSI_{21} 与 OSI_{30} 均较小,客观安全性较低,尤其是路段 21;同时,主观安全性相对偏高,因此公路安全性低,故 SOR 值处在(0.15,0.2)范围,安全等级为 2(表 4.5)。

路段属性一览(4)　　　　　　　　　　　表 4.5

编号	DSI	OSI	SOR	速度(km/h)	区间	安全等级
21	2.571	2.352	0.165	60.50	>0.2	2
30	1.402	4.819	0.148	69.57	0.15~0.2	

OSI_{30} 与 OSI_{26} 较为接近,但是由于主观安全性 DSI 的不同导致公路安全性不同。

路段 29 的 OSI 值也较小,此时驾驶人在路段 30 延续路段 29 的速度,速度也较低,道路主观安全性较高,但是由于路段 30 的运营环境对车辆的驾驶影响较大,OSI 值较小,因此 SOR_{30} 较低。

相反,路段 26 为直线段和一般曲线组成的路段,道路线形条件较好,在此段车速较高,为 94.15km/h,主观安全性较低,为 2.168,驾驶人较紧张,负荷增加,道路偏安全,因此 SOR_{26} 值较 SOR_{30} 值高,路段 26 安全等级为 1,路段 30

安全等级为2。这从而验证了尽管客观安全性相同，但是主观安全性的不同会造成公路安全性的不同。

4.2 高速公路运营风险评估方法

根据不同客观运营环境中驾驶人生理和心理的反应特征，对道路用户进行主观安全性问卷调查，分析驾驶人主观安全性的量化评价指标；根据所搜集的现有道路交通事故资料和现场交通冲突的实地观测，借助驾驶心理学、车辆动力学、交通工程学等理论工具，构建驾驶人主观安全性评价模型，分析高速公路主-客观安全性评价指标适用性。

4.2.1 高速公路路段运营风险及安全等级分析

4.2.1.1 运营环境安全性指标阈值

如前面所提及的，在高速公路安全性指标建立后，可以对不同高速公路及同一高速公路的不同路段进行安全性指标的计算，并比较各路段间的差异与优劣。由于公路的安全性与交通事故的发生并不是沿着公路路线均匀分布的，而如前面对于主观安全性计算时所采用的安全性等级，使用的是较为典型的事故频数法，一般采用事故次数为评价指标，选取一个事故次数阈值，事故次数大于该阈值的路段即为高风险路段，而这一阈值很难进行统一的规定，同时对于不同时期、不同路段，阈值将发生相应变化。该方法运用绝对量指标，简单、易于统计，但是忽略了道路条件的差异性，可比性差。

因此，在制定绝对安全阈值之后，仍需要有一个综合性标准，而这一标准应基于不同公路、不同路段的具体属性及指标分布情况。同时，安全性等级同样由大样本量公路运营数据得到，而非针对某一特定高速公路或路段进行设计与分析，因此提出安全性指标内部阈值的概念，以及可用于特定路段或较小样本量下的高速公路运营风险评估及高风险路段鉴别方法。本研究采用累计频率区段选择法，以单位路段发生的事故率为横坐标，以发生小于或等于某一事故率的累计频率为纵坐标，绘制累计频率曲线散点图。在进行曲线拟合后寻找突变点，用于确定高风险路段阈值及相对应路段。一般拟合曲线在累计频率75%~85%位置处有一个突变点,在突变点上面的部分为路段整体安全性不良的路段。因此,可以将这类路段作为可能的"高风险路段",其特点是路段长度在总体比例较小,但事故情况却占总体很高的比例。

利用云南某双向四车道高速公路近3年运营数据进行统计,制作运营状态累计频率分布图,如表4.6和图4.10所示。

双向四车道高速公路运营状态分布　　　　　　　　　　　表4.6

区间	频率	累计频率	区间	频率	累计频率
<0.05	1	0.01	0.65~0.7	5	0.90
0.05~0.1	9	0.13	0.7~0.75	0	0.90
0.1~0.15	4	0.18	0.75~0.8	3	0.94
0.15~0.2	0	0.18	0.8~0.85	3	0.97
0.2~0.25	10	0.31	0.85~0.9	0	0.97
0.25~0.3	11	0.45	0.9~0.95	0	0.97
0.3~0.35	10	0.58	0.95~1	1	0.99
0.35~0.4	0	0.58	1~1.05	0	0.99
0.4~0.45	9	0.70	1.05~1.1	0	0.99
0.45~0.5	4	0.75	1.1~1.15	0	0.99
0.5~0.55	3	0.79	1.15~1.2	0	0.99
0.55~0.6	0	0.79	1.2~1.25	1	1.00
0.6~0.65	3	0.83	1.25~1.3	0	1.00

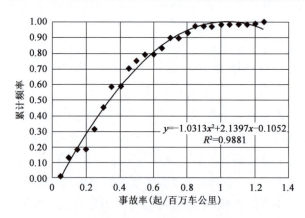

图4.10　双向四车道高速公路事故状态(事故率)累计频率

令该二次多项式函数经过(0,0)点,设置截距后对该拟合公式进行修正,得到如图4.11所示结果。

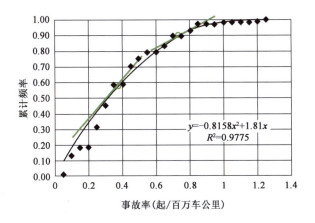

图4.11 修正后的双向四车道高速公路运营状态累计拟合曲线

因此,对应选取的拟合曲线,本路段采用90%累计频率位置处作为高风险路段阈值,而采用60%累计频率位置处作为中等风险路段阈值,即I_{90}与I_{60},其值分别为0.75与0.4,因此可划分为3个等级,即[0,0.4]、[0.4,0.75]、[0.75,1.2]。

对于客观安全性评价指标所涉及的修正事故当量损失率同样可以采用该方法进行进一步的事故状态累计频率分析与计算。

4.2.1.2 运营环境安全性等级

如前面所提到的,由于高速公路不同路段及不同运营阶段的差异,其运营环境安全性等级并非一个固定值,因此提出适用于一般水平的修正事故当量损失率的绝对标准,以及在缺乏系统数据情况下的事故率绝对阈值的相对标准,以及针对某一特定路段的事故状态累计频率的特定标准。利用这三重标准,可对不同高速公路的不同阶段进行多项评估。这三重标准依据高速公路运营环境指标舒适性和安全性阈值对高速公路运营环境安全性等级进行划分。评价指标关系如图4.12所示,公路运营环境安全性等级如表4.7所示。

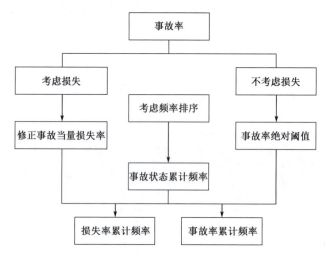

图4.12 公路运营环境安全性等级指标关系

公路运营环境安全性等级　　　　　　　　　　表4.7

序号	标准名称	应用特性	预测方式	标准分级
1	修正事故当量损失率	在事故资料详细的情况下	客观安全性指标	3
2	事故率绝对阈值	对应高速公路的普遍水平	主-客观安全性综合指标	3
3	事故状态累计频率	针对特定公路特定阶段	视指标定	视对象定

1. 修正当量事故损失率

修正当量事故损失率是一个基于当量事故损失的指标,表征事故发生的严重程度,强调损失的概念,在事故资料非常详细的情况下能够比较客观地反映该路段区域的公路运营安全状况。其特点是支持详细的事故状态资料,并能客观地对公路运营水平进行直接性评价。

2. 事故率绝对阈值

事故率绝对阈值指标的划分标准来源于国家或地区的总体经济发展及公路运营水平,而统计方法则是根据单位交通量及历程下的交通事故发生可能性作为评价指标,可利用主-客观安全性综合评价的方式进行预测,并根据拟定的划分标准进行评价。其特点是能够取得直观的事故发生概率,用于与其他地区公路进行比较。

3. 事故状态累计频率

在采用客观安全性指标或主-客观安全性综合指标进行修正事故当量损失率或事故率绝对阈值的预测或统计后,可根据所评价对象进行进一步的事故状态累计频率评价,利用累计频率图查找突变区域,用于改善和优化的决策及进一步评价总体路段状况的依据。其主要优点是不依赖于标准,仅对特定区域内的路段进行评价排序,有着较为自由的分级标准,对特定的路段更有针对性;而缺点同样是无法给出该区域的总体安全水平,仅供路段内部进行评价与比选。

4.2.2 基于高速公路安全性的养护管理指标

随着公路建设的突飞猛进,对公路整体运营环境的质量和要求也在不断提高。公路整体运营环境主要包括基本的道路环境以及相对应的道路安全设施两大方面,这两大方面若是在安全性上不达标,则会对驾驶人产生很大影响,带来事故隐患。因此,对于公路养护管理的指标选取,也应从这两大类别考虑。

4.2.2.1 高速公路养护管理指标

1. 公路安全设施的管理指标

公路安全设施是公路建设中的一个重要因素,公路安全设施不完善是造成交通事故的一个重要因素。目前建设的公路具有比较完善的交通安全设施,包括交通标志、路面标线、公路护栏、隔离栅、防眩设施等。这些设施除为公路使用者提供各种信息与保护外,其设施本身仍然存在管理不当等问题。因此,有必要对交通设施设计一套合理有效的管理手段。参照有关标准规范,公路交通安全设施管理主要技术指标如表4.8和图4.13所示。

公路交通安全设施管理技术指标 表4.8

设施类型	设施		管理技术指标
交通标志	标志板		完整性,外观质量,面光度,面色度
路面标线	标线涂料		完整性,外观质量,色度性能,光度性能
护栏	波形梁钢护栏	护栏板、立柱	完整性,外观质量,立柱竖直度,横梁中心高度
	混凝土护栏		完整性,外观质量,轴向、横向偏位
	缆索护栏	缆索、索端锚具	完整性,外观质量,缆索张力,立柱竖直度
隔离栅	网片、立柱、斜撑、连接件		完整性,外观质量,立柱竖直度
防眩板	防眩板、支架		完整性,外观质量,竖直度,设置间距

而针对这类公路设施管理指标,其管理办法则同样应根据管理的不同周期进行设计与实施。其交通安全设施管理指标对应客观环境安全性指标中的交通设施状态指标 TFSI。

2. 公路路面的管理指标

公路路面状况对驾驶人行车感受有很大影响,较差的路面状况会使车辆产生颠簸,给乘客带来不舒服的感觉,严重时甚至会产生翻车等交通事故,带来安全隐患,因此有必要对路面采取一定的管理措施。结合我国公路技术状况有关评定标准,将路面的管理指标定为 8 个,如图 4.14 所示。

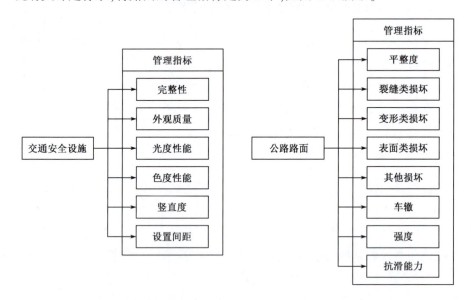

图 4.13　公路交通安全设施管理技术指标　　　　图 4.14　公路路面管理技术指标

公路路面的管理指标则是从路面的检测状态进行评价,直接对应路面的服务性能,与客观环境安全性指标中的路面状态指标 PCSI 相对应。

4.2.2.2　高速公路运营风险评估与养护管理关系分析

高速公路运营风险评估是对高速公路现有环境设施状态的一种检查和安全度的判断。道路现有设施经过一段使用期后势必会产生一定的磨损,而驾驶人在道路上行车时会受到这些设施的影响,其驾驶行为以及心理状态会带来一定的改变。不良的道路设施会给驾驶人带来不安全的感受,或者说不良的道路设施会对驾驶行为产生负面影响,影响驾驶人的判断,从而增加道路运营的风险程度。另外,受损的设施同样降低了防护功能与保障效果,如路面的损坏带来车辆行驶的不平稳及无法提供足够的摩擦系数,而不佳的交通防护设施无法有效保障。

此处的养护管理则是更为宽泛的一个大类,它不仅包含了我们常说的道路养护施工等具体的措施方法,更是包括之前提到的对道路设施进行的高速公路运营风险评估。只有通过科学合理的高速公路运营风险评估,判断什么设施需要评价以及此种设施达到的运营风险程度,即确定具体的评价对象、评价内容以及评价等级,才能采取相应的具体养护措施,来降低评价对象的运营风险。这样一种综合的养护管理一方面科学地确定了需要养护管理的对象,另一方面经济地判断了需要养护管理的程度,以便采取最为经济和有效的措施。

而具体说来,针对高速公路的使用寿命周期,高速公路运营风险评估的周期也不尽相同,同时不同周期的高速公路安全性评价所针对的高速公路养护管理措施也不相同,根据养护管理措施可分为小修、中修与大修,如表4.9所示。

高速公路养护措施　　表4.9

养护类型	小修	中修	大修
养护内容	保养:标志牌、里程碑、百米桩、界牌、轮廓标等埋置、维修或定期清洗;小修:护栏、隔离栅、轮廓标、标志牌、里程碑、百米桩、防雪栏栅等修理、油漆或部分添置更换,路面标线的局部补划,路面日常管理或者预防性养护	全线新设或更换永久性标志牌、里程碑、百米桩、轮廓标、界牌、护栏、隔离栅、防雪栏栅的全面修理更换,整段路面标线的划设,通信、监控设施的维修,路面的修复性养护	护栏、隔离栅、防雪栏栅的增设,通信、监控设施的更新,路面的大中修、改建
评估周期	短期	中期	长期

4.2.3 运营风险评估指标的管理系统应用

利用运营风险评估指标,则可以建立相对应的高速公路运营管理系统,根据公路运营的不同状态而制定相对应的管理对策和措施,保证公路运营高效与安全稳定。

4.2.3.1 管理系统概述

道路交通系统是一个由人、车、路构成的动态系统,只有三者协调运动,才能够使系统安全、快速、经济、舒适地运营。任何两要素间的不协调都有可能对系统的安全性产生威胁。然而三要素之间的人和车的因素有实时动态变化的特性,而路的要素具有相对不变的特性,三个要素之间的自我协调功能具有非常大的不确定性。因此,需要引入道路安全管理系统,对系统的三要素进行协调组织,增加道路交通系统的动态稳定性。

道路安全管理系统集成了交通信息、气象信息采集设备以及信息发布设备,可以实时地采集道路环境信息以及交通信息,进行分析处理并生成管理决策信息,及时发布于道路交通系统中,使驾驶人能够最快地获得道路交通系统的交通及环境信息。人、车、路三要素之间的信息能够实时地互动传递,如此可以增加道路交通系统的动态稳定性。

系统的基本工作流程如图4.15所示。系统从外场设备采集路面状况信息及交通信息,由系统数据处理模块对采集的数据进行处理、分类、提取,形成特定格式的数据;由系统的数据分析模块进行分析,生成事件代码,包括事件类型、事件等级等信息;根据事件,系统从对策数据库提取相应的对策,提交系统前台,由工作人员进行确认,形成最终决策信息;系统将决策信息发布至外场设备。

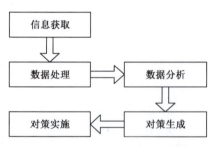

图4.15 道路交通管理系统工作流程

4.2.3.2 管理系统的框架

系统以公路空间数据及其相对应的属性数据、事件属性数据、对策数据为支撑基础,按照需要实现的功能,以及系统实现需考虑的安全性、稳定性、数据交互等因素,将系统进一步划分为用户管理子系统、数据查询统计子系统、决策支持子系统和系统及数据维护子系统4个子系统。

1. 用户管理

本系统需要与监控中心管理人员、路政人员、专家等各类用户进行交互,将提供给不同用户以充分的数据支持。系统用户可分为系统维护人员、系统操作人员、专业人员三类。对于上述三类用户，系统给予不同的信息支持和操作权限。

2. 数据查询统计

各种数据，包括事故数据的查询功能，可以完成各种统计、报表功能。对各类查询统计的结果，能够以报表或各种直观图例的形式输出和打印。尤其对于事故数据，能够进行分项目统计，生成各种直观图例，以便比较分析。

3. 决策支持

其功能是将采集的气象、交通和路况信息，通过计算机处理系统和人工分析决策来及时做出合理的安全管理对策。决策依据公路交通运营安全管理标准和事件下的行车安全技术制定。安全管理对策主要从两方面着手：一是事件下的交通管制措施，包括设立警告标志、限速、车型限制、车距控制、超速限制、交通诱导和关闭等措施，并结合周边路网的交通流信息，制定周边路网交通管理措施，如发布延迟信息和通知车辆绕道行驶等；二是采取工程措施。

4. 系统及数据维护

在实时安全管理的过程中，当突发事件得以探知、相应对策得以制定后，各类相关数据（包括事件发生时的天气数据、交通数据，系统的判断结果和生成的对策数据，以及对策执行后的效果反馈数据）应能够自动存储至数据库相关表格中。条件具备时，还可将摄像机采集的图像也加以存储。这些内容可验证决策制定的理论是否正确，并促进其提高，从而对决策支持系统的升级提供帮助。

4.2.3.3 管理系统的功能

管理系统的整体架构如图 4.16 所示，其功能如下。

1. 信息采集

（1）信息来源：监控设备/人工。

（2）信息采集内容及指标。

需要采集的信息包括气象信息和交通流信息两类。

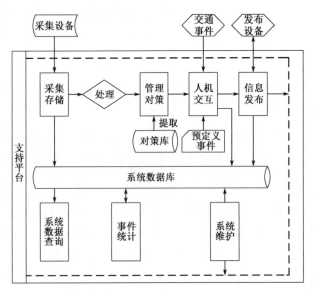

图 4.16 管理系统整体架构

常规不良气象包括雾、雨、冰雪、风,如表 4.10 所示。

气象信息   表 4.10

雾	雨	冰雪	风
能见度	能见度、水膜厚度	能见度、厚度	风向、风速

交通事件主要包括交通事故、车辆抛锚、车上落物。交通事件大多需要利用视频检测器识别事件或者由巡逻路政或报警信息等提供。同时,还可以对交通量、车速、车流密度等信息进行分析和深层挖掘,确定与交通事件的关系。

(3) 信息采集设备。

不同的信息由不同的设备采集,如表 4.11 所示。

检测器检测数据类型   表 4.11

检测器	交通流量	占有率	车速	车队长度	多车道覆盖
环形地感线圈检测器	√	√	×	×	√
视频检测器	√	√	√	√	√
微波检测器	√	√	√	×	√
超声波检测器	√	√	×	×	×
红外线车辆检测器	√	√	√	×	√

2. 决策支持

(1) 根据数据处理后的事件代码生成对策。

系统将采集到的数据经过内置算法处理之后,判定事件发生的位置,同时生成标准的数据格式,再根据系统内置的事件判定标准生成事件代码,并确定事件的影响范围。系统根据事件代码从系统对策库提取对策,搜索事件影响范围内的信息发布设备,为每个信息发布设备生成发布对策的内容。

(2) 根据管理员输入生成对策。

当发生交通事件(交通事故、车辆抛锚、车上落物)以及预知事件(道路施工)时,需要管理员输入事件的信息(事件类型、事件位置、持续时间),然后系统根据输入的信息确定事件影响范围,并为事件影响范围内的每个信息发布设备生成发布对策内容。

3. 信息发布

(1) 信息发布设备。

(2) 确定信息发布设备。

根据事件的影响范围,搜索该范围内对应类型的设备,确定可应用的设备类型及个数。

(3) 信息发布内容与格式。

根据对策库中的对策确定具体的发布内容和格式。

4.3 本章小结

本章从高速公路主观安全性与客观安全性关系出发,分析两种安全性的变化对高速公路实际安全状态的影响及发展规律。同时,提出了3类用于评价高速公路运营安全性的事故率分析指标,并对不同指标的特性及应用方法进行了研究与分析,并结合主-客观安全性研究成果提出了相对应的风险阈值。在此基础上,对高速公路的养护管理指标进行分析,提出基于高速公路主-客观安全性的养护管理指标及评价方法。

第 5 章　高速公路运营风险评估技术与改善

高速公路运营风险根据其作用形态可分为静态交通环境状态因素与动态交通流运行状态因素,静态交通环境则主要提供了相对恒定的运营环境,不易随时间而发生较大变动;而交通流是公路上一个具有时变特性的流动体,其运营风险也具有时变的特性,而且单位时间内不同级别的风险按一定比例同时存在。两者之间相互作用,静态因素相对更为持久与稳定,而动态因素则更表现为偶然和随机,运营风险则是两者的相互作用与结合。因此,对运营风险的评价及改善应从工程措施和管理方案两方面入手,建立基于高速公路安全性的养护评价及管理对策,完善整个高速公路的运营。

5.1　高速公路定期安全性评价

对于高速公路定期安全性评价,其主要涉及两个方面,一个是评价周期,另一个则是评价工作范围。周期则通常可分为短期、中期与长期三个时间段,而评价工作范围则主要集中于交通设施养护管理与路面养护管理两个方面。

5.1.1　评价周期分析

高速公路定期安全性评价根据评价周期、频率的不同,有针对不同安全需求的评价内容与评价设置流程,从总体上看,可分为短期评价、中期评价与长期评价(图 5.1)。

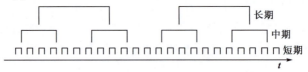

图 5.1　安全性评价周期分布

5.1.1.1 短期评价

高速公路短期评价是为了确保高速公路正常使用功能的一种方式，主要用于日常运营需求。它需要经常进行，周期很短，如周期为一天，但是有一定的不可预见因素，即在常规的检查中会发现新的问题和缺陷。如果这些问题缺陷不及时处理，往往会对行车安全造成很大的隐患。例如，标志的修复、监控通信设施故障排除，这些需要及时做出计划并进行改善。

1. 交通设施

(1) 标志标线

标志需保证不被沿线树木等遮挡，牌面变形、损坏应当及时修复，此外标志牌反光膜如有脱落，面积较小时可修剪相应大小来刷补。具体来说，标志的短期评价内容包括：通过目测观察标志板、支撑件、连接件、基础等各组成构件是否完整无缺失，板面信息及外观质量是否符合要求，钢构件有无歪斜和锈蚀，基础有无明显破损。

通过目测观察标线线形及内容是否完整、无缺损且功能正常；视认性是否良好，边缘是否整齐、线形是否流畅；有无起泡、开裂、变色等现象；反光标线的面撒玻璃珠是否分布均匀；重新划设的新标线是否与旧标线基本重合。

(2) 防护设施

防护设施包括护栏、隔离栅以及防眩设施等，短期的评价管理有助于及时发现防护设施中存在的问题，确定运营风险等级，以便于及时改善。其中，波形钢护栏的短期评价内容包括：通过目测观察各构件结构是否完整，有无缺失或变形、破损；构件涂层表面有无污秽、锈蚀或破损；护栏板搭接方向是否正确；螺栓是否紧固；护栏线形是否顺畅，有无变形倾斜，基础是否牢固，有无开裂、松动等现象，同时，以上各项内容均要判断其严重程度。

混凝土护栏的短期评价内容包括：通过目测观察各块件是否完整、有无损坏，表面有无大面积蜂窝、麻面、裂缝、脱皮等现象；护栏块件之间是否连接牢固，基础有无损伤；外观、色泽是否均匀一致。

隔离栅的评价内容包括：通过目测观察网面、立柱、斜撑、连接件、基础等各组成构件是否完整。

防眩设施的评价内容包括：通过目测观察防眩板、防眩网、支架、连接件、基础等各组成构件是否完整。

2. 路面

短期评价它并不考虑路面是否已经有了某种损坏,而是通过采用先进的检测技术提前发现道路隐藏的隐形病害的存在,并采取正确的管理措施。高速公路路面在车辆荷载作用下和气候、水文等自然因素的影响下,逐渐会产生各种破损,从而降低其服务能力,增加运营风险,对安全造成有害影响,所以需要进行经常的评价管理,确保路面平整、横坡适度、排水良好。应经常巡视以及定期检查,掌握路面情况,随时排查有损路面的各种因素,发现路面初期病害(裂缝、坑槽、车辙等)应及早进行管理。若遇到特殊天气状况(强降雨、降雪),应及时清除积水、积雪。路面短期评价的内容主要包括裂缝类损坏、变形类损坏、表面类损坏及其他损坏。因此,短期评价对应的系统管理措施即采取日常养护还是预防性养护,则应根据得到的路面损坏状况指数 PCI 来决定。

5.1.1.2 中期评价

高速公路运营过程中,会在一段时间后出现一些较为严重的破坏,这一类破坏与短期评价中的问题不同,主要由运营过程中的问题或者负荷累积导致,如车辙加深、标志牌牌面严重破损等,在雨季或者冬季出现水损害等问题。这些问题则需要重新通过一系列的评价方法确定其严重程度和风险等级,从而确定管理方法。

1. 交通设施

(1) 标志标线

标志标线在使用一定时间后,运营时期车辆或者人为的损坏,以及光照、雨淋等自然因素的磨损,都使得标志标线产生损害,增加行车风险。因此,在高速公路运营一段时间后,需要对标志标线进行评价和管理。

标志的中期评价内容包括:通过目测以及仪器测试标志板及支撑件等关键构件有无缺失,板面信息及外观质量是否符合要求,钢构件是否有歪斜和锈蚀剥落,基础有无明显破损,标志板面光度性能、色度性能、标志板下缘至路面净空高度和金属构件防腐层厚度是否符合要求。同时,以上各项内容均要判断其严重程度,根据其严重程度判断标志所处的风险等级。

第 5 章 高速公路运营风险评估技术与改善

标线的中期评价内容包括：通过目测以及仪器测试标线线形及内容是否完整、有无明显缺损且功能基本正常，有无明显起泡、开裂等现象，标线破损率、光度性能和色度性能是否符合要求。同时，以上各项内容均要判断其严重程度，根据其严重程度判断标线所处的风险等级。

通过对以上项目内容的评价，在中期评价中对标志标线的现有状况做出评估并根据调研分析的问题进行管理。

(2) 防护设施

防护设施包括护栏、隔离栅以及防眩设施等。同标志、标线一样，防护设施在使用一定时间后，也会由于运营时期车辆或者人为的损坏，以及光照、雨淋等自然因素而产生磨损。因此，在高速公路运营一段时间后，需要对高速公路防护设施进行评价和管理。

不同的防护设施其中期评价内容也有所不同。其中，波形梁钢护栏的中期评价内容包括：通过目测以及仪器测试各构件结构是否完整，有无缺失或明显变形、破损；构件涂层表面有无明显污秽、锈蚀或破损；护栏线形是否顺畅，有无明显变形倾斜，基础是否牢固，有无明显开裂、松动等现象；防腐层厚度和横梁中心高度是否符合要求。同时，以上各项内容均要判断其严重程度。

混凝土护栏的中期评价内容包括：通过目测以及仪器测试各块件有无明显损坏，表面有无大面积明显蜂窝、麻面、裂缝、脱皮等现象；护栏块件之间连接是否牢固，基础有无明显损伤；轴向、横向偏位是否符合要求。同时，以上各项内容均要判断其严重程度。

隔离栅的中期评价内容包括：通过目测以及仪器测试网面、立柱、斜撑、连接件、基础等关键构件有无缺失，外观质量有无明显缺陷。同时，以上各项内容均要判断其严重程度。

防眩设施的中期评价内容包括：通过目测以及仪器测试防眩板、防眩网、支架等关键构件是否基本完整，外观质量有无明显缺陷，遮光角和防腐层厚度是否符合要求。同时，以上各项内容均要判断其严重程度。

2. 路面

由于路面的损伤存在累积，当路面的负荷达到一定程度后，路表面将出现明显损伤，并影响路面的使用性能。以车辙为例，车辙是车辆荷载重复作用下竖向永久变形的累积。忽略材料性能的影响,永久变形发展可以分成三个阶段,如图5.2所示。

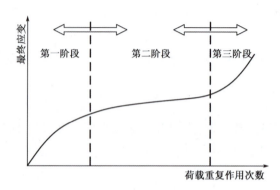

图 5.2　路面永久变形过程

第一阶段:开始过程的体积压密阶段,车辙深度增长很快,但增长率逐渐下降。

第二阶段:同样也是体积压密过程,车辙增长逐渐平缓,伴随着剪切变形增长。

第三阶段:塑性(剪切)变形显著增长,体积不再压缩。

因此,应根据路面损害的发展规律进行评价,分阶段评价及预测其受损情况,确定是否需要进行管理。中期评价对应的路面养护工作内容是修复性管理。与短期评价相同,中期评价对应的系统管理工作内容即是否采用反应性养护,则应根据得到的路面损坏状况指数 PCI 来决定。

5.1.1.3　长期评价

长期评价主要用于建设运营前期的规划阶段及建设运营后期的改扩建大修工程,从整体上对该高速公路进行运营状态评估,主要根据现有交通量、运营情况及未来交通量发展状态作为参考依据。

长期评价的主要工作是针对公路的进一步发展设置长时间段的评价及相对应的预测工作,这一方面的内容依托公路运营的历史数据,并在这一基础上根据现有的改善手段及改善计划进行评估。对于未进行改善的公路评估对象,则应采用本研究中的主-客观综合评估体系进行公路长期评价,提出未来改善的重点对象及目标;而对于已进行一定改善优化的公路对象,则应采用改善后评价方法进行实施,具体操作如图 5.3 所示。

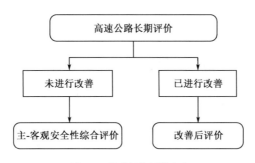

图 5.3　公路长期评价内容

5.1.2　交通设施养护管理

公路建设的突飞猛进,对公路安全设施的质量和要求也在不断提高。公路安全设施是公路建设中的一个重要因素,公路安全设施不完善是造成交通事故的一个重要因素。公路事故发生的因素很多,有驾驶人自身的原因,也有道路本身安全设施管理不当的原因。可以肯定,目前建设的公路具有比较完善的交通安全设施,包括交通标志、路面标线、公路护栏、隔离栅、防眩设施等。这些设施为公路使用者提供各种警告、禁令、指示、指路信息和视线诱导,在排除外界因素干扰、提供道路两侧保护措施、减轻事故的严重度等方面发挥了巨大作用,但设施本身仍然存在管理不当等问题。因此,有必要对交通设施设计一套合理有效的管理手段。基于前面探讨的养护管理与设施评价的关系,交通设施的养护管理主要从设施评价和管理手段两方面进行阐述。

5.1.2.1　交通标志标线养护管理

公路交通安全是公路交通事业永恒的主题之一,而公路交通标志标线是保障公路交通安全的重要公路附属安全设施之一。如何加强公路交通标志标线的维护管理工作,以保障其功效,实现公路交通安全、顺畅,并合理配置有限管理资金显得尤为迫切。

1. 交通标志

交通标志在维护公路交通顺畅方面发挥了重要作用,为确保交通标志承载的信息能够及时、准确地传达给驾驶人及行人,必须对交通标志进行评价管理。

下面从评价内容和管理手段两个方面详细阐述交通标志的养护管理方法。

(1) 交通标志评价内容

交通标志评价内容如表 5.1 所示。

交通标志评价内容 表 5.1

管理信息	说明
设置方位	设置的具体位置
板面内容	分类及板面内容
板面尺寸	板面的外形尺寸
板面材料	板面用反光膜材料的类型及级别
完整性	构件缺损情况描述
外观质量	板面的目测定性
光度性能	逆反射系数的测试值
色度性能	色品坐标和亮度因数的测试值

(2) 交通标志评价等级及管理措施

参照有关标准规范,针对公路交通标志的各项质量要求,确定其评价等级,如表 5.2 所示。

公路交通标志评价等级 表 5.2

评价周期	评价内容	评价方法	评价等级		
			Ⅰ级	Ⅱ级	Ⅲ级
短期评价	完整性和外观质量	目测	标志板、支撑件、连接件、基础等各组成构件完整无缺失,板面信息及外观质量符合要求,钢构件无歪斜和锈蚀,基础无明显破损	标志板及支撑件等关键构件无缺失,板面信息及外观质量基本符合要求,钢构件无明显歪斜和锈蚀剥落,基础无明显破损	标志板及支撑件等关键构件有缺失,板面信息及外观质量不符合要求,钢构件有严重歪斜和锈蚀剥落,基础有严重破损
中期评价	管理质量要求的全部项目	目测和仪器测试	全部项目符合要求	标志板及支撑件等关键构件无缺失,板面信息及外观质量基本符合要求,钢构件无明显歪斜和锈蚀剥落,基础无明显破损,标志板面光度性能、色度性能、标志板下缘至路面净空高度和金属构件防腐层厚度符合要求	标志板及支撑件等关键构件有缺失,板面信息及外观质量不符合要求,钢构件有严重歪斜和锈蚀剥落,基础有严重破损,标志板面光度性能、色度性能、标志板下缘至路面净空高度和金属构件防腐层厚度不符合要求

公路交通标志的管理措施,除检查交通标志的各项质量要求外,主要是采用合适的方法,清理、清洁、修复标志板面、支柱、防腐涂层等,紧固、更换、增补各种缺损件。对于设置不合理或不完善的交通标志,尤其是危险路段和高风险路段或危险路段的交通标志,应使其逐渐补充完善。具体方法如下。

①养护:交通标志有污秽时应进行清洗,有树木等遮蔽时,必须清除阻碍视线的物体或在规定范围内变更交通标志的设置位置,定期刷新。

②修理:标志牌变形、支柱弯曲、倾斜应尽快修复。标志牌、支柱损伤、生锈引起油漆剥落,其范围不大时可对剥落部分重新涂漆,油漆严重剥落或褪色应重新涂漆。标志牌或支柱松动应及时紧固。

③更换:由于腐蚀(生锈)、破损而造成辨认性能下降或夜间反光标志反射能力降低的标志应予以更换,缺失的应及时补充,已丧失功能或功能下降的可变信息标志和部件应及时更换。

④设置位置的变更:设置的标志有类似、重复、影响交通的情况,或设置位置和指示内容不吻合时,应进行必要的变更。

2. 交通标线

公路交通标线的作用是管制和引导交通,当公路运营达到一定期限后,交通标线会因为车辆的碾压摩擦而损耗。标线损耗到一定程度后难以满足驾驶人的视认需求,从而产生交通隐患、增加行车风险,因此,需要对交通标线进行管理。下面从评价内容和管理手段两个方面详细阐述交通标线的养护管理方法。

(1)交通标线评价内容

路面标线评价主要内容如表5.3所示。

路面标线评价内容　　　　表5.3

基础信息	说明
标线位置	标线施画的行车道宽度
标线涂料	标线用涂料的类型
完整性	标线的破损情况描述
外观质量	标线及其面撒玻璃珠的外观质量描述
光度性能	反光标线逆反射亮度系数的测试
色度性能	标线色品坐标和亮度因数的测试

(2)交通标线评价等级及管理措施

根据提供的评价内容,采取科学有效的方法对交通标线进行评价等级划分,从而制定相应的管理方法。参照有关标准规范,针对公路交通标线的各项质量要求,确定其评价等级,如表5.4所示。

交通标线评价等级 表5.4

评价周期	评价内容	评价方法	评价等级		
			Ⅰ级	Ⅱ级	Ⅲ级
短期评价	完整性和外观质量	目测	标线线形及内容完整、无缺损且功能正常,视认性良好、边缘整齐、线形流畅,无起泡、开裂、变色等现象	标线线形及内容基本完整、无明显缺损且功能正常,无明显起泡、开裂等现象	标线线形及内容不完整、有缺损且功能不正常,有严重起泡、开裂等现象
中期评价	管理质量要求的全部项目	目测和仪器测试	全部项目符合要求	标线线形及内容基本完整、无明显缺损且功能基本正常,无明显起泡、开裂等现象,标线破损率、光度性能和色度性能符合要求	标线线形及内容不完整、有缺损且功能不正常,有严重起泡、开裂等现象,标线破损率、光度性能或色度性能不符合要求

根据相应的评价等级,针对公路交通标线在使用环境中易污染的特殊性,确定公路交通标线的管理内容。交通标线的管理内容分为路面标线、导向箭头、文字标记的养护,具体的管理手段有:反光矩形色块剥落,应及时补贴;清除标注表面污秽和遮蔽轮廓标的杂草、树木和物体;油漆剥落的应重新涂漆;标志倾斜或松动的应予以扶正固定;如已变形、损坏,应尽快修复或更换;丢失的应及时补充。

5.1.2.2 防护隔离设施养护管理

高速公路防护隔离设施是公路交通安全设施的重要组成部分,合理设置公路防护隔离设施对提高高速公路交通运营安全性有很大帮助。然而,调查分析表明,目前公路防护隔离设施存在着大量养护不足或者不当的问题,这导致防护隔离设施保障交通运营安全的作用降低,有时甚至会增加交通运营的安全隐患。因此,有必要设计一套公路防护隔离设施的评价管理方法。

1. 护栏

高速公路护栏不但可最大限度地吸收汽车撞击能量,减少撞击对驾驶人和乘员的伤害,降低事故的严重程度,还能诱导驾驶人的视线,使其清晰地看到道路轮廓及前进方向的线形,增加行车安全性,并且使道路更加美观,降低驾驶人的疲劳程度。下面从评价内容和管理手段两个方面详细阐述公路护栏的养护管理方法。

(1)护栏评价内容

护栏评价内容如表 5.5 所示。

护栏评价内容 表 5.5

技术状况	说明
完整性	护栏构件的缺损情况描述
外观质量	护栏外观质量的情况描述,包括颜色、线形等内容
安装质量	护栏横梁中心高度、立柱竖直度、横向偏位等实测值

(2)护栏评价等级及管理措施

根据提供的评价内容,采取科学有效的方法对护栏进行评价等级划分,从而制定相应的管理方法。参照有关标准规范,针对公路护栏的各项质量要求,确定其检查方法及评价等级,如表 5.6、表 5.7 所示。

波形梁钢护栏评价等级 表 5.6

评价周期	评价内容	评价方法	评价等级		
			Ⅰ级	Ⅱ级	Ⅲ级
短期评价	完整性和外观质量	目测	护栏各构件结构完整,无缺失或变形、破损;护栏板搭接方向正确,螺栓紧固;护栏线形顺畅,无变形倾斜,基础牢固,无开裂、松动等现象	护栏各构件结构完整,无缺失或明显变形、破损;护栏线形顺畅,无明显变形倾斜,基础牢固,无明显开裂、松动等现象	护栏各构件有缺失或严重变形、破损;护栏严重倾斜,基础严重开裂或松动

续上表

评价周期	评价内容	评价方法	评价等级		
			Ⅰ级	Ⅱ级	Ⅲ级
中期评价	管理质量要求的全部项目	目测和仪器测试	全部项目符合要求	护栏各构件结构完整,无缺失或明显变形、破损;护栏线形顺畅,无明显变形倾斜,基础牢固,无明显开裂、松动等现象。横梁中心高度符合要求	护栏各构件有缺失或严重变形、破损;构件涂层表面严重污秽和锈蚀,护栏严重倾斜,基础严重开裂或松动。横梁中心高度不符合要求

混凝土护栏评价等级　　　　　　　　表5.7

评价周期	评价内容	评价方法	评价等级		
			Ⅰ级	Ⅱ级	Ⅲ级
短期评价	完整性和外观质量	目测	混凝土护栏各块件完整、无损坏,表面无大面积蜂窝、麻面、裂缝、脱皮等现象;护栏块件之间连接牢固,基础无损伤;外观、色泽均匀一致	混凝土护栏各块件无明显损坏,表面有大面积明显蜂窝、麻面、裂缝、脱皮等现象;护栏块件之间连接牢固,基础无明显损伤	混凝土护栏块件有严重损坏,表面有大面积严重蜂窝、麻面、裂缝、脱皮等现象;护栏块件之间连接不牢固,基础有严重损伤
中期评价	管理质量要求的全部项目	目测和仪器测试	全部项目符合要求	混凝土护栏各块件无明显损坏,表面有大面积明显蜂窝、麻面、裂缝、脱皮等现象;护栏块件之间连接牢固,基础无明显损伤。轴向、横向偏位符合要求	混凝土护栏块件有严重损坏,表面有大面积严重蜂窝、麻面、裂缝、脱皮等现象;护栏块件之间连接不牢固,基础有严重损伤。轴向、横向偏位不符合要求

通过评价等级发现护栏出现异常情况,应及时予以修复或调整、更换。主要管理工作包括经常清除护栏周围的杂草、杂物等。当公路标高进行调整时,原护栏高度应及时予以调整。

2. 隔离栅

高速公路两侧的隔离栅是高速公路的重要组成部分,也是我国高速公路安全防护和路面保护的重要基础设施。下面从评价内容和管理手段两个方面详细阐述公路隔离栅的养护管理方法。

(1) 隔离栅评价内容

隔离栅评价内容如表 5.8 所示。

隔离栅评价内容 　　　　　　　　　　表 5.8

技术状况	说明
完整性	隔离栅构件的缺损情况描述
外观质量	隔离栅外观质量的情况描述,包括颜色、线形等
安装质量	隔离栅立柱竖直度等实测值

(2) 隔离栅评价等级及管理措施

根据提供的评价内容,采取科学有效的方法对隔离栅进行评价等级划分,从而制定相应的管理方法。隔离栅的评价等级如表 5.9 所示。

隔离栅评价等级 　　　　　　　　　　表 5.9

评价周期	评价内容	评价方法	评价等级		
			Ⅰ级	Ⅱ级	Ⅲ级
短期评价	完整性和外观质量	目测	隔离栅网面、立柱、斜撑、连接件、基础等各组成构件完整无缺失,外观质量符合要求	隔离栅网面、立柱、斜撑等关键构件无缺失,外观质量有明显缺陷	隔离栅网面、立柱、斜撑、连接件、基础等关键构件有缺失,外观质量有严重缺陷
中期评价	管理质量要求的全部项目	目测和仪器测试	全部项目符合要求	隔离栅网面、立柱、斜撑、连接件、基础等关键构件无缺失,外观质量有明显缺陷	隔离栅网面、立柱、斜撑、连接件、基础等关键构件有缺失,外观质量有严重缺陷

通过评价等级发现隔离栅出现异常情况,应及时予以修复或调整、更换。隔离栅的管理主要包括:污秽严重的应定期清理,每年定期重新涂漆一次,损坏部分应及时修复或更换。

3. 防眩设施

防眩设施是指设置在中央分隔带的构造物,它是保证夜间行车的驾驶人不受对向来车前灯眩光干扰的装置。防眩设施既要有效地遮挡对向车辆前照灯的眩光,也应满足横向通视好,能看到斜前方并对驾驶人心理影响小的要求。但若防眩设施管理不当,可能无法满足以上要求,从而产生交通安全隐患。下面从评价内容和管理手段两个方面详细阐述公路防眩设施的养护管理方法。

(1)防眩设施评价内容

防眩设施主要有防眩板和防眩网两种形式。防眩板是通过其宽度部分阻挡对向车前照灯的光束;防眩网是通过网股的宽度和厚度阻挡光线穿过,同时将光束分散反射来减少光束强度。应保持防眩设施完整、板面垂直无倾斜、色泽均匀和功能正常。防眩设施应建立如表5.10所示评价内容,以便于实施科学规范的管理。

防眩设施评价内容 表5.10

基础信息	说明
设施类型	防眩板、防眩网等具体型号规格
安装间距	防眩板安装间距
完整性	防眩设施构件的缺损情况描述
外观质量	防眩设施外观质量的情况描述,包括颜色、线形等内容
遮光角	防眩设施遮光角实测值

(2)防眩设施评价等级及管理措施

根据提供的评价内容,采取科学有效的方法对防眩设施进行评价等级划分,从而制定相应的管理方法。防眩设施的评价周期主要为短期评价和中期评价。因进入养护期之前,防眩设施的安装高度、防眩宽度、防眩板的安装距离、顺直度等已进行验收,且使用过程中一般不会发生变化,因此短期评价的重点是外观、色泽、污损程度、部件缺失等,只有在中期评价中才需按要求进行相关测试。

参照有关标准规范,针对防眩设施的各项质量要求,确定风险等级评价,如表5.11所示。

防眩设施评价等级 表 5.11

评价周期	评价内容	评价方法	评价等级		
			Ⅰ级	Ⅱ级	Ⅲ级
短期评价	完整性和外观质量	目测	防眩板、防眩网、支架、连接件、基础等各组成构件完整,无缺损,外观质量符合要求	防眩板、防眩网、支架等关键构件基本完整,外观质量有明显缺陷	防眩板、防眩网、支架等关键构件不完整,外观质量有严重缺陷
中期评价	管理质量要求的全部项目	目测和仪器测试	全部项目符合要求	防眩板、防眩网、支架等关键构件基本完整,外观质量有明显缺陷,遮光角和防腐层厚度符合要求	防眩板、防眩网、支架等关键构件不完整,外观质量有严重缺陷,遮光角或防腐层厚度不符合要求

根据防眩板的评价等级,制定相应的管理手段:对于防眩板倾斜,应予以校正;对于油漆脱落或锈蚀,应重新涂漆;对于支柱变形或损坏部分,应及时修复或更换;对于植物防眩设施,从植物成活后到郁闭前,应加强浇水、除草、松土、施肥、修剪、防治病虫害等抚育管理,在郁闭后为了使植物生长茂盛和发育健壮、形状优美、减少病害,应在春秋两季进行修剪抚育。

5.1.3 路面养护管理

5.1.3.1 路面养护管理体系

建成的高速公路路面养护管理决策体系应由三部分组成。路面工程数据、系统分析、输出系统。体系结构示意如图 5.4 所示。

1. 路面工程数据

路面工程数据由数据库和知识库组成。数据库存有大量的路面使用性能数据,包括各项路面损坏数据、路面平整度数据、路面弯沉、路段交通量、路面结构组成数据、大中修费用以及各种辅助数据;知识库则包括路面损坏状况指数计算标准、路面使用性能(损坏状况指数、平整度、结构强度、抗滑和交通分级)评价标准、路面对策确定原则、路面各种排序原则、决策水平和道路定义以及交通量、弯沉、平整度标定方法等。通过对这一部分的调整,即可达到改变系统的目的。反复改变知识库,便可以得出不同决策原则下的系统输出结果,从而为管理人员提供各种条件下的决策参考信息。

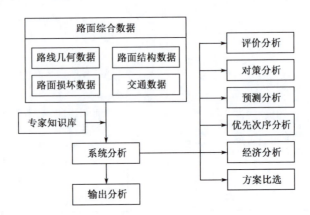

图 5.4　高速公路养护管理决策体系结构

2. 系统分析

分析工具系统包括:路面使用性能评价分析,路面对策分析,本年度优先次序排定,预测分析,今后各年度对策分析、经济分析、优先次序和优化,路段维修方案比选等。这些工具将根据管理人员所设定的标准和原则,对路面的各种使用性能进行分析,并将结果交给解释输出系统。

3. 输出系统

考虑到不同层次管理人员的信息需求有所不同,此系统包含了几大类的输出:目前及今后的路面使用性能分布频率表,地理分布图;不同投资水平下的道路状况以及今后几年的道路变化状况;不同路况下的投资需求;本年度以及今后10年内的大中修项目报告,空间分布和道路整体使用性能变化趋势;路段维修方案的比选分析报告。

5.1.3.2　路面状态评价指标

沥青路面损坏分为11类、21项,归纳起来有裂缝类、表面损坏类、变形类和其他类四大类型。沥青路面的具体损坏类型、严重程度及损坏原因等如表5.12所示。

沥青路面损坏类型及原因　　　　　　表 5.12

破损类型		分级	外观描述	分级标准	损坏原因
裂缝类	纵/横裂缝	重	缝壁无散落或轻微散落,无或少量支缝	缝宽:>3mm	横:反射和温缩裂缝;纵:路基和基层沉陷,施工接缝质量差,承载力不足
		轻	缝壁散落严重,支缝多	缝宽:≤3mm	
	块裂	重	缝宽,散落,裂块小	块度:50~100cm	反射和温缩裂缝,沥青老化
		轻	缝细,不散落,裂块大	块度:>100cm	
	龟裂	重	裂块破碎,缝宽,散落严重,变形明显	块度:<20cm	疲劳损坏
		中	裂块明显,缝较宽,散落和变形轻微	块度:<20cm	
		轻	缝细,无散落,裂区无变形	块度:20~50cm	
表面损坏类	坑槽	重	坑深,面积较大(>1m²)	坑深:≥25mm	水渗入后,松散、龟裂等损坏进一步发展
		轻	坑浅,面积较小(<1m²)	坑深:<25mm	
	松散	重	粗集料散失,大量微坑,表面剥落	—	混合料中沥青偏少,与集料间黏结差;沥青老化变硬
		轻	细集料散失,路面磨损,路表粗麻	—	
	磨光		路面原粗构造衰退或丧失,路表光滑	—	车轮反复作用,正常磨耗
	露骨		路表沥青散失,集料外露	—	沥青老化或含量少,磨耗
变形类	沉陷	重	深度大,行车明显颠簸不适	深度:>25mm	路基沉降,局部开挖后回填土压实不足
		轻	深度小,行车无明显不适	深度:15~25mm	
	车辙	重	变形较深	深度:>15mm	面层混合料稳定性或压实不足,路基剪切破坏
		轻	变形较浅	深度:10~15mm	
	波浪、拥包	重	波峰、波谷高差大	深度:>25mm	面层混合料稳定性不足
		轻	波峰波谷高差小	深度:15~25mm	
其他	泛油		路表有沥青膜,发亮,镜面,有轮印	—	沥青用量大,高温稳定性差
	修补		已修补的损坏部分影响路表美观	—	—

针对上述路面的损害类型,从路面的使用性能方面建立路面使用性能的评价指标体系,是目前路面管理系统的传统方法。沥青路面使用性能评价包含路面损坏(PCI)、行驶质量(RQI)、车辙(RDI)、跳车(PBI)、磨耗(PWI)、抗滑性能(SRI)和结构强度(PSSI)七项技术内容。我国现采用 PQI 作为评价路面使用性能的综合指标。

结合现阶段的检测手段、设备状况以及相关规程要求,国内外建成的多数路面管理系统通常采用行驶质量指数 RQI、路面损坏状况指数 PCI、结构强度指数 PSSI、抗滑性能指数 SRI 来表征路面的行驶质量、表面损坏状况、结构承载力及抗滑能力,进而评价路面各侧面的使用性能。

5.1.3.3 养护时机及对策选择

1. 建立高速公路路面使用性能预测模型

建立路面使用性能预测模型的主要目的是,将路面使用性能评价和路面养护管理决策优化联系起来,为决策者做出道路养护费用最小、道路使用性能最佳的养护管理决策方案。

在目前应用中,基于统计学的回归分析法来建立路面使用性能预测模型较为常见,所选模型的方程形式应能够正确反映路面性能衰变的全过程。随着使用年数或累计轴载作用次数的增加,各性能指标应单调减少,同时还应满足必要的边界条件,形式简单、参数含义明确。根据以上要求,经过大量分析比较和深入研究,拟采用的日常养护下各性能指数的衰变方程形式如下:

$$\mathrm{PPI}_d = \mathrm{PPI}_{d0}\left\{1 - \exp\left[-\left(\frac{\alpha}{t}\right)^\beta\right]\right\} \qquad (5.1)$$

式中:PPI_d——日常养护下各使用性能指标;

PPI_{d0}——路面新建或最近一次大中修后某路况指标的数值;

t——自路面新建或最近一次大中修到计算时的使用时间;

$\alpha \text{、} \beta$——模型回归参数。

由式(5.1)可见,为使方程形式简单、便于回归,选定使用年数 t 作为唯一变量,这样除充分考虑了荷载因素的作用外,也较好地计入了非荷载因素对路面使用性能的影响。其中,PPI_{d0} 一般情况下为 100。要得到最终的衰变曲线方程,关键是要确定模型参数 $\alpha \text{、} \beta$,它们的数值可由观测数据回归而得。

相关研究表明,采用不同养护方案后,路面在初始阶段性能衰变曲线类似,且曲线斜率大致相同(图 5.5)。因此,在近年内采取养护措施后,公路各性能指数的衰变方程在 5 年内仍可用式(5.1)的形式来表示。

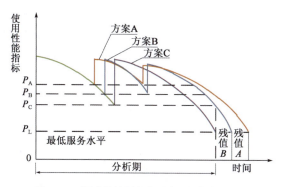

图 5.5　不同养护计划方案下路面性能衰变示意

通过分析计算确定式(5.1)中的各项参数,即可分别得到高速公路的路面使用性能预测模型。

2. 养护对策选择

一个养护对策的合理与否,与养护措施的技术特征、养护措施和路面状况的匹配程度、对策选择的方法和考虑的影响因素密切相关。

目前沥青路面的养护主要分为日常养护、预防性养护、反应性养护、大中修、改建,其分别适用的路面技术状况如图 5.6 所示。

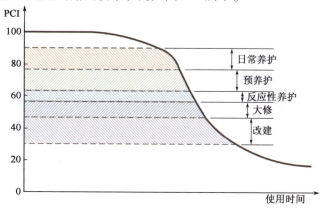

图 5.6　不同路面状况对应的养护计划方案

其中,日常养护主要包括修补路面坑槽、灌缝、处治面层车辙等,预防性养护包括表面涂刷沥青再生、雾状封层、裂缝填封、稀浆封层、微表处、石屑封层、热拌沥青混合料薄层罩面等,大中修包括面层翻修、基层翻修、磨耗层铣刨加罩等措施。

本书在对国内外常用沥青路面养护措施进行详细调研的基础上,根据养护措施的技术特点和路况的匹配情况,归纳出沥青路面在结构强度满足要求时的养护决策矩阵,如表5.13所示。

沥青路面养护对策矩阵　　　　表5.13

养护措施	细小裂缝	龟裂纵横裂		松散		车辙(mm)		老化和氧化		路面不平整		泛油		抗滑损失	路面渗水	表面磨耗	修补	
		重	轻	重	轻	<15	15~25	重	轻	重	轻	重	轻				重	轻
稀浆封层	√	√		√	√	√		√							√			
微表处	√	√		√		√	√	√				√	√		√			√
石屑封层	√	√		√				√							√			
雾状封层	√							√							√			
沥青混凝土罩面	√	√	√	√	√	√	√	√	√	√	√	√	√	√	√	√	√	√
超薄磨耗层	√			√		√		√				√		√	√	√		√
灌(封)缝		√																
刷入封层	√							√							√			
沥青再生剂	√			√				√										
复合封层	√			√		√		√							√			

3.养护措施的费用效益分析

养护措施在满足路面技术要求的前提下,经济上应该是节约的。费用效益分析主要考察的是养护措施的经济因素,它是养护对策选择的经济合理性的重要保证。在经济学中有很多方法可以用来评价一个项目的费用效益,其中等效年度费用法(EAC)由于方法简单被广泛采用,本书也采用此方法对养护措施进行费用效益分析,其计算式为:等效年度费用(EAC) = 单位费用 × 工程量/使用寿命。

在计算各养护措施的等效年度费用时,首先要确定各养护措施的单位费用和使用寿命。其中,费用包括所有与实施养护措施有关的费用,主要包括设计费(含室内试验费)、材料费、施工费(含原路面处理费)和交通控制费等,而其使用寿命是指路面采取养护措施所延长的路面使用寿命。经调查各养护措施的单位费用和使用寿命大体如表5.14所示。

沥青路面养护措施的使用寿命和单位费用　　　　表5.14

预养护措施	使用寿命（年）	单位费用（元/m²）	预养护措施	使用寿命（年）	单位费用（元/m²）
稀浆封层	2~5	25	超薄磨耗层	5~8	65
微表处	4~7	28	灌(封)缝	1~2	15
石屑封层	2~5	20	刷入封层	1~3	25
雾状封层	1~3	10	沥青再生剂	3~6	25
沥青混凝土罩面	5~8	30	复合封层	4~7	40

利用等效年度费用法来进行路面养护对策选择的过程可总结为:首先进行路况调查,根据路面养护对策矩阵,针对每种特定路面损坏选出所有合适的养护措施。如适用于该种损坏的养护措施唯一,则将其作为最终措施;如不唯一,则对各措施进行费用效益分析,确定最终措施。养护对策选择的流程如图5.7所示。

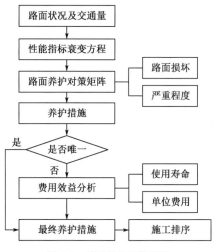

图5.7　路面养护对策流程

5.2 高速公路运营风险分析

依据驾驶人生理心理反应和客观运营环境特征综合判断高速公路高风险路段事故诱因，应用工程和管理措施从主观和客观两方面改善道路行车安全性。

5.2.1 高速公路运营风险特征分析

5.2.1.1 车辆驾驶风险特征分析

交通流运营风险是对车辆行驶状态的危险状态预估，而风险的水平则与车辆行驶状态产生的后果直接相关，可采用车辆发生事故的后果，即对人体造成的损伤，对交通流运营风险进行量化。从目前的研究现状分析来看，车辆行驶状态与事故后果之间无直接的定量研究成果，但二者的定性关系则较为明确，即车辆行驶的车速越高，那么事件的后果越严重。因此，在分析已有成果的基础上，重点研究人体承受减速度的极限和碰撞过程中车辆减速度的变化特征，基于二者的关联性建立交通流运营风险的等级标准。换言之，人体对车辆在碰撞过程中减速度变化的反应是风险产生的最终后果，而人体承受的极限则可以作为车辆行驶的安全临界状态。

5.2.1.2 高速公路运营风险分析结构

高速公路环境发生一定变化，如存在养护作业、交通事件、灾害天气等状况，会对公路交通流的运营产生影响，如通行能力下降、交通人员伤亡和财产损失等。因此，需要采用运营风险分析，并构建相对应的高速公路风险分析结构，如图5.8所示。

高速公路运营风险分析主要集中于：①事件发生的可能性（概率）；②事件发生的严重性（后果）。因此，高速公路的运营风险分析分为以下两个关键问题。

①事件发生可能性的分析问题，即预测或预估事件发生的概率，路段上发生事件的频率或可能性。对于这个问题的管理目标是预防或减小事件发生的可能性，即降低高速公路运营风险的概率。

第 5 章 高速公路运营风险评估技术与改善

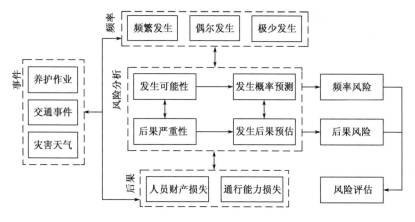

图 5.8　高速公路运营风险分析

②不同事件发生后产生的后果预估,即事件所可能带来的"损失"。对这个问题的管理目标是风险后果最小化控制,即在事件发生概率接近的前提下,将事件所带来的后果及影响程度降到最低。

5.2.1.3　高速公路运营风险类型

对于高速公路上行驶车辆的行车风险,基于车辆的三种基本行车状态,即自由行驶、跟车行驶和变换车道行驶,对应存在三种交通流运营风险,分别为自由行驶风险、跟车行驶风险、换道行驶风险,如图 5.9 所示。

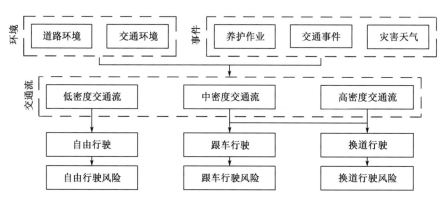

图 5.9　高速公路车辆行驶风险

在高速公路正常交通状态下,这三类风险均存在于车辆行驶中,而对于不同交通流密度状态下各种风险的比例也不相同,即交通流密度状态将决定车辆行驶风险的主要特性。当交通流密度较低时,自由风险为主要行驶风险;当交通流处于中密度时,跟车风险和变道风险比例提高;而当交通流处于高密度时,则以跟车风险为主。

5.2.2 驾驶安全性阈值

车辆行驶过程中人体对加速度反应的程度与车辆的减速度和减速时间有关,即车辆的减速度越大,那么人体反应越大,受伤程度也越严重,同时减速行为持续时间越长,人体受伤的可能性也越大。可利用这一特性与行车风险进行对应,根据人体受伤程度及概率进行预判,并进行相对应的量化。一般情况下,人体的主要部位,如头部、颈部、胸部等对冲击均有一定的忍受极限,而当所受冲击超越这一极限,那么所承受者极有可能受伤甚至死亡。

在交通心理学的研究中,通过对不同加(减)速度情形下驾驶人的血压、脉搏等生理反应进行分析,发现了不同加(减)速度下驾驶人的生理感受,如图 5.10 所示。

由图 5.10 可知:当减速度大于 $3g$ 时,驾驶人的视觉便模糊,严重影响车辆的安全行驶。随着减速度的逐渐增大,驾驶人的不良反应急剧增大,忍受时间也越来越短,发生危险的可能性也越来越大。

5.2.2.1 人体承受风险极限

综合上述分析结果,可得不同减速度下人体反应特征,如表 5.15 所示。因此,通过分析不同加速度的人体反应特征,从而构建交通流行驶状态的风险临界态。

驾驶人对不同减速度反应的描述　　　　　　　　　　表 5.15

减速度(g)	驾驶人的生理心理反应的描述	忍受时间(s)
0~2	轻度不适	—
2~3	腹部受压	>25
3~6	胸部逐渐绷紧,发生疼痛,呼吸及说话困难,视觉模糊	10~25
6~8	脚和手不能抬起	1
8~9	头无法抬起	0.8
9~15	呼吸严重困难,周边视觉模糊,中央视敏度降低	0.4~0.3
>15	说话困难,严重疼痛,面部感觉消失,视觉完全消失	<0.1

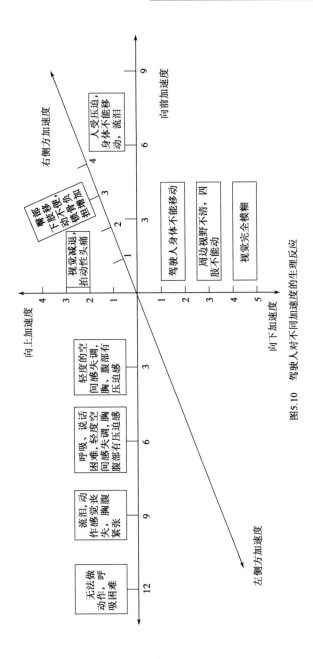

图5.10 驾驶人对不同加速度的生理反应

当驾驶人实施紧急减速,车辆能减速制动,那么车辆处于安全状态;当车辆不能完全制动时,车辆将与固定物或其他车辆碰撞。在此碰撞过程中,制动前的车速、车辆的减速性能、碰撞持续时间对人体损伤的后果影响较大。

在车辆碰撞过程中,依次出现两种减速度,分为制动中的减速度和碰撞后的减速度。制动中车辆的减速度 a_1 由车辆性能决定,根据我国《公路工程技术标准》(JTG B01—2014)可知,小型汽车减速度为 7.4m/s^2,中型汽车减速度为 6.2m/s^2,大型汽车减速度为 5.5m/s^2。在车辆最大减速度情形下,车上乘员只是出现适度不适,未出现危及生命的状况。

碰撞后车辆的减速度与碰撞前车速以及碰撞对象有关,主要分为两种情形:车辆与固定物发生碰撞,车辆与车辆发生碰撞。

5.2.2.2 车辆与固定物碰撞风险

当驾驶人操作失误或车辆失控时,车辆与防护栏、中央隔离带等固定物相撞。在此过程中,车辆与固定物发生能量的交换,车速减至零。

车辆碰撞后的减速度与碰撞角度、接触面的强度等因素有关,计算过程复杂。由于研究中主要为获取碰撞过程中可能产生的减速度,故简化为车辆在碰撞时间内完全制动的情形,从而求得车辆与固定物碰撞后的减速度 a_2 为:

$$a_2 = \frac{v_c}{3.6\Delta t} \quad (5.2)$$

式中:Δt——车辆碰撞消耗时间(ms),取值为 40~80ms,随碰撞相对速度增大而减小;

v_c——车辆正常减速后碰撞前的车速(km/h)。

依据碰撞前的速度和碰撞消耗时间,计算车辆碰撞产生的减速度,如表 5.16 和图 5.11 所示。

车辆与固定物碰撞的减速度　　　　表 5.16

碰撞速度 v(km/h)		60	70	80	90	100	110	120	130	140
碰撞消耗时间 Δt(ms)		80	70	50	47.5	45	42.5	40	35	30
减速度	m/s²	208	277	444	526	617	719	833	1031	1296
	g	21	28	45	53	63	73	85	105	132

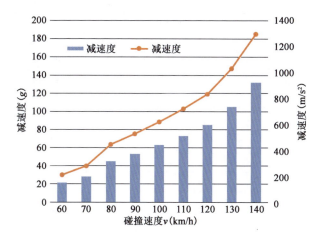

图 5.11　车辆与固定物碰撞的减速度

5.2.2.3　车辆间碰撞风险

根据日本推荐的车辆碰撞经验公式,不同减速度间存在以下关系:

$$a_H = 1.59a, a_C = 1.10a, a_W = 1.20a \tag{5.3}$$

式中:a_H——碰撞过程中头部的减速度(m/s^2);

a_C——碰撞过程中胸部的减速度(m/s^2);

a_W——碰撞过程中腰部的减速度(m/s^2);

a——车辆的减速度(m/s^2)。

根据动能守恒定理,可以得到:

$$\begin{cases} a_H = 0.68 \dfrac{m_2 \Delta v}{m_1 + m_2} \\ a_C = 0.47 \dfrac{m_2 \Delta v}{m_1 + m_2} \\ a_W = 0.52 \dfrac{m_2 \Delta v}{m_1 + m_2} \end{cases} \tag{5.4}$$

因此,可根据碰撞发生前车辆间的车速差计算人体各部位产生的减速度 a_1,如表 5.17 和图 5.12 所示。

车辆与车辆碰撞过程中人体各部位的减速度 a_1(km/h)　　表 5.17

部位	碰撞前车辆间车速差(km/h)									
	10	20	30	40	50	60	70	80	90	100
头部	3.42	6.83	10.25	13.66	17.08	20.49	23.91	27.32	30.74	34.15
胸部	2.37	4.73	7.10	9.46	11.83	14.19	16.56	18.92	21.29	23.65
腰部	2.59	5.18	7.77	10.36	12.95	15.54	18.13	20.72	23.31	25.90

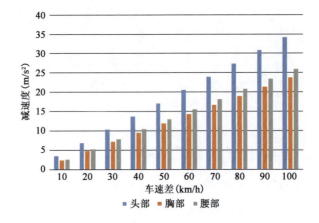

图 5.12　车辆与车辆碰撞过程中人体各部位的减速度

当车辆间碰撞后组成车团,继续与碰撞固定物发生碰撞后静止,此过程产生的减速度则采用车辆与固定物碰撞的方法进行计算。

当制动减速度在 3~6m/s² 时,人体各部分开始感觉不适,此阶段事件后果是中等或轻度碰伤;当制动减速度在 6~12m/s² 时,人体各部分已逐渐丧失功能,出现组织受损的受伤状况,此阶段事件后果是严重的死伤后果;当制动减速度大于 12m/s² 时,人体将受到严重的损伤,此阶段事件后果是死亡(表 5.18、图 5.13)。

两车碰撞后与固定物再次碰撞过程中产生的减速度 a_2(m/s²)　　表 5.18

碰撞情况		碰撞速度(km/h)								
		60	70	80	90	100	110	120	130	140
碰撞消耗时间(ms)		80	70	50	47.5	45	42.5	40	35	30
制动 1s	速度(km/h)	40.2	50.2	60.2	70.2	80.2	90.2	100.2	110.2	120.2
	减速度(g)	4.0	5.6	9.5	11.6	14.0	16.7	19.7	24.8	31.5

续上表

碰撞情况		碰撞速度（km/h）								
		60	70	80	90	100	110	120	130	140
制动2s	速度（km/h）	20	30.4	40.4	50.4	60.4	70.4	80.4	90.4	100.4
	减速度（g）	2.0	3.4	6.4	8.4	10.6	13.0	15.8	20.3	26.4
制动3s	速度（km/h）	0.6	10.6	20.6	30.6	40.6	50.6	60.6	70.6	80.6
	减速度（g）	0.1	1.2	3.2	5.1	7.1	9.4	11.9	15.9	21.2

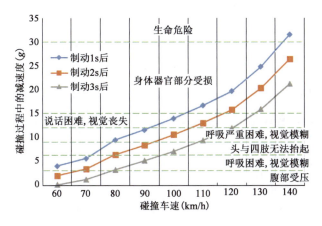

图 5.13 二次碰撞中减速度与人体反应关系

5.3 高风险路段静态改善对策

高速公路高风险路段的事故静态预防是公路交通流运营安全的基本保障，通常采用设置合理有效的交通安全设施。交通安全设施一般包括交通标志、标线、防撞护栏、隔离栅、防眩设施等，这些设施对减轻交通事故的严重程度、消除各种纵横向干扰、提高服务水平、提供视线诱导和改善道路景观等起着重要作用。

5.3.1 交通安全设施设置

公路交通安全设施主要包括公路交通标志、标线、护栏、隔离设施、防眩设施、视线诱导设施，根据基本原理、功能和分类，下面总结公路交通安全设施的设置要求。

5.3.1.1 交通标志

公路交通标志的设计是其整个制作过程中的重要环节,其设计的总要求是提高公路交通标志的作用效应,具体体现在以下方面。

①公路交通标志的位置应根据标志的类别确定,并充分考虑驾驶人对标志感知、识别、理解和行动的特性。

②在标志布设时,要随时注意道路附属设施及路上构造物等设施对标志板面的遮挡,以免影响标志的视认性。

③交通标志应设在车辆行进正面方向最容易看见的地方,可根据具体情况设置在道路右侧或中央分隔带,或行车道上方。

④路侧式标志应尽量减少标志板面对驾驶人的眩光。在装设时,应尽可能与道路中线垂直或呈一定角度:禁令和指示标志为0~45°,指路和警告标志为0~10°。

⑤高速公路互通立交之间有服务设施、特大桥梁、长隧道、行政区划边界等地点时,应设置相应的地点标志。

⑥高速公路全线立交间距大于20km重复设置地点、距离标志,每隔5km设限速、禁止掉头、禁止停车标志。

标志设置的注意事项如下。

(1)正确选择标志位置

驾驶人在行车时大部分时间面向前方,目视对面来车和反光镜中后面或侧面路上来车情况,习惯在左前方观察情况。当在右前方出现交通标志时,驾驶人需要较多的反应时间,因此设置标志应选择正确的设置地点,有一定的提前量。

距危险点的距离不应过远或过近。在设置警告标志时,仅凭施工设计图是不够的,如"注意落石""易滑""连续弯路"等警告标志,应进行现场实地勘测,依据国家标准规定进行设置。

一般公路禁令标志主要为"限制宽度""限制高度""限制质量""限制轴重""限制速度""解除限制速度""停车检查"等,在设计设置位置时,应根据规范等资料中显示的设计高度、宽度、承载力、回转半径等指标设置禁令标志。

(2)合理设置限速标志

高速公路实施限速控制,不仅限制高速公路的最高安全行驶速度,而且对驶入高速公路车辆也规定最低行驶速度,而且低于最低行驶速度属于违章行为。高速公路限制速度的大小由道路线形、交通构成、气候条件等因素决定。不同路段实行不同限速;相同行驶速度和阻塞密度下,不同交通量采取不同的限制速度;当出现风、雪、雨、雾天气时,能见度降低,停车距离变长,根据能见度情况限制速度。

限速标志应设置在需要对车辆的行驶速度进行限制的路段起点处,而在路段终点处应设置解除限速标志或新的限速标志。相邻路段的限速值差值不宜超过20km/h。高速公路的入口加速车道后的适当位置应设置限速标志。

(3)标志提前设置

禁令标志、警告标志应该比其他类型的标志优先或提前设置。当距离较长时,标志应重复设置。对于指路、提供信息和警告的标志需要提前设置。在危险路段前一定要设置相应的预告标志,保证驾驶人有足够的时间采取应对对策。例如,小半径曲线路段、隧道群路段、长下坡路段、连续弯道路段等之前应设置预告标志。桥梁限高限宽标志也建议提前设置。第一级设置可以提前500m左右,第二级则设置在桥梁上部结构上。这样,驾驶人能够提前发现问题,正确处理后安全通过桥梁。

标志设置的前置距离 D 需要根据不同交通状况和车辆行驶速度来确定,可以分为表5.19中A、B、C三种情况。具体设置的前置值再由车辆行驶速度来决定,如表5.20所示。

标志设置前置位置的三种交通状况　　　　表5.19

A 状况	驾驶人需要进行判断且需要考虑驾驶人反应时间的地方,如合流、路线变化
B 状况	可能需要停车的地方,如紧急停车带
C 状况	驾驶人需要调整到另外一种较低的行驶速度,如前方急弯、隧道

标志设置的前置距离 D 与交通状况和设计速度的关系　　　表 5.20

设计速度 (km/h)	A 状况	B 状况	C 状况变化到如下所示速度(km/h)					
			40	50	60	70	80	90
50	105	45	25	—	—	—	—	—
60	135	70	55	40	—	—	—	—
70	165	100	85	65	50	—	—	—
80	200	130	120	105	90	70	—	—
90	235	165	160	145	130	110	85	—
100	270	210	205	190	175	155	130	105
110	305	255	255	240	225	205	180	150

注:1. 表中所示前置距离 D 单位为 m,设置时可以在如表所示的数值上有 ±10m 的变动范围。
　　2. 表中所给出的数值包含了额外的大约 6% 的安全距离。
　　3. B 状况考虑较为舒适的制动距离,C 状况考虑较为舒适的减速距离。

服务区预告标志,避免标志版面与出口、停车区名称相同,以免造成驾驶人混淆。

5.3.1.2　交通标线

道路标线是交通设施的重要组成部分,它是引导驾驶人视线、管制驾驶人驾车行为的重要设施,因此,对标线的可见性、耐久性、施工性等有严格的要求。在白天、黑夜和其他环境条件下,驾驶人都能由于光泽和色彩的反衬而清晰地识别和辨认路面标线。路面标线涂料必须保持与路面之间的紧密结合,具有一定的抗剥落能力。标线涂料应具有优良的耐久性,能经受车轮长久的磨耗,不会产生明显的裂缝,同时具有很好的防滑性能,车辆驶过标线时产生较小的噪声和振动。反光标线的回归反射性能在相当长的使用期内不应显著下降,颜色均匀,不会因气候、路面材料等作用而变色。

标线设置的注意事项如下。

(1)合理的标线渠化设计

高速公路标线系统中,标线的渠化主要体现在互通式立体交叉处,渠化标线应根据相交公路等级、平面交叉、交通标志的设置、交通量、车道宽度、交通组织等因素设置。

(2)有效的减速振动标线设计

减速标线在道路标线系统中的应用虽然不是很多,但却对车辆安全行驶起着极其重要的作用。减速标线是用于警告车辆驾驶人前方应减速慢行,主要设置于收费广场、匝道收费站口、匝道出口、山岭重丘区、连续急转弯、下坡路段以及高速公路起终点处、中央分隔带、紧急停车带、危险路段等。现行规范中的减速标线为警告类标线,用于警告车辆驾驶人前方应减速慢行,为白色反光虚线,可以是单虚线、双虚线和重复三次,垂直于行车方向设置,无振动效果。减速标线按以下原则设置:使车辆通过各标线的间隔时间大致相等,以便行驶速度逐步降下来。

将减速标线用振动标线的形式设置,主要作用是提示驾驶人按车道行驶和在某一区域减速行驶,并达到强制减速的目的,以提高车辆行驶的安全性。公路用振动标线一般为白色反光标线(图5.14、图5.15)。

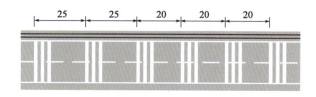

图5.14　振动标线布置距离(尺寸单位:m)

图5.15　振动标线布置(尺寸单位:mm)

5.3.1.3　护栏

护栏的设计条件确定主要考虑标准车型、车辆质量、碰撞速度、碰撞角度、道路条件、交通特性、事故成本和国家经济发展水平等因素。

根据车辆驶出路外有可能造成的交通事故等级,应按表5.21的规定选取路侧护栏的防撞等级。因公路线形、运行速度、填土高度、交通量和车辆构成等因素易造成更严重碰撞后果的路段,应在表5.21的基础上提高护栏的碰撞等级。

路基护栏碰撞等级的适用条件　　　　　　　　　　表5.21

设计速度（km/h）	车辆驶出路外或进入对向车道有可能造成交通事故等级		
	一般或重大事故	单车特大事故或二次重大事故	二次特大事故
120	A、Am	SB、SBm	SS
100、80			SA、SAm

路侧护栏最小设置长度应符合表5.22的规定,相邻两段路侧护栏的间距小于表中规定的最小长度时宜连续设置。

路侧护栏最小设置长度(m)　　　　　　　　　　表5.22

护栏类型	最小长度
波形梁护栏	70
混凝土护栏	36
缆索护栏	300

而作用于桥梁护栏上的碰撞荷载大小可按表5.23的规定确定。

桥梁护栏碰撞荷载(kN)　　　　　　　　　　表5.23

防撞等级	容许变形量(mm)	
	0	0.3~0.6
B	95	75~60
A、Am	210	170~140
SB、SBm	365	295~250
SA、SAm	430	360~310
SS	520	435~375

高速公路桥梁的外侧和中央分隔带必须设置桥梁护栏。根据车辆驶出桥外或进入对向行车道有可能造成的交通事故等级,按表5.23的规定选取桥梁护栏的防撞等级。因桥梁线形、车辆运行速度、桥梁高度、交通量和车辆构成等因素易造成更严重碰撞后果的路段,应在表5.23的基础上提高护栏的防撞等级。

5.3.1.4 隔离设施

隔离封闭设施可有效地排除横向干扰,避免由此产生的交通延误或交通事故,从而保障高速公路、一级公路快速、舒适、安全的运行特性。设置主要注意事项如下:隔离栅的高度不宜低于1.5m。高速公路两侧必须连续设置隔离栅,有水渠、池塘、湖泊等天然屏障路段除外;路侧有高度大于1.5m的挡土墙或砌石等陡坎路段时,可不设置隔离栅。隔离栅遇桥梁、通道时,应在桥头锥坡或端墙处围封。遇尺寸较小、流量不大的涵洞时可直接跨越,且隔离栅中心线应沿公路用地范围界限以内20~50cm处设置。

5.3.1.5 防眩设施

防眩设施构造物既要有效地遮挡对向车辆前照灯的眩光,也应满足横向通视好,能看到斜前方并对驾驶人心理影响小的要求。防眩设施应按部分遮光原理设计,直线路段遮光角不应小于8°,平、竖曲线路段遮光角应为8°~15°,设置防眩设施不应减小公路的停车视距。

高速公路在以下情况下应设置防眩设施:

①中央分隔带宽度小于9m的路段。
②夜间交通量较大、服务水平达到二级以上的路段。
③圆曲线半径小于一般值的路段。
④凹形竖曲线半径小于一般值的路段。
⑤公路路基横断面为分离式断面,上下行行车道高度小于或等于2m时。

而防眩设施连续设置时,应避免在两段防眩设施中间留有短距离间隙,各结构段应相互独立,每一结构段的长度不宜大于12m。结构形式、设置高度、设置位置发生变化时应设置渐变过渡段,过渡段长度以50m为宜。

在平曲线路段设置防眩设施时,应使曲线内侧车道的车辆驾驶人同样不受眩光的影响,在设置前应进行停车视距分析,以保证不减小停车视距。

遮光角:为在平曲线路段上获得和直线路段一样的遮光角,防眩设施的遮光角应按下式进行调整:

$$\alpha = \arccos\left(\frac{R-B}{R}\cos\theta\right) \tag{5.5}$$

式中:α——曲线段防眩设施的遮光角(°);

θ——直线段防眩设施的遮光角(°);
R——平曲线中心处的曲率半径(m);
B——从驾驶人眼睛到防眩设施的横向距离(m)。

停车视距:在中央分隔带较窄、曲率半径较小的平曲线路段,防眩设施可能会阻碍外侧车道驾驶人的视距。因此,在设置防眩设施前应进行停车视距分析,以判断在停车视距范围内是否有防眩设施阻挡外侧车道的视距。

凸形竖曲线路段:在凸形竖曲线路段上,防眩设施和混凝土护栏可配合使用,其下缘和护栏顶面接触,可完全遮光;与波形梁护栏配合时,护栏本身有一定宽度,可据此计算确定其宽度能否满足阻挡对向车前照灯光线的要求。

凹形竖曲线路段:根据凹形竖曲线的半径和前后纵坡度大小,应根据计算适当增加在凹形竖曲线路段相应各点防眩设施的高度。可根据防眩设施高度的变化加宽中央分隔带的宽度,种植足够高的树木。

5.3.2 交通静态设施改善技术

随着路网的形成和不断扩大,以及汽车走进家庭引起的公路使用者群体素质和信息需求的不断变化,原本以路段为基础设置的公路标志在咨询、服务功能上的不足便逐步显现出来。

公路交通标线与公路交通标志应相互补充,两者可以配合使用,也可以单独使用,公路交通标线和公路交通标志在内容、性质、作用上有许多共同点,但也有一定的区别。例如,交通标志的管理范围只能大致地指出,而交通标线本身便十分明确地划清了其适用范围和界限。

而目前我国高速公路交通标志标线存在网络体系不健全、层次性不够、标志标线中断不连续、设置位置不当等导致通达性不高问题,只有当标志标线科学合理地配合使用才能使其发挥功效,使驾驶人安全、顺畅地到达目的地。因此,高速公路交通标志标线的优化设计应在规范允许的范围内,将公路运营环境与驾驶人的视觉、驾驶行为需求结合起来,从人性化的角度对交通标志标线的类型、位置、数量进行合理设计。

交通标志标线设置与否以及设置位置正确与否会对交通安全造成较大影响,对交通标志标线设计、设置是否合理的评价依据主要应考虑以下几个方面:

①合理设置原则。设置标志标线是否符合规范标准、是否符合公路交通网络的总体规划、设想,地名和路名的选取是否统一;还需考虑设置标志标线的道路状况,公路交通状况以及周围环境状况,标志标线的布设应以完全不熟悉周围路网体系的外地驾驶人为对象。

②交通标志是否遮挡驾驶人视线。

③标志标线信息内容变化是否连续、有效和正确。

④标线的设置应同标志内容及其设置相互配合、相辅相成,如车距确认标志应配合设置车距确认标线。

⑤标志信息是否适量,信息不足或者信息过载都将给行车安全带来不利影响。信息不足主要表现在一些危险路段未设置相应的警告、禁止标志;信息过载主要表现在同一标志板信息内容过载,或者多个标志连续近距离设置造成信息过载。

⑥同一地点需要设置两种或两种以上标志时,是否按照警告标志、禁令标志、指示标志的顺序,先上后下、先左后右地排列。

⑦标志基础立柱尽可能使用解体消能或易折断的材料,或设置安全护栏。

综合考虑以上一些方面原则,对不同路况的标志标线提出改善的对策及建议,具体设置如下。

5.3.2.1 隧道出入口标志标线设置

隧道是一个相对封闭的空间,洞内外光线亮度相差较大,尤其在隧道出入口亮度的急剧变化造成驾驶人明暗适应困难,容易产生视觉障碍,影响驾驶人对隧道出入口交通标志的准确认知,严重时甚至导致交通事故,因此隧道出入口标志标线设置合理与否直接关系到驾驶人的视认性和安全性。

根据调查,在高速公路上,车辆以高速驶入隧道,对于短距离并且进入洞口后能看到出口的隧道,车辆一般没有太大危险;但对于长隧道以及特长隧道,且还设有平曲线或纵曲线的隧道,由于行车的安全视距缩短,会引发交通事故。因此,在进入隧道前,道路两侧设立人性化交通标志,以提示前方路况,提高驾驶人的警觉能力,避免事故发生。

隧道出入口标志由隧道标志、限高标志、紧急电话指示标志、消防设备指示标志、行人横洞指示标志、行车横洞指示标志、紧急停车带标志和疏散指示标志等组成(图5.16～图5.18)。

图5.16　隧道标志与限高标志

图5.17　紧急电话、消防设备与紧急停车带标志

图5.18　疏散指示标志

①隧道标志用于指示隧道名称和长度,其作用在于提前提醒驾驶人前方有隧道,使驾驶人从心理和驾驶行为上做好准备。

②限高标志用于限制车辆装载高度,禁止装载高度超过限制的车辆进入隧道。

③紧急电话指示标志用于指示隧道内紧急电话位置,在隧道发生紧急状况时,供隧道内的驾乘人员向隧道管理单位报警的设施。

④消防设备指示标志用于指示隧道内消防设备位置,在隧道发生紧急状

况时,供隧道内的驾乘人员进行自救。

⑤行人横洞指示标志用于指示隧道行人横洞位置,在隧道发生紧急状况时,指示隧道内驾乘人员逃生路线。

⑥行车横洞指示标志用于指示隧道行车横洞位置,在隧道发生紧急状况时,指示车辆改行行车横洞。

⑦紧急停车带标志用于指示隧道内紧急停车带位置;疏散指示标志用于指示该点与洞口、行人横洞、行车横洞的距离与方向,在隧道发生紧急状况时,指示行人、车辆迅速离开。

⑧隧道标线主要是减速标线,当驾驶人恒速行驶时,宽度和间距渐变的横向标线给驾驶人的感觉是其车速越来越快,这样他会逐渐减速以减缓这种视觉和心理感受,从而辅助隧道入口的车辆降低车速。

⑨同时可在隧道内检修道边缘涂红白相间的反光漆,起到视线诱导作用。

⑩隧道出入口路段路面抗滑性能是影响其安全性的关键因素,且由于隧道出入口车辆加减速频繁,导致隧道出入口约 3s 行程内路面抗滑性能衰减较快,可在隧道内外 65m 布设防滑标线。

同时,隧道环境光线应保证隧道内标志的可视性,应设置为灯箱,通电后标志效果如图 5.19 所示。

图 5.19　隧道内标志显示效果

5.3.2.2　不良气象下标志标线设置

据我国有关交通部门指出,影响汽车行驶的不利气象条件主要有低温、积雪、积冰以及低能见度。天气对公路交通造成最大影响的是降雨和路面潮湿,据统计,交通事故中由制动引起的约占 20%,这主要是由于路面潮湿,其中一半事故发生时正在降雨,若同时有风,则事故率更大。雪天的公路事故率增加 25%,伤亡率增加近一倍。低能见度更是汽车交通事故常见的原因之一,每年各地都会发生多起数十车辆追尾事故。

1. 横风

横风是指当前方为高架桥、垭口、山丘或村庄间隙等封口时,容易产生侧向风的地方。高速行驶的汽车受到横风作用时,往往诱发车祸。车辆行驶在隧道出口路段,风力贯穿的桥梁、高路堤等路段往往会受到横风的袭击。在山区高速公路行车时,容易受到突如其来的山风袭击,严重时可能把车辆吹离行车路线。

车辆途经横风多发路段时,要匀速行车,不要突然加速或减速,更不要超速行车,否则方向容易失控。因此,应在横风路段通常设置注意横风标志(图 5.20)和警告限速标志。

在横风路段 50~100m 处,可加辅助标志说明引起横风原因,如高架桥、垭口、山区或村庄间隙等。

2. 路面易滑或积水标志

当前方路段路面易滑危险(主要指雨、雪、雾天气),而公路线形不良时,视距受限制,驾驶人不易发现,行经此路段时轮胎附着力明显下降,容易发生侧滑,造成交通事故。

积水路段、冰雪路段,水流冲力对汽车的作用会增加车辆的前进阻力;同时,车辆与路面的摩擦系数减小,摩擦力变小,驱动力受到限制,车辆容易发生侧滑。因此,需加强标志标线以及设施设置。

①易滑标志:易滑路段前 50~100m 左设置。易滑路段超过 200m 时,需要添加辅助标志说明易滑路段长度(图 5.21)。

②过水路面标志:过水路段前 50m 左、右设置,可加辅助标志说明大概过水深度(图 5.22)。

图 5.20 注意横风标志

图 5.21 易滑标志

图 5.22 过水路面标志

③限速标志:雨、雾、雪等不良气象是间歇性的,限速时须加设辅助标志说明因何限速。易滑或过水路段需根据实际情况设置警告限速标志。

3.突起路标

在夜间,雨天路面水膜的形成阻碍了标线的逆反射,使汽车前照灯照射的光线呈镜面散射到其他方向,而不是回归到驾驶人的眼里(图5.23)。标线的雨夜反光效果较差,容易导致事故发生。

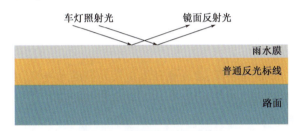

图5.23　普通标线雨夜反光效果

针对雨天环境下标线可视程度较低,日本发明了一种新型标线涂料——振动标线,于20世纪90年代初出现,是一种在基层标线上增加突起形状的新型标线,其突起形状提高了光的反射性能,使得标线即使在雨天的夜晚也有较好的视认性,如图5.24、图5.25所示。

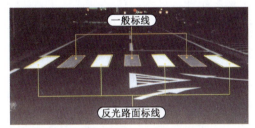

图5.24　不同标线雨夜光线反射

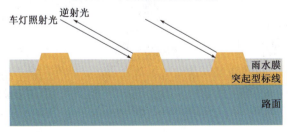

图5.25　突起型标线在雨夜的光线反射

同时,在汽车压线的瞬间会引起轻快的振动,可以提醒驾驶人注意行车安全。振动标线的出现大大提高了夜晚、雨天环境下的标线可视程度,较好地解决了车辆压线打滑的现象。这是一种兼具视觉和听觉以及身体的动觉作用的新型标线。国外又称其为"振动标线""闪光雨线""突起标线""震荡标线""结构型标线"等。我国新修订的《公路交通标线质量要求和检测方法》(GB/T 16311—2009)将这种新颖的标线统一称为"突起结构型振动反光标线",并规定此类标线可以无底线,有底线的其底线厚度可为 1~2mm,突起部分的高度为 3~7mm。

突起结构型振动反光标线具有两个显著特性:其一,良好的雨夜可视性。普通道路标线的涂膜是平面,在雨夜环境中极易被雨水淹没,由于水膜的镜面反射而失去标线的回归反光特性;而突起结构型振动反光标线凸起块之间的间隙能形成众多的排水沟,因而此类标线始终一部分(即凸起块)突出水面,能保持该类标线的雨夜反光,如图 5.25 所示。其二,标线上的凸起块在车轮的碾压下会发出一种轰隆声,能提醒驾乘人员车已压线,保证行车安全。

采用物理方法通过振动引起驾驶人注意,主要有以下措施:涂料型振动标线、反光道钉作减速标线、公路橡胶减速带、大型混凝土减速垄、搓板路。在高速公路隧道路段,不能采用冲击过大、造成车辆剧烈颠簸的类型。一般采用突起结构型涂料沿道路横向布设组成的振动减速标线。

5.3.2.3 急弯陡坡标志标线设置

圆曲线是公路平面设计中使用最多的一种线形元素,采用平缓而适当的圆曲线能够很自然地表明线路方向的变化,既可刺激驾驶人的注意力,使驾驶人保持一定的紧张度,又能起到视线诱导作用。但是由于地形、地貌限制,道路中常常会出现一些对行车不利的小半径曲线,有的甚至是连续急弯道,对行车造成极大的安全隐患。

弯道对交通安全的影响主要表现在:当汽车以某一初速度驶入弯道时,该弯道的曲线半径、路面横坡以及附着系数能否保证汽车沿曲线行驶而不侧滑;小半径曲线的转角较大,对驾驶人的视距有严重影响,削弱了驾驶人对突发信息的处理能力。根据美国公路部门统计,在弯道上发生的事故次数明显高于直线路段上事故次数,特别是弯道与坡路和滑溜路段结合在一起时,发生在弯道上的事故会更多。下面分别对急弯、陡坡以及急弯-陡坡组合情况下的标志标线提出改善建议。

1. 单个急弯与连续急弯

单个急弯存在的主要安全隐患一般是视距不良或车速过快,易造成两车相撞、单车碰撞山体或车辆驶出路外,可采用以下对策之一或综合采用:

①设置向左(右)弯路或高风险路段等警告标志。

②设置限速标志,并根据需要设置解除限速标志。如超速现象严重,且是造成事故频发的主要原因时,可在进入弯道前一定距离设置 20~30m 的块石路面,或设置其他物理减速设施。

③设置禁止超车标志,并根据需要设置解除禁止超车标志。

④路侧设置线形诱导标和(或)轮廓标。

⑤设置中心实线或物理分隔设施,减少因视距不良车辆越过中心线发生的对撞事故。

⑥弯道处外侧路面加宽。

⑦根据路侧危险程度和历史事故资料在弯道外侧设置护栏。

连续急弯的安全隐患与单个急弯路段类似,但交通事故的发生率更高。因此,在单个急弯的处置对策基础上还应考虑以下对策:

①设置"连续弯道"警告标志,还可以加设辅助标志说明前方连续弯路的长度,或使用告示牌,说明"前方××m 连续弯道"。

②设置限速标志,可以设置限速解除或使用辅助标志说明限速路段长度。

2. 陡坡与连续陡坡

下坡路段存在的主要安全隐患一般是车速过快或连续制动导致车辆制动失效,易造成追尾或对撞事故。方案设计时,可采用以下对策之一或综合采用以下对策:

①设置下陡坡警告标志或其他文字型警告标志。

②设置限速标志、减速标志和视线诱导设施。

③根据路侧危险程度和历史事故资料设置护栏。

④如果设置了避险车道,应在坡道起点处设置避险车道的告示牌,在避险

车道前至少设置两处预告标志。

上坡路段存在的主要安全隐患一般是占道行驶或违章强行超车造成与下坡车辆发生对撞事故。应重点以标志标线提醒驾驶人禁止超车。

连续陡坡又有下坡的长度较长,因此交通事故发生率较高且事故较严重。应多考虑以下对策:

①设置连续下坡告示牌标志,根据情况可以辅助标志表明连续下坡长度,或使用告示牌,说明"前方连续下坡××m,超速危险"。

②设置限速标志、禁止超车标线、减速设施。

3. 急弯-陡坡组合

急弯-陡坡组合不仅有急弯的安全隐患,还容易因车速过快、视距不良等综合因素造成车辆侧翻、对撞或冲出路外事故。在单个急弯采取的处置对策基础上,还应考虑以下对策:

①在急弯前的直线路段就设置限速标志,宜结合设置其他减速设施,逐步控制车速,使车辆能以较安全的车速通过小半径弯道。

②如果路侧较危险且事故较多,可考虑设置护栏及强制减速。若小半径曲线接直桥桥头,则在单个急弯处置对策的基础上还应重点考虑控制车速和被动防护对策。

③桥头设置警示标志,曲线外侧设置视线诱导标志。

④根据路侧危险程度可以设置护栏,并注意桥头路基上设置的护栏与桥梁护栏之间的过渡。

⑤在车速较快的桥头路段可提前采用强制性减速设施。

5.3.2.4 长大下坡标志标线设置

长大下坡路段坡度较大,坡道过长很容易使驾驶人对坡度判断失误,而且驾驶人长时间视角不适,也会造成其认识狭隘、精力分散,导致违法操作、超速行驶等引发交通事故。大型车辆在长下坡路段应使用低速挡位,采用发动机辅助制动来平衡由于车辆自重带来的下坡力,以减轻其行车制动器的负荷强度。驾驶人多因经济和时间因素采用空挡或高速挡行车,以短期利益而忽视行车安全。因此,需要采用有效的交通设施提醒警告驾驶人。

1. 公路交通标志

①在长坡顶前方 200m 处添加连续下坡长度预告标志。

②驾驶人在下坡过程中若采取空挡或者高速挡下坡,易导致制动毂温度升高造成制动失效,因此在连续下坡路段需要结合连续下坡预告标志设置低速挡下坡的标志。

③长大下坡路段若结合局部低限指标路段,危险性较大,驾驶人对前方线形判断较为困难,因此应在局部低限路段设置与道路情况相吻合的警告标志。

2. 公路交通标线

对于一般长陡坡段,沿下坡段各车道标线设置纵向视觉减速标线;对于较长缓下坡后面紧接较陡长下坡(接近规范要求的最大纵坡和相应的最大坡长)路段,可在坡度较陡的下坡路段坡顶起点前设置 6 道横向减速标线。

①纵向视觉减速标线:平行于行车道标线和行车道边缘标线设置的平行四边形虚线块,长度与间隔均为 1m,宽度 0.3m。这种设置在车道边缘的白色虚线会给机动车驾驶人以车道变窄的感觉,通过强力的视觉冲击来提醒驾驶人减速慢行。

②横向减速标线:采用间距逐渐缩短的白色反光标线,提醒驾驶人减速。第一条减速标线设置在下坡路段起点前 15m 处。

3. 避险车道

在解决连续长下坡路段制动失效货车安全问题时,避险车道的设置是常用且有效的工程对策。避险车道是设置在路侧的特殊设施,一方面它可使制动失效车辆从主线中分流,避免对主线车辆的干扰;另一方面,制动失效车辆驶入避险车道后,能以安全的速率平稳地减速停车,不会出现人员伤亡、车辆严重损坏的情况。

避险车道交通安全设施也是保证避险车道有效发挥作用的重要因素。避险车道的交通安全设施主要包括避险车道标志、入口处的标线和其他交通安全设施,布设如图 5.26 所示。

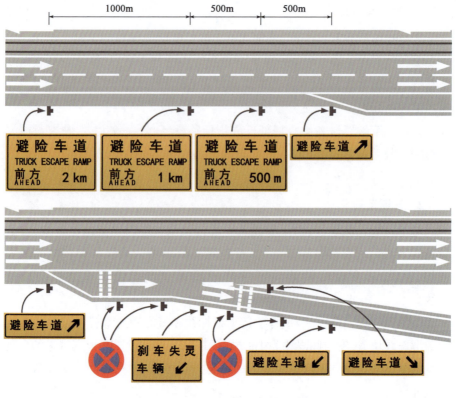

图 5.26 避险车道交通安全设施布设

(1)标志

在长下坡路段坡顶和下坡途中休息区提供避险车道的预告信息标志,包括避险车道的数量、大致位置等信息,如图 5.27 所示。同时,应在坡顶向驾驶人提供连续长下坡路段的坡度、坡长、平面线形等信息。

在避险车道之前应设置至少两块避险车道预告标志(前 1km、前 500m),在避险车道入口处应设置"避险车道"标志,引导制动失效车辆驶入避险车道,如图 5.28 所示。

在避险车道入口前应设置"禁止停车"标志,并设置制动失效车辆专用标志,如图 5.29 所示。

为了能够使驶入避险车道的制动失效车辆及时得到救助,在避险车道适当位置设置救援信息标志。

第 5 章 高速公路运营风险评估技术与改善

图 5.27 避险车道预告信息

图 5.28 避险车道预告标志

图 5.29 制动失效车辆专用标志

（2）标线

在避险车道引导路面上施画"制动失效车辆专用"，字体大小按行车速度确定，保证只有制动失效车辆才能使用避险车道。施画导向箭头，引导制动失效车辆安全驶入避险车道。

（3）护栏

避险车道两侧应设置护栏，并应设置轮廓标来界定避险车道的方位和范围，在晚间可告知驾驶人避险车道的方位。为了区别于普通的出口匝道，设置在避险车道两侧的轮廓标反光器颜色应为红色。轮廓标的间距以15m为宜。

5.3.2.5 路侧风险改善

驾驶人疲劳是导致交通事故发生的一项重要原因,特别是在线形良好的高速公路上,由于长时间高速行车,驾驶人一直处于高度紧张的状态,在行车过程中,要连续用脑接收信息、判断和处理情况,脑比其他器官需要更多的氧,很容易产生疲劳感。疲劳是经过体力或脑力劳动后全身机能下降的一种现象,导致驾驶人感觉迟钝,知觉减弱,调节肌肉收缩的机能衰退。若再继续工作下去,神经中枢机能开始下降,从而使驾驶人的注意力变得散漫,不愿再做麻烦的动作,省略正规的运行操作。这个过程是不知不觉地产生的,并且驾驶人的健康状态越好越会产生这种情况,甚至导致驾驶人在开车时打盹。

驾驶人疲劳时,会失去对车辆的部分操作机能,车辆容易偏离正常的行车道,高速公路上同向行驶的车辆容易发生剐蹭事故,特别是夜间,驾驶人疲劳时,车辆容易驶进路肩。设置路肩振动带对提高驾驶人警惕,特别是疲劳驾驶非常有效。当车辆驶出外侧车道线时,车辆将产生明显的振动,疲劳的驾驶人因受到刺激而警惕性得到提高,加强对车辆的控制,驶回正常车道。

路肩振动带对提高路侧安全的效果非常明显,美国加利福尼亚州在乡村高等级公路路肩上采用振动带之后的7年中,冲出道路的事故减少了49%。至1998年,纽约在3000mile(1mile=1609.344m)的高等级公路上设置路肩振动带,冲出道路的事故率下降了65%;弗吉尼亚州在1750mile的高等级公路上设置路肩振动带,冲出道路的事故率下降了51.5%。管理部门评估后认为,每安装17mile的路肩振动带将挽救一条生命。

(1)路肩振动带类型

路肩振动带有四种类型,即嵌入式、压入式、成型式、突起式。嵌入式是用切割机将路面切开并将振动带嵌入路面。高速公路一般采用嵌入式,其主要优点是在路面修建时或修建后的任何时间都可施工。压入式是采用钢轮压路机将其压入热的沥青混凝土路面,路肩振动带的一半是采用焊接方式连接在一起的。成型式是在水泥混凝土浇筑之后立刻进行嵌压成型。突起式可以采用多种材料制成,如沥青材料、陶瓷片等。各类型的构造及尺寸如图5.30所示。

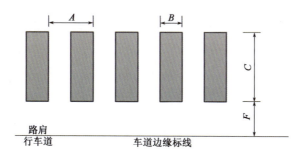

图5.30 路肩振动带构造

(2)路肩振动带的设计尺寸

不同类型的路肩振动带的设计尺寸不同,如表5.24所示。

表5.24 路肩振动带尺寸(mm)

类型	中心间距 A	纵向长度 B	横向宽度 C	深度/突起 D	距车道边缘线距离 F
嵌入式	300	180	400	13	100~300
压入式	200	50~64	450~900	25	150~300
成型式	200	50~64	400~900	25	300
突起式	—	—	路肩内变宽铺设	6~13	—

以下是一项对嵌入式路肩振动带的试验结果。试验时采用的振动带中心间距 $A=316$ mm,纵向长度 $B=200$ mm,横向宽度 $C=406$ mm,深度/突起 $D=13.3$ mm。

路肩振动带对车辆的振动频率测试结果如表5.25所示。

表5.25 不同车速通过路肩振动带的振动频率

速度(km/h)	50	60	80	90	120
振动频率(Hz)	44	53	70	79	105

高速公路测试室内的噪声测试结果如表5.26所示。

车辆通过路肩振动带的噪声测试结果　　　　　表5.26

车型	行车速度(km/h)	行车道噪声(dB)	振动带噪声(dB)	噪声差均值(dB)
小客车	60	64.7	81.3	16.3
		64.7	81.0	
		64.9	81.1	
	90	68.7	82.8	14.3
		68.9	82.6	
		68.6	83.7	
	120	72.1	88.7	15.6
		71.9	88.1	
		72.0	85.9	
中型货车	50	71.4	78.0	6.6
		71.8	78.7	
		71.5	77.8	
	80	78.4	82.4	4.8
		78.2	83.0	
		77.9	83.6	
大型货车	60	77.7	81.0	3.6
		78.3	82.1	
		77.5	81.2	

根据车辆人机工程学基本原理,人体在44～105Hz振动的情况下,会有触觉反应、心情不安定、手震颤以及视力受到影响等现象,这种反应会对驾驶人产生明显刺激。

路肩振动带具有安全改进效果好,又比较经济、对路面无明显影响、养护工作小或没有额外养护需求等特点,尤其是嵌入式路肩振动带既可以用于新建重大公路交通基础设施,也可以用于已建设施的改善。

5.3.2.6　侧向稳定性风险改善

风障是设置在主梁两侧的挡风构造物。安装风障是针对强风的一种有效的工程措施,通过在桥梁侧风安全敏感区域添加各种形式的风障,能够改善桥面风环境,达到降低行车安全事故发生率的目的。

在某些重大公路交通基础设施附近安装风障,可减轻大风对重大公路交通基础设施安全性的影响。在很多强风地区的特大型桥梁上都安装有此类设施,以降低强风对桥梁以及对桥上行车安全的危害。

(1) 风对车辆运行的影响

研究表明,车辆的稳定性对风向很敏感,倾覆力矩会随着风速的增高和风向角的变化而变大,但是某些时候风攻角较小也可能造成车辆的侧向倾覆。有资料显示,风向与大跨度桥梁正交时发生事故的概率最大。

表5.27给出了英国一些大跨度桥梁风速限制值,从表中可以看出极限风速大约为18m/s,这一风速是10min平均风速,对应允许达到的阵风风速为27m/s。

英国各大跨度桥梁的限制风速　　　　　　表5.27

桥名	风速限制值(m/s)	桥名	风速限制值(m/s)
福斯湾桥	18.0	厄斯金桥	22.0
恒比尔桥	18.0	乌斯河桥	18.0
赛文桥	16.0	雷德霍伊克桥	20.0

(2) 风对不同车型运行安全的影响

载重车辆造成的交通事故与风速的变化密切相关。过去在有风的情况下交通警察常常要阻止大型卡车通行,但现在认为车辆没有运送货物时只要将帐篷卷起来便可以减少倾覆的危险。轻型车辆(如有篷车和拖车)与载重车辆刚好相反,其交通事故的发生和季节风速的变化并没有太大关系。表5.28所示为一座有代表性桥梁的风效应设计。

桥梁风效应设计　　　　　　表5.28

记录风速(m/s)	采取的措施
约15	考虑车速限制和(或)道路管制
>18	每个方向关闭一条行车道
约20	考虑禁止大型车辆通行
>23	禁止大型车辆通行

(3) 风障的设置

对于重大公路交通基础设施如大型桥梁、大型立交、长大隧道及隧道群,风障对缓解和消除风环境下车辆侧向稳定性不足有良好的效果。

单一的风速标准很难满足桥梁安全、高效的运营需求,风速标准根据我国高速公路管理办法的车速限制规定,分车型、分车速及分路面条件制定。经过车辆行驶极限状态分析获得的大桥路面状态下行车安全风速如表5.29所示。

大桥路面状况下行车安全风速　　　　表5.29

车型	路面状况	行车安全风速(m/s)		
		100km/h	80km/h	60km/h
小汽车	干	36.5	38.0	39
	湿	30.5	32.5	34
中轻型客车	干	25	27	28
	湿	19.5	22	23.5
微型客车	干	19.5	21.3	22.5
	湿	15.5	17.5	19
集装箱车	干	26	28	29.5
	湿	17.0	20	22

是否设置风障与设置何种风障,应根据大桥行车安全风速、建养费、年非安全行驶时间、年影响通行时间,采用效用理论或全寿命周期经济分析法分析其成本-效益,确定特定风险下的重大公路交通基础设施规避技术。

5.4　高风险路段动态预防技术

依据交通流运营风险管理的原则,以置信区间内最危险的运营风险为动态安全管理目标,判别过程包含两个步骤:第一步是单位时间内判别各级风险的比例是否符合安全管理的置信区间;第二步是以符合适度区间的最危险风险为安全管理目标,实施相应路段的交通安全管理对策,包括车速控制和车头时距控制等。

事故动态预防管理需要对事故现场实施预防性管理。首先,依据气象检测器和交通检测器实时检测参数,进行事件的快速检测与事件等价的判别;其次,依据事件的影响特征和相应的风险分析理论,进行各路段的交通流风险检测与判别;再次,计算路段的运营风险值,进行路网层次的运营风险分析;最后，基于特征路段的运营风险特征，制定相应的风险管理对策，实现高速公路运营风险的实时检测与管理目的。

为了实现高速公路的智能监控，必须依赖丰富多样的电子产品完成交通信息和气象环境信息的采集、交通控制以及交通疏导功能。高速公路沿线、立交、隧道、收费广场的车辆检测器、气象检测器、闭路电视、可变限速标志、可变信息标志等设施设置合理与否，将在很大程度上影响高速公路动态预防效果。

5.4.1 交通监控设施的布设

交通监控设施主要包括信息采集设施和信息发布设施两大类。从安全管理的角度来说，交通监控系统的布设应具备系统自检、性能分析、故障诊断与提示、远程监控与远程维护等功能。交通监控设施外场设备主要包括信息采集、信息发布等的终端，不涉及机电工程和通信工程。

5.4.1.1 信息采集设施

信息采集设施是高速公路整个信息系统的重要组成部分，它的设置科学、合理与否将影响到管理者的决策与判断，最终影响到路网的运营安全。信息采集设施即交通检测器、气象环境信息采集设施、紧急信息采集子设施。各类信息采集设施的信息采集指标如表 5.30 所示。

信息采集指标　　　　　　　　　　　　　　表 5.30

信息种类	采集类别	对行车安全的影响	采集指标
交通信息	交通组成	车速离散性引起事故	车长
	交通量	拥挤引起事故	交通量、占有率
	车速	高速行车易引起事故	车速
气象信息	雾	影响能见度	能见度
	雨	影响能见度与路面附着系数	能见度、路面水膜厚度
	雪	影响能见度与路面附着系数	能见度、路面积雪
	冰	影响路面附着系数	路面温度、冰雪
	风	影响车辆侧向稳定性	风力、风向
事件信息	事件地点	堵塞交通，引起二次事故	交通量、占有率、车速

1. 交通检测器

交通检测器的布设方案服务于实时交通的事件检测与安全管理，其核心则是针对交通流运营状态的实时检测,包括运行车速、车头时距、车道流量、交通密度等特征参数。而交通检测的本质是车辆行驶状态的检测,以便进一步推测或预估下游区间的交通流运营状态。这里的交通检测器布设技术以车辆三种基本行驶状态的检测为核心,下面进行检测区段、布设原则和布设方案的研究。

(1)布设长度

目前,对于交通检测器的布设密度主要以实际管理者的经验为依据而进行布设,如意大利那不勒斯市安装的 TANA 监控系统,每隔250m(隧道内每隔125m)设置一组交通检测器;澳大利亚连接 Tullamarine 机场和 Melbourne 城的高速公路上,设置的检测器间距为 450~1070m;加拿大 401 国道主线段每隔800m 设置一组交通检测器;日本 Meishin 和 Tomei 高速公路的速度检测器设置间距为 2000m,而东京的高速公路上超声波检测器的间距为 300~500m。

检测线圈的设置长度与路段上车辆的运行车速、交通流组成、车辆的驾驶行为等因素有关。在车辆三种基本行驶状态中,自由行驶和跟车行驶都可以准确检测,而变换车道行驶检测则存在一定的难度。当检测区段越长时,车辆变换车道的可能次数也越多,由交通检测器预估的车辆行驶状态也越不准确。因此,服务于交通流运营风险缝隙的交通检测器布设长度,应考虑车辆变换车道行驶的车速特征,从而确定交通检测器的布设间距。

依据变换车道的安全约束条件计算得:变换车道 1 次的时间为 2.5~3.0s,变换车道 2 次的时间为 3.5~4.0s。同时,考虑与目标车道上前车和后车的避免追尾碰撞约束条件,车速在 80~120km/h 的车辆避免碰撞时间为 2~6s。由此可见,变换车道 1 次的时间为 4.5~9s,变换车道 2 次的时间为 5.5~10.0s。考虑驾驶人反应时间差异特性,换道行驶时间取值为 8s,具体结果如表 5.31 所示。

不同检测区段长度对应的变换车道参数变化特征 表 5.31

区段长度(m)	500			750			1000		
设计车速(km/h)	80	100	120	80	100	120	80	100	120
行程时间(s)	11.25	9	7.5	22.5	18	15	67.5	54	30
换道行驶距离(m)	177.7	222.2	266.7	177.7	222.2	266.7	177.7	222.2	266.7
可变换车道的次数(次)	2	2	1	4	3	2	5	4	3

综上所述,考虑高速公路的车速运行特征,兼顾实际交通检测的效果和费用-效益比,交通检测器的设置长度以 500~1000m 范围为宜,即在检测区间内车辆能进行 1 次变换车道,以此能准确地检测交通流的基本行驶状态。

(2) 类型

交通检测器分为固定式和移动式两种,前者包括感应线圈、视频检测器、微波检测器、超声波检测器和红外检测器等,后者包括基于卫星定位系统的动态交通数据采集技术、基于电子标签的动态交通数据采集技术、基于汽车牌照判别的动态交通数据采集技术等。不同交通检测器具有不同的检测功能,如表 5.32 所示。

不同交通检测器的交通检测参数和性能特征　　表 5.32

检测器类型	交通流量	占有率	车速	车队长度	多车道覆盖	误检率（%）	使用寿命（年）
环形地感线圈	√	√	×	×	√	0.5	视情况
视频	√	√	√	√	√	4	5
微波	√	√	√	×	√	2	7
超声波	√	√	×	×	×	4	7
红外线	√	√	√	×	√	6	7

移动式交通检测器存在着使用灵活、移动性强的特征,不存在检测的固定布设问题。移动式交通检测器是由人员操作实施的,适合于交通状态的抽样检测。而固定式交通检测器具有移动性差、安装与适用性强等特性,仪器的布设应遵循一定的原则,最大限度地发挥检测器的检测效能。

(3) 布设原则

交通检测器的布设指固定式检测器的布设。从理论上,固定式交通检测器的布设密度越大,所检测到的数据越能准确地体现路网交通流运行的特征。然而,当固定式交通检测器布设达到一定的密集程度后,继续增加的检测器并不能显著提高交通流运行特征分析的精度,却增加了动态交通数据检测的投入成本。因此,固定式交通检测器的布设间距应遵循以下基本原则:

纵向布设——关键节点控制、覆盖面大,通过不同检测器的检测功能互补优化配置,获取真实、翔实的交通信息。此外,布设间距应考虑道路的线形特征和重大公路基础设施等路线调整,实现大范围"点"和"面"结合检测。

横向布设——抗干扰、控制关键断面,依据检测器的检测功能和检测的精度要求,选择适当的交通检测器类型和性能,设置合理的检测器数量,注重检测器横向排列的方式,避免多车道不同检测器之间的相互横向干扰或重复检测。

应注重直接检测与间接检测的优化配置布设,视频交通检测器能获取直观的现场画面,提供生动的视觉信息,但缺乏有效的交通数据参数;而间接交通检测器,如检测线圈、微波或雷达检测器,能持续不断地检测交通参数,但缺乏有效的直观画面。因此,在交通检测器布设过程中,应有机地结合现场视觉直接判断和状态参数间接判别的方式。

2. 气象检测器

气象条件对于高速公路的行车安全起着至关重要的作用。气象信息的功能包括:①以气象统计资料为基础,对历年的气象信息和不良气象的发生情况进行统计分析,并运用预测技术建立不良气象的预测模型,据此预测未来不良气象的发生概率,指导未来不良气象的预防预报工作,供公路管理部门做好长期的事故预防准备;②搜集公共气象信息资料,结合道路沿线的气象监测站获得的实时观测资料,对未来将要发生的不良气象的类型、危害程度、影响范围和持续时间等信息做出分析和预测,并通过通信系统传送到分析决策子系统和信息发布子系统,以便决策部门做出决策,在不良气象出现之前及早采取应急对策,加强路面巡逻和监控力度,根据天气和公路交通的情况及时采取针对性的交通管制对策和工程对策等;③实时发布信息。

不管是用预测模型预测不良气象,还是气象信息资料的整理和分析,这些都是一个需要不断改善和提高的工作。通过一系列客观评价指标来评价系统的分析预测能力可以改进预测精度、提高工作质量,因此对不良气象预报预测的效果进行定期评价十分必要。

高速公路气象监测最主要的两个参数是大气能见度和道面状况。道路部门利用能见度检测仪对道路大气的能见度进行检测,从而做出开放或关闭高速公路路段的决策,同时向驾驶人发出保持适当车速和车距的提示。道面传感器主要针对寒冷地区的高速公路,道路部门使用它检测道面是否结冰、结霜或积雪,以及水层厚度、潮湿程度等,并判断和计算所需要的化学除雪剂。

此外,大气温湿度、风向风速、天气现象也是高速公路气象监测的一部分。

道路部门将天气现象与大气温湿度、风向风速等参数结合起来,可以更清楚地获知现时天气状况,并可据此对未来的天气做出进一步预测,从而对高速公路的运营进行管理。

(1)能见度检测仪

能见度检测仪的工作原理主要是依据对大气消光系数(或大气的光衰减系数)的精确测量。能见度检测仪一般由稳定的红外发射光源、高灵敏度、大动态范围的红外散射光接收器、信号采集与处理器,以及控制器、加热器、电源、调制解调器、防护罩、防腐支架、不锈钢机箱等部件组成。根据公安部雾天高速公路行车管理规定,高速公路上要求的能见度检测仪采集范围至少应该在 10～2000m,并且能够识别雨、雾、雪等天气条件。

(2)路面传感器

路面传感器是一种应用热力学被动原理的多个传感器模块的集合体,主要通过测量道面材料的电导率和电化学极化来判定道路表面状况。新的测量原理能够对覆盖量进行估算。这一计算连同浓度测量即可完成预报道面结冰状况的工作。通过精密的传感元素测量冰面状况。采用包括大气温度和降水在内的所有测量数据来判定道面状况。高速公路采用的路面传感器应该能够检测路面的干、湿、冰、水膜厚度等状况,并且耐磨耐压,水膜的厚度应该精确到 0.1mm。

(3)风速风向传感器

风速风向传感器由风向传感器、风速传感器及传感器支架三部分组成。其中,风向传感器由风标转轴连接一个由风标带动的格雷码光码盘组成,随风向标的转动,码盘下面的光电管接收到电码也相应发生变化,从而达到检测实时风向的目的。风速传感器由三个轻质锥形风杯组成,附着在中心不锈钢轴上的截光盘随轴旋转,每转动一圈,由光电晶体中产生出一个脉冲链,输出的脉冲速率与风速成正比,从而实现对风速的检测。

(4)温、湿度传感器

温、湿度传感器对高速公路运营管理来说,一般在自动气象站中配置,很少单独设置。目前温度传感器通常采用标准 4 线制铂电阻,配有 5m、10m 的屏蔽电缆,利用铂导体电阻值随温度升高而增加的特性进行测量。测湿元件采用聚合物薄膜电容传感器。

(5)自动气象站

自动气象站是对高速公路天气状况进行探测的系统。它采集道路路面状况、能见度、降水类型和其他气象参数的实时数据,并将数据传送到控制中心,道路部门以此作为确保交通安全和制定道路养护方案的依据。自动气象站是多种气象传感器的集合体,可以添加各种传感器来满足对不同气象要素的采集需求。例如,同时配备测量路面状况、降水、温度和湿度、能见度、天气现象、风速、风向及其他参数的传感器。

5.4.1.2 信息发布设施

在道路运营过程中,不仅公路交通状况处于实时的变化状态,而且还会出现风、雨、雾、雪等不良天气,或者出现交通事故、车辆抛锚等突发事件,造成路段通行能力下降而引起交通拥挤或堵塞。一旦事件发生,不仅会影响到高速公路自身的运营安全与效率,往往还会波及整个路网,影响路网的运营效率,造成巨大损失。如果发生了重大事件而影响顺利出行,不仅会造成大量时间和设施财产上的损失,更会威胁到人们的生命安全,甚至公共安全。因此,路段信息发布系统必须能够及时地向驾驶人提供相关信息,引导驾驶人选择最佳的行车路线。

1. 信息发布原则

信息发布是信息发布系统的根本任务,但是目前信息发布的方式繁多,需要发布的内容各异,接收的对象十分广泛,因此服务于安全管理的信息发布应遵照如下原则:

①实现管理目标。实现管理目标(如提高行车安全性)是信息发布的根本目的,因此,信息发布的方式、内容、形式都必须以安全管理对策为基本出发点,围绕管理目标进行合理、有效的信息发布。

②准确。发布的信息应如实反映公路交通环境,向广大用户真实传达管理者的管理意图。

③及时。动态的交通环境自然要求发布的信息具有动态性,信息的及时发布是实现管理目标的重要保证。

④易理解。信息发布的对象覆盖众多的道路用户,这就要求信息发布必须考虑不同人群对信息的理解能力,避免误解或者不理解现象的发生。

⑤有效。信息发布的目的是实现某种管理目标,因此信息发布的有效性是信息发布的最高级要求。

2. 需要发布的信息分析

信息发布是为了实现管理目标,因此,研究信息发布需要首先分析各种管理对策。目前可行的管理对策主要包括以下几类。

(1) 关闭类

关闭类对策是在最不利的情况下,为了保障车辆的行车安全所实施的一种极端对策,如遇到台风、暴雨或出现严重的拥堵、事故等。在道路需要进行施工,影响车辆通行时,也需要对道路采取关闭对策。关闭类对策属于强制性对策,车辆必须无条件服从管理。具体对策主要有关闭整条高速公路、关闭高速公路某一段、关闭匝道。

(2) 限制类

限制类对策是在行车环境出现不利条件时,为了保障行车安全所采取的一种控制管理对策,目的是在保证车辆通行的前提下,减小不利因素对车辆的影响。例如,遇到雾、雨、风或出现拥堵、事故等。限制类对策属于强制性对策,车辆必须服从管理。具体对策主要有限速、限制车距、出入口控制、定时放行、封闭车道、禁止超车等。

(3) 诱导类

诱导类对策是在行车环境出现不利条件,却同时存在备选环境时,为了保证行车安全所采取的引导车辆趋利避害的对策。诱导类对策分为两种:一种为强制性诱导,如原有道路发生事件造成无法通行,实施的诱导为强制性诱导,车辆必须服从诱导;另一种为选择性诱导,如原有路线发生事件只是影响通行,实施的诱导为选择性诱导,车辆根据情况自行决定如何选择路线。实施何种诱导对策取决于实际情况的需要,具体对策有诱导所有车辆选择其他路线(强制性诱导)、诱导部分车辆选择其他路线。

在进行道路管理时,通常是以上几种对策配合使用,在同一事件条件下,不同的路段会采取不同的管理对策。如果一个路段采取关闭对策时,那上游路段肯定要采取强制性诱导对策。而一个路段采取限制对策时,上游路段一般会采取选择性诱导对策。

从以上管理对策的内容可以看出,不同的对策需要发布的信息完全不同。从信息发布的角度来说,需要发布的信息内容及种类如表 5.33 所示。

不同管理对策下的信息发布需求 表 5.33

对策种类	信息发布地点	信息发布内容	信息种类
关闭类	上游路段	关闭原因,关闭路段	强制信息
限制类	本路段,上游路段	限制内容,限制路段	强制信息
强制诱导类	上游路段	诱导原因,强制路线	强制信息
选择诱导类	上游路段	诱导原因,建议路线	建议信息

从信息的紧急与重要程度来说,发布的信息可以分为强制信息、建议信息与提示信息,随着发布路段与管理路段之间距离的增加,需要发布信息的重要度也随之下降。

(1)提示信息

提示信息是针对不同情况向驾驶人发布的信息,提醒驾驶人引起注意,如气象信息、施工信息、交通信息、道路信息、较远处的事件信息等。

(2)建议信息

建议信息是向驾驶人发布有利于驾驶的信息,如建议行车路线、建议行驶速度、建议驾驶行为等。

(3)强制信息

强制信息是向驾驶人发布必须遵照执行的信息,如限速、关闭高速公路、关闭行车道等。

3.信息发布设施分类

根据不同的信息发布对象,采用的信息发布技术也各不相同。通常的信息发布对象有驾驶人、管理部门、救援部门等。按照实现目的的不同,信息发布方式可以分为四大类:单车诱导、群体诱导、公众服务和内部管理。信息发布示意如图 5.31 所示。

(1)可变信息标志

可变信息标志(VMS)是一种因交通、道路、气象等状况的变化而改变显示内容的标志,可用作速度限制、车道控制、道路状况、交通状况、气象状况及其他内容的显示,显示形式可以是文字、数字、符号或图形,既是一种信息发布手段,又是一种交通控制策略。有些国家或地区把可变信息标志、车道控制标志、可变限速标志等都称作可变信息标志。

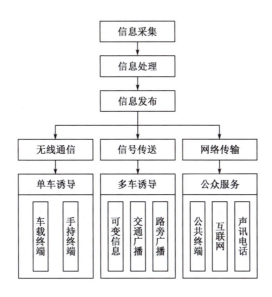

图 5.31 信息发布示意

VMS 系统是通过在交通网中重要地点的可变信息标志,向驾驶人提供公路交通状况信息(诸如路况、拥挤程度、排队长度、交通事件等信息),诱导车辆采取合适的车速或推荐行驶路线,使驾驶人选择最佳路线,达到路线畅通、安全行车的目的。

可变信息标志用于高速公路或城市快速路是比较容易实现的,其控制模型相对比较简单,已有几十年的应用,随着技术的不断进步,VMS 的发布形式也发生了变化,如图形式 VMS 的出现等。可变信息标志用于快速路网的交通控制与管理在目前国内外比较常见。

(2)交通广播

交通广播就是广播电台向驾驶人提供公路交通及有关信息,使驾驶人了解道路前方的交通状况,为驾驶人制定出行计划及选择行驶路线提供参考。交通广播通常采用公用广播网播送交通信息,简单、经济,但实时性和针对性较差;并且高速路网一般范围较大,跨越多个行政区,交通广播的信息共享与管理协调存在一定的难度,通常用于城市路网。

(3)车载终端

车载终端包括车内单元、中心计算机及通信网络。车内单元包括小型键盘、显示器、微型计算机系统等。驾驶人以代码形式通过键盘输入所要到达的目的地,此代码经过通信网络送达中心计算机,计算机算出最佳行驶路线后,将此行驶路线信息再经过通信网络送回到车内单元,并在显示器上显示出来。车内单元除了能够显示引导信息外,还能给出速度限制、天气、交通事故、道路施工情况等。一般地,使用车内引导系统,驾驶人的平均行程时间可缩短 9% ~ 15%。

(4)手持终端

手持终端包括寻呼机、手机等。寻呼机可以实时地为用户提供交通信息,但是目前尚未解决如何对信息进行格式化以及哪些信息对用户最重要等问题。手机是较新的信息发布技术,通过无线通信实现用户与出行者信息系统交互的功能。

(5)路旁广播

路旁广播是由管理部门建立的专门的路边广播系统,利用专用的无线电发送装置,把收集到的该路(网)及相连道路的交通状况、气象等情报编辑并合成(或人工直接广播),通过沿道路的定向天线将信息播放出去,驾驶人进入播放接收区后即可在相应的波段收到公路交通情报。

路旁广播在发布信息方面灵活、及时、有效,能提供的信息量大,不受能见度的影响,对于交通量大且形成路网的高速公路更显其优越性。虽然路边广播系统具有很好的引导交通作用,但造价和维护成本较高。

(6)互联网

互联网是新兴的一种交通信息发布手段,通过动态网页显示路网的信息,为出行者在出行前提供实时的出行信息,制定相应的出行计划。互联网虽然信息量大且更新很快,但是要求有小型计算机终端和网络,对路上的驾驶人帮助有限,属于出行前的信息发布。

(7)公共信息终端

公共信息终端是在公共场所向公众提供交通信息的终端设备,如服务区的触摸屏、显示屏、个人计算机等。通过专用网络或者公用网络,将实时的交通信息发布到终端上,供出行者参考,制定出行计划。公共信息终端发布的信息量大、更新及时,但是对路上的驾驶人帮助有限,同样属于出行前的信息发布。

交通广播较多应用于城市道路,路边广播、车载终端、手持终端还未能在国内运行,互联网以及公共信息终端均属于出行前信息发布,因此国内主要应用可变信息标志来发布交通信息。

5.4.1.3 特殊路段监控设施

1. 隧道监控设施

高速公路与一般公路相比,具有线形好、交通流量大、行车速度快等特点。高速公路隧道又是高速公路路网的咽喉地段,如不采用先进的监控管理对策,在交通量大、气候恶劣的情况下,极易发生交通事故和交通阻塞。

高速公路隧道监控系统根据隧道长度和交通量两个因素,从高到低依次划分为 A、B、C、D 四个等级,监控等级作为隧道设备配置的依据。

隧道监控等级的确定方法为:

$$P = 365 \times 10^{-9} \alpha L q \tag{5.6}$$

式中:P——隧道内年事故概率估计值;

L——隧道长度(m);

q——隧道年平均日交通量(pcu/d);

α——事故率(事故数/百万车公里),取值 0.1。

根据 P 的计算值,隧道监控等级划分如表 5.34 所示。

隧道监控等级划分　　　表 5.34

P	等级	P	等级
>0.55	A	0.18~0.05	C
0.55~0.18	B	≤0.05	D

隧道监控等级的划分是隧道监控系统设备配置的基础。设备配置应综合考虑隧道长度、交通量、坡度、平曲线半径等因素。与隧道监控等级相适应的最低响应的设备配置如表 5.35 所示。

隧道监控系统设备配置 表5.35

设备		监控等级				设置要求
		A	B	C	D	
监测设备	车辆检测器					检测交通流、速度、占有率、车型;用于信息检测和阻塞自动判断,设置间距300~500m
	能见度检测仪	●	○	○	○	测定隧道内灯光照明下的合成能见度,射流风机纵向通风的隧道在弯道及距出口100~150m处必须设置
	CO浓度检测器	●	●	○	—	自动测定CO浓度,射流风机纵向通风的隧道在弯道及距出口100~150m处需设置
	风向风速检测器	○	○	—	—	采用射流风机纵向通风的隧道距出口100~150m处开始向洞内以1000m间距设置
	亮度检测器	●	●	○	—	只在隧道入口设置,出口不设
	摄像机	●	●	●	○	洞内采用固定焦距摄像机,从入口布设,间距100~150m;洞外入、出口可设置变焦、变倍、带云台摄像机
	超高车辆检测器	○	○	○	○	隧道入口处设置
报警设备	火灾自动检测器	●	●	○	—	连续布设
	手动报警按钮	●	●	●	●	每50m一个,与消防设备同址布设
	紧急电话	●	●	●	○	洞外出、入口处各设一台紧急电话,洞内从入口200m处以200m间距布设
控制和诱导设备	车道控制器标志	●	●	●	○	从入口处开始以300~500m间距在每车道上方设置
	交通信号灯	●	●	●	—	在隧道入口前及由整体式路基变为分离式路基分界点100~300m前设置
	可变信息标志	●	○	○	○	在隧道入口前及由整体式路基变为分离式路基分界点前设置
	可变限速标志	●	●	●	○	在洞外及洞内弯道、下坡等特殊路段前设置
	有线广播	○	○	—	—	在隧道入口及隧道分音区设置
	隧道监控站	●	○	○	○	原则上隧道口100m外的侧向设置

注:●表示必选的设备;○表示可选设备。

对于高速公路隧道的监控方案主要考虑隧道的进口、中间段、出口处的实时图像状况、隧道内车流量和流速检测、通风设备工作状态检测、交通监视、控制和诱导、照明、防火等环节。隧道控制设施主要是指隧道交通检测与控制设施、隧道火灾报警设施、隧道通风控制设施、隧道照明控制设施、隧道紧急处置设施等。

2. 桥梁监控设施

桥梁路段比较特殊,如桥下有河流流经或周围水汽丰富,空气湿度大,易产生局部雾;若道面温度下降接近或达到结冰温度,露点温度高于道面温度易形成霜;道面接近或达到结冰温度,在未来的1~2h道面可能结冰或已经结冰;此外,桥面横风也对行车安全构成危害,出现"飘"、偏向甚至吹翻现象。因此,气象信息的实时监控便显得非常重要,这是及时向道路用户发布桥梁段安全管理信息的前提。

另外,当出现交通事故时也比较难以处理,除要检测桥梁上下游处的交通量外,还应对桥面上的交通流进行实时监控,应付突发事件。桥梁段主要需要采集的数据是气象信息和交通流信息,因此数据采集设施包括气象检测设施和交通检测设施两大类。

(1) 桥梁段气象检测设施

气象检测设施根据检测项目又细分为气象检测器、能见度/风速风向检测器和风速风向检测器,主要完成功能包括:能见度监测,大气温度、湿度监测,雨量监测,路面状况检测,风向、风速监测。需要气象监测站(包括能见度检测仪、路面检测器、温度湿度检测器、雨量监测仪和风向风速仪)、路面检测器等。

能见度检测仪的布设应尽量考虑设在气象环境比较恶劣的地方,如易发生大雾的水网地区、易产生横风的地方、易产生局地小气候的谷地、山崖地区等。气象设备的布设位置同时也应考虑这些设备的布设位置能兼顾到尽可能多的区域,如设置在高速公路路段的中间位置以及在与其他高速公路交界的位置。

(2) 桥梁段交通检测设施

为达到全线基本交通流监测、交通异常判断的目的,在主桥每1km左右设置车辆检测断面,应配置1套车辆检测器(含2台微波发射器),接线的布设距离可以扩大到平均间距5km,用于检测车辆数量、车速、占有率及车型。车辆检测装置用在特大桥梁处是为了检测上下游的交通量,了解桥梁的占有率,进而分析参数,采取控制方案,布设位置在桥梁入口的50~100m。

(3) 桥梁段交通控制设施

管理对策包括强制性对策和服务性对策,其实施主要通过管理控制设施实现,对应的管理控制设施包括强制性管理设施和服务性管理设施。强制性管理设施包括车道关闭器、临时路障、巡逻车设障等,通过强制性手段实施管理对策;服务性管理设施包括车道控制器、可变信息标志、路侧广播等。

根据交通量的状况,可设置不同的可变信息标志进行综合控制,对于交通量比较大的桥梁,除了提出限速要求外,还可能会有实时的控制信息发布,因此一般采用大型可变信息标志,设置位置一般为入口位置50~100m。

3. 立交监控设施

立交是高速公路衔接其他高速公路或者其他等级道路的关键性构造物,是由其他高速公路或者其他等级道路进入高速公路的交通瓶颈位置,易在此处发生拥堵和交通事故,因此在高速公路监控系统中对立交的监控有着非常重要的意义。

立交监控的目的主要是监控立交处的转移交通量和立交出入口的交通状况,主要是拥堵程度和交通事故状况,在气候条件复杂的立交处也要有针对性地监控此处的天气状况。对于此处设置监控设备的原则是,根据匝道控制原理及数据采集设备采集到的上下游交通量和道路占有率来调控进入主线的车辆数量。

(1) 立交段气象检测设施

气象检测设施根据检测项目细分为气象检测器、能见度检测仪和风速风向检测器,主要完成以下功能:能见度监测,大气温度、湿度监测,雨量监测,路面状况检测,风向、风速监测。

能见度检测仪的布设应尽量考虑设在气象环境比较恶劣的地方,如易发生大雾的水网地区、易产生横切风的地方、易产生局地小气候的谷地、山崖地区等。

此外,根据国家气象局的建议,能见度检测仪在城区范围建议每5km布设一台,在郊区范围建议每10~20km布设一台。在路网监控中心的应急指挥系统中,能见度数据是监控中心及早发现特殊路段、发出预警信息的重要信息来源。根据现有高速路网全面反映各路段的能见度状况的要求,气象信息采集设备必须覆盖整个路网,原则上检测点的布置平均 20km 一个。

(2)立交段交通检测设施

其布设情形为:系统通过在互通立交区段布设的车辆检测器要求能够实现交通流数据统计、小区域交通异常事件自动检测,以便积累历史数据及管理经验;立交处相对于其他路段的交通量变化率大,出现交通事故的可能性很大,为了实时地对事故的出现进行监控,设置摄像机是必要的;系统通过视频事件检测系统实现道路交通事故等自动判别,保障道路安全;系统要求实现外界人工信息输入的联动控制功能,如车辆检测器和摄像机联动、气象检测器和摄像机联动等。

(3)立交段交通控制设施

F 形可变信息标志布设位置一般为互通交织区段的 200m 左右,主要作用是匝道控制和限速,一般在出口位置。其布设一般应根据互通交通量的变化情况来确定,针对交通量大的立交必须布设。

门架式可变信息标志是大型可变信息标志,其布设位置是入口位置交织区段前 700~800m,主要作用是发布道路信息和匝道控制,一般设置在进入互通的方向,相对于小型可变信息标志而言,门架式对于交通量有着更高的要求。

5.4.2 不同等级风险大小交通安全管理对策库

通过公路交通监控设施对路段实时监测,根据三种不同的交通流状态(自由行驶、跟车行驶以及换车道行驶)下的交通流数据进行运营风险的分析与判别,根据不同行车状态下的运营风险等级制定对策。

针对不同等级运营风险大小采取相应的管理对策,动态预防交通事故的发生或再发生。风险等级划分如表 5.36 所示。

不同行车状态下平均运营风险值的等级 表 5.36

运营风险平均值	0.8~1.0	0.6~0.8	0.4~0.6	0.2~0.4	0~0.2
运营风险等级	Ⅰ	Ⅱ	Ⅲ	Ⅳ	Ⅴ

表 5.36 中,风险数值越低则风险等级越高,即Ⅴ级风险最低,Ⅰ级风险最高。在风险的安全管理对策中,对不同等级风险采取分阶段的逐级控制(即

Ⅰ级风险往Ⅱ级风险控制,Ⅱ级风险往Ⅲ级风险控制,依次类推,从而避免由Ⅰ级风险直接降为Ⅲ级风险),避免急剧降低车速或车头时距,以免发生人为事故。Ⅰ级风险是最危险的情形,其最为安全的方法是迅速降低车速、扩大车头时距,但由于交通流处于小间距的高密度状态,可采取适度扩大车头时距或降低车速,避免直接急剧降低车速。如要求从风险等级Ⅰ控制到等级Ⅳ、Ⅴ,则控制难度较大,成本高,因为仅需控制到等级Ⅲ即可满足道路安全的基本要求。

针对不同运营风险下安全管理的基本方法如下。

①分离:针对不同交通状况,或为了处理特殊事件,分车道管理或对某些车道进行封闭管理。

②限速:针对不同交通流状况、环境状况及道路条件,对高速公路行车速度进行控制和管理。

③限流:限制进入高速公路的流量,以保证安全运营。

④诱导:对已进入高速公路的交通流进行诱导,使交通流分布有利于路网运营安全。

基于此,道路运营风险管理及应急处置对策类型包括以下几种。

①车速控制对策:依据不同运营风险等级以及交通流状况,对高速公路行车速度进行控制和管理,以保证道路的运营安全性。

②车距控制对策:为保证车辆能够以一定的安全间距行驶,对道路上车辆间距进行限制。

③流量控制对策:依据高速公路实时运营安全性和通行能力,对进入高速公路的车流量进行限制。流量控制通过调节入口匝道的入口流率实现。

④超车控制对策:当不良气象能见度较低、风力较大或者出现不良交通状况时,禁止超车行为,针对不同等级的大风,分别对不同车型进行超车控制。

⑤照明控制对策:对防雾灯、车道灯、路灯等照明设施进行控制。

⑥紧急制动控制对策:当路面有结冰或积雪时,禁止紧急制动行为。

⑦车道使用控制对策:对不同车型进行分车道行驶控制。

⑧可逆车道交通组织对策:当高速公路某半幅发生严重的事件导致交通拥挤或堵塞,而另外半幅有足够的通行能力剩余时,采用部分或全部可逆车道来疏导受阻的交通流。

⑨交通诱导对策:对已进入高速公路的交通流进行交通诱导,使交通流分布有利于道路安全管理。

⑩其他应急处置对策:各部门的联动对策,如出动交警指挥交通,医疗、军队等救援部门协助紧急救援和清理障碍,以及消防部门消防救援等。

5.4.2.1 自由行驶对策

在自由流情况下,根据道路的设计车速大小和道路环境下提出自由流安全行车速度v_{FS}的概念,自由行驶状态下车速v_F,而自由流安全行车速度$v_{FS} = \min(v_{SS}, v_{RO}, v_L)$。自由流安全行驶状态为自由流车速$v_F$不应超过自由流安全行车速度$v_{FS}$,即$v_F \leq v_{FS}$。

其中,v_{SS}为临界抗滑安全车速,计算公式为:

$$v_{SS} \leq 11.28 \sqrt{R(\mu_s + e)} \tag{5.7}$$

v_{SS}与转弯半径R、横向力系数μ_s和超高e有关。不良气象条件下,当车辆处于自由流状态时,驾驶人主要受到环境影响,由于不良气象环境下道路环境根据能见度与路面抗滑系数发生变化,需要重新计算安全车速v_{FS}。不同半径、不同天气和不同超高情况下临界侧滑安全行车速度如表5.37所示。

不同半径、天气和不同超高情况下临界侧滑安全行车速度(km/h) 表5.37

曲线半径(m)	超高3%				超高6%			
	晴天 $\mu_s=0.57$	雨天 $\mu_s=0.47$	冰天 $\mu_s=0.18$	雪天 $\mu_s=0.32$	晴天 $\mu_s=0.57$	雨天 $\mu_s=0.47$	冰天 $\mu_s=0.18$	雪天 $\mu_s=0.32$
250	138	126	82	106	142	130	87	110
300	151	138	90	116	155	142	96	120
350	163	149	97	125	167	154	103	130
400	175	160	103	133	179	164	111	139
450	185	169	110	142	190	174	117	148
500	195	178	116	149	200	184	124	155
550	205	187	121	157	210	193	130	163
1000	276	252	163	211	283	260	175	220

v_{RO}为车辆临界抗侧翻安全车速,计算公式为:

$$v_{RO} \leqslant 11.28\sqrt{\frac{R(b+2he)}{2h-be}} \qquad (5.8)$$

车辆临界侧翻安全车速与转弯半径 R、车辆轮距 b、曲线超高 e 以及车辆重心高度 h 有关,与环境因素无关。由于小汽车重心低,不易发生侧翻;小半径曲线上货车重心高,发生侧翻的可能性较大。货车临界最大侧翻运行车速如表 5.38 所示。

货车临界侧翻安全运行车速(km/h)　　　　　　　　表 5.38

轮距(m)	半径250m				半径400m			
	重心高度1.5m		重心高度2m		重心高度1.5m		重心高度2m	
	超高3%	超高6%	超高3%	超高6%	超高3%	超高6%	超高3%	超高6%
1.2	118	122	103	108	149	155	130	137
1.3	122	127	107	112	155	161	135	141
1.4	127	131	111	115	160	166	140	146
1.5	131	136	114	119	165	171	144	150
1.6	135	140	118	122	171	177	149	155
1.7	139	144	121	126	176	182	153	159
1.8	143	148	124	129	181	187	157	163
1.9	147	151	128	132	186	192	161	167
2.0	150	155	131	136	190	196	165	171

将临界侧滑安全行驶车速 v_{SS}、车辆临界抗侧翻安全车速 v_{RO} 以及路段限制车速的最小值来作为车辆自由行驶的临界安全车速[小汽车为 $v_{FS} = \min(v_{SS}, v_L)$,而货车为 $v_{FS} = \min(v_{SS}, v_{RO}, v_L)$]。将车辆自由流情况下实际车速 v_F 与自由行驶的临界安全车速 v_{FS} 的差值 $v_F - v_{FS}$ 作为自由风险等级的判别,判别标准如表 5.39 所示。

车辆自由行驶的风险等级判别标准　　　　　　　　表 5.39

车速差(km/h)	<0	0~5	5~10	10~20	>20
自由风险等级	Ⅰ	Ⅱ	Ⅲ	Ⅳ	Ⅴ
自由风险值	0.8~1.0	0.6~0.8	0.4~0.6	0.2~0.4	0~0.2

车辆自由行驶的风险预防对策如表 5.40 所示。

第5章 高速公路运营风险评估技术与改善

车辆自由行驶的风险预防对策 表5.40

车速差(km/h)	自由风险等级	自由风险值	对策
>20	Ⅰ	0.8~1.0	可变信息标志上显示,请勿超速行驶,可采用广播的形式通知车牌号××车辆减速慢行
10~20	Ⅱ	0.6~0.8	可变信息标志上显示,请勿超速行驶
5~10	Ⅲ	0.4~0.6	可变信息标志上显示,请注意车速
0~5	Ⅳ	0.2~0.4	—
<0	Ⅴ	0~0.2	—

5.4.2.2 跟车行驶对策

在跟驰状态下,当两车之间的车头时距达到最小时,后车的实际车速 v_C 与跟车行驶临界安全车速 v_{CS} 的差值最大,则后车的危险性也达到最大。跟车状态风险的判断需要对最大车速差 $v_C - v_{CS}$ 的车辆进行监测。前后车之间的跟车行驶临界安全车头时距 h_{CS} 为:

$$h_{CS} = \frac{v_n^2/v_{n-1} - v_{n-1}}{70.56(\mu + i)} + \frac{v_n \tau}{v_{n-1}} + \frac{3.6L}{v_{n-1}} \quad (5.9)$$

跟车临界安全车头时距转换对应的跟车临界安全交通量 Q_{CS} 为:

$$Q_{CS} = \frac{3600}{h_{CS}} \quad (5.10)$$

当交通量高于该跟车临界值安全交通量时,出现跟车风险,且跟车风险在随着交通量的增大而增大。

因此,把车头时距的监测转换为交通量,简化了监测以及计算任务,从而更有效快速地判别跟车行驶风险,并能采取相应的对策(表5.41)。

跟车行驶临界安全标准 表5.41

临界安全车距(m)	后车与前车速度差(km/h)	跟车临界安全车头时距(s)			跟车临界安全流量(veh/h)		
		前车速度(km/h)			前车速度(km/h)		
		80	100	120	80	100	120
8	≤0	2.9	2.8	2.7	1241	1286	1333
	0~15	4.1	4	3.8	878	900	947
	15~30	5.6	5.3	—	643	679	—
	≥30	6.6	—	—	545	—	—

续上表

临界安全车距(m)	后车与前车速度差(km/h)	跟车临界安全车头时距(s)			跟车临界安全流量(veh/h)		
		前车速度(km/h)			前车速度(km/h)		
		80	100	120	80	100	120
14	≤0	3.1	3	2.9	1161	1200	1241
	0~15	4.4	4.2	4	818	857	900
	15~30	5.8	5.5	—	621	655	—
	≥30	6.8	—	—	529	—	—

选择表 5.41 中临界安全车距为 8m,后车速度差与前车速度差小于零的情况,对不同速度下的跟车风险等级进行判定,判定标准如表 5.42 所示。对于跟驰状态下的风险管理对策就是控制间距。

车辆跟车行驶的风险等级判别标准　　表 5.42

指标	行驶车速(km/h)	跟车安全等级				
		Ⅰ	Ⅱ	Ⅲ	Ⅳ	Ⅴ
跟车临界安全车头时距(s)	80	<2.9	2.9~3.4	3.4~3.9	3.9~4.4	>4.4
	100	<2.8	2.8~3.3	3.3~3.8	3.8~4.3	<4.3
	120	<2.7	2.7~3.2	3.2~3.7	3.7~4.2	<4.2
跟车临界安全流量(veh/h)	80	<1241	1241~1059	1059~923	923~818	<818
	100	<1286	1286~1091	1091~947	947~837	<837
	120	<1333	1333~1125	1125~973	973~857	<857

5.4.2.3　换车道行驶对策

根据车辆 n 与前车 $n-1$、后车 $n+1$ 的车头时距 h_{L1}、h_{L2},以及与临界安全车头时距 h_{LS} 之间的差值,可计算前、后两个风险值 χ_{L1} 和 χ_{L2}。而后车对车辆的影响较小,忽略不计,选择车辆与前车间的车头时距 h_{LS} 作为换车道风险的判别原则。

$$h_{LS} = \frac{v_n^2/v_{n-1} - v_{n-1}}{70.56(\mu+i)} + \frac{v_n\tau}{v_{n-1}} + \frac{3.6L}{v_{n-1}} + \frac{7.2R}{v_n}\arccos\left(\frac{R-0.75W}{R}\right) \quad (5.11)$$

换车道临界安全车头时距转换对应的换车道临界安全交通量 Q_{LS} 为:

$$Q_{LS} = \frac{3600}{h_{LS}} \quad (5.12)$$

当交通量高于该临界值安全交通量时,出现跟车风险,且换车道风险在随着交通量的增大而增大。

因此，把车头的监测转换为交通量，简化了监测以及计算任务，从而更有效快速地判别跟车行驶风险，并能采取相应的对策（表 5.43）。

换车道行驶临界安全标准　　　　表 5.43

临界安全车距(m)	后车与前车速度差(km/h)	换车道临界安全车头时距(s)			换车道临界安全流量(veh/h)		
		前车速度(km/h)			前车速度(km/h)		
		80	100	120	80	100	120
8	≤0	5.25	5.15	5.05	686	699	713
	0~15	6.45	6.35	6.15	558	567	585
	15~30	7.95	7.65	—	453	471	—
	≥30	8.95	—	—	402	—	—
14	≤0	5.45	5.35	5.25	661	673	686
	0~15	6.75	6.55	6.35	533	550	567
	15~30	8.15	7.85	—	442	459	—
	≥30	9.15	—	—	393	—	—

选择表 5.43 中临界安全车距为 8m，后车速度差与前车速度差小于零的情况，对不同速度下的跟车风险等级进行判定。对于车辆变换车道行驶状态下的风险管理对策就是控制变换车道行为。

5.4.3 正常天气下特征路段事故预防管理对策

正常天气下特征路段的交通状况分为三种情况：自由流行驶、跟车行驶、换车道行驶。三种交通流特性不同，依据上一小节的风险判别结果，制定不同交通流情况下特征路段的事故预防管理对策，包括风险决策分析、交通预警信息发布等。

当车辆处在自由流行驶状态下时，实际行驶车速 v_F 应小于自由流临界安全车速 v_{FS}，即 $v_F \leqslant v_{FS}$。当 $v_F > v_{FS}$ 时，应根据自由流风险等级大小计算出不同风险等级下允许的行驶车速，采取相应的对策来控制车速。

当车辆处在跟车行驶状态下时，实际车头时距 h_C 应大于临界跟驰车头时距 h_{CS}，即 $h_C \geqslant h_{CS}$，此处的临界跟驰车头时距是一个极限安全值，因此实际车头时距除特殊情况外不能出现 $h_C < h_{CS}$，反之则容易诱发交通事故。由于车头时距不易测算，转换为流量直观地判别跟车行驶状态的风险，因此选择临界跟驰交通流量 Q_{CS} 进行判别，计算出不同风险等级下的跟驰流量，并制定相应的

对策控制车流量。

当车辆处在换车道行驶状态下时,与跟车行驶状态类似,把实际换车道临界车头时距 h_{LS} 换算为临界换车道交通量 Q_{LS},根据不同风险下对应的车头时距差计算不同风险下对应的交通流量,进而对不同等级制定出相应的对策来控制车流量。

各路段交通流风险控制对策如表 5.44 所示。

路段交通流风险控制对策　　　　表 5.44

对策类型		车辆行驶控制类对策				限流类对策	
对策名称		车速控制	避免紧急制动	车距控制	禁止超车	入口流量限制	封闭入口
自由流行驶	Ⅰ	●	●	●	○	—	—
	Ⅱ	●	●	○	×	—	—
	Ⅲ	●	○	×	×	—	—
	Ⅳ	●	×	×	×	—	—
	Ⅴ	×	×	×	×	—	—
跟车行驶	Ⅰ	●	●	●	○	●	○
	Ⅱ	○	●	●	×	●	×
	Ⅲ	○	○	●	×	○	×
	Ⅳ	×	×	○	×	×	×
	Ⅴ	×	×	×	×	×	×
换车道行驶	Ⅰ	●	●	●	●	●	○
	Ⅱ	○	●	●	●	●	×
	Ⅲ	○	○	●	○	○	×
	Ⅳ	×	×	○	×	×	×
	Ⅴ	×	×	×	×	×	×

注:●表示必须采用该类对策;○表示在一定条件下采用该对策;×表示不采用该对策;—表示没有该项。

5.4.4 不良气象条件下高速公路事故预防对策

不良气象条件下的高速公路交通事故预防对策是通过采取相应的工程手段避免或降低雾、雨、冰和雪等灾害性气候所导致的能见度不足、车辆侧向稳定性不足等风险。这类预防技术包括两类：一类是需要根据气象资料或事故资料设置的设施，其使用具有长期性和可操作性，如防雾灯的安装和开启；另一类是虽然设施也是基于气象资料或事故资料设置，但其使用过程具有长期性而不具有可操作性，如安全标线的设置。

根据美国联邦公路管理局的统计结果，美国每年不良气象条件下公路造成大约 6500 起严重事故，超过 45 万人在事故中受伤。不良气象条件是非规律性拥堵的第二大致因，冰、雪和雾天分别占约 15% 的非规律性拥堵。同样地，一场小雨使出行时间增加了 12%~20%。将不良气象条件对运营的影响转换成经济影响，则在一个发达城市，载货汽车驾驶员在不良气象条件下损失了 34 亿美元，相当于 3200 万 h。一条公路关闭一天，可使一个发达城市总共损失约 76 亿美元。因此，采取一定的预防对策，降低不良气象条件下的事故率、伤亡人数和经济损失，降低交通延误是非常重要的。

不良气象条件下高速公路运营主要的影响就是视距问题——低能见度，因此必须通过合理的标志标线设置诱导驾驶人正确行车，完善和改进交通标志标线、视线诱导设施的建设成为重中之重。经验表明，振动标线、轮廓标和突起路标组成的立体的雨、雾、夜间条件下的行车诱导系统，提高了车辆在恶劣天气下行驶的安全性。

根据各种不良气象对交通流运行安全产生的各种影响，在正常天气事故预防对策的基础上，进一步研究不良气象的事故预防对策技术。在不同程度不良气象条件下制定不同的决策。同济大学郭忠印教授课题组建立管理单元事件条件下的行车控制标准，针对不同程度不良气象条件下的管理对策，雾天、雨天、结冰及雪天等环境下主线高速公路管理单元运营安全管理及应急处置对策如表 5.45~表 5.49 所示。

雾天双向 6 车道高速公路管理单元运营安全管理对策　　　表 5.45

能见度（m）	交通流密度（pcu/km）	控制方式	限速（km/h）	车距限制（m）	照明控制	超车限制	其他对策
500~1000	0~34	行车限制	100	160	1	正常	1
	35~43		80	110			
	>43		60	75			
200~500	0~34	行车限制	100	160	4	正常	2
	35~43		80	110			
	>43		60	75			
100~200	0~33	行车限制	80	110	4	禁止	3
	34~44		60	75			
	>44		40	50			
50~100	0~33	行车限制	80	110	4	禁止	4
	34~44		60	75			
	>44		40	50			
<50		封闭			4	禁止	4

注：1. 照明控制：1 表示正常；2 表示开启防雾灯；3 表示开启车道灯；4 表示开启防雾灯和车道灯。
　　2. 其他对策：1 表示正常；2 表示出动交警；3 表示出动交警，医疗救援部门待命；4 表示警车带队，医疗救援部门待命。

雨天高速公路管理单元运营安全管理及应急处置对策　　　表 5.46

能见度（m）	水膜厚度（mm）	控制方式	限速（km/h）	车距限制（m）	照明控制	超车限制	其他对策
≥500	0~2.5	行车限制	85	90	1	正常	1
	2.5~5.0	行车限制	80	90	1	正常	1
	5.0~7.5	行车限制	60	70	1	正常	2
	7.5~10.0	行车限制	60	70	1	正常	3
	>10.0	行车限制	55	70	1	正常	3
375~500	0~2.5	行车限制	75	90	4	正常	1
	2.5~5.0	行车限制	70	80	4	正常	1
	5.0~7.5	行车限制	60	70	4	正常	2
	7.5~10.0	行车限制	60	70	4	正常	3
	>10.0	行车限制	55	70	4	正常	3

续上表

能见度(m)	水膜厚度(mm)	控制方式	限速(km/h)	车距限制(m)	照明控制	超车限制	其他对策
300~375	0~2.5	行车限制	65	80	4	正常	1
	2.5~5.0	行车限制	60	70	4	正常	1
	5.0~7.5	行车限制	60	70	4	正常	2
	7.5~10.0	行车限制	60	70	4	正常	3
	>10.0	行车限制	55	70	4	正常	3
250~300	0~2.5	行车限制	55	70	4	正常	1
	2.5~5.0	行车限制	50	60	4	正常	1
	5.0~7.5	行车限制	50	60	4	正常	2
	7.5~10.0	行车限制	45	60	4	正常	3
	>10.0	行车限制	40	60	4	正常	3
200~250	0~2.5	行车限制	40	60	4	禁止	2
	2.5~5.0	行车限制	40	60	4	禁止	2
	5.0~7.5	行车限制	35	50	4	禁止	3
	7.5~10.0	行车限制	30	50	4	禁止	3
	>10.0	行车限制	20	40	4	禁止	4
125~200	0~2.5	行车限制	20	40	4	禁止	2
	2.5~5.0	行车限制	20	40	4	禁止	3
	5.0~7.5	行车限制	15	30	4	禁止	3
	7.5~10.0	行车限制	15	30	4	禁止	4
	>10.0	行车限制	10	20	4	禁止	4
0~125	0~2.5	封闭	10	20	4	禁止	4
	2.5~5.0	封闭	10	20	4	禁止	4
	5.0~7.5	封闭	10	20	4	禁止	4
	7.5~10.0	封闭	10	20	4	禁止	4
	>10.0	封闭	10	20	4	禁止	4

结冰环境高速公路管理单元运营安全管理及应急处置对策　　表5.47

能见度(m)	结冰面积率(%)	控制方式	控制车速(km/h)	控制车距(m)	照明控制	紧急制动限制	超车限制	其他对策
>500	0~30	行车限制	45	120	1	禁止	禁止	1
	30~60	行车限制	30	80	1	禁止	禁止	3
	60~100	封闭	10	40	1	禁止	禁止	3

续上表

能见度（m）	结冰面积率（%）	控制方式	控制车速（km/h）	控制车距（m）	照明控制	紧急制动限制	超车限制	其他对策
375~500	0~30	行车限制	40	100	4	禁止	禁止	2
375~500	30~60	行车限制	25	70	4	禁止	禁止	3
375~500	60~100	封闭	10	40	4	禁止	禁止	3
300~375	0~30	行车限制	35	90	4	禁止	禁止	2
300~375	30~60	行车限制	20	60	4	禁止	禁止	3
300~375	60~100	封闭	10	40	4	禁止	禁止	3
250~300	0~30	行车限制	30	80	4	禁止	禁止	2
250~300	30~60	行车限制	15	50	4	禁止	禁止	3
250~300	60~100	封闭	10	40	4	禁止	禁止	3
200~250	0~30	行车限制	25	70	4	禁止	禁止	2
200~250	30~60	行车限制	15	50	4	禁止	禁止	3
200~250	60~100	封闭	10	40	4	禁止	禁止	3
150~200	0~30	行车限制	15	50	4	禁止	禁止	2
150~200	30~60	行车限制	15	50	4	禁止	禁止	3
150~200	60~100	封闭	10	40	4	禁止	禁止	4
0~150	0~30	行车限制	10	40	4	禁止	禁止	4
0~150	30~60	行车限制	10	40	4	禁止	禁止	4
0~150	0~30	封闭	10	40	4	禁止	禁止	4
0~150	30~60	封闭	10	40	4	禁止	禁止	4
0~150	60~100	封闭	10	40	4	禁止	禁止	4

雪天环境高速公路管理单元运营安全管理及应急处置对策　　表5.48

能见度（m）	积雪深度（cm）	控制方式	控制车速（km/h）	控制车距（m）	照明控制	紧急制动限制	超车限制	除雪	其他对策
≥500	0~5	行车限制	60	70	1	禁止	禁止	1	2
≥500	5~10	行车限制	50	60	1	禁止	禁止	2	3
≥500	10~15	行车限制	40	50	1	禁止	禁止	2	3
≥500	15~20	行车限制	25	30	1	禁止	禁止	2	3
≥500	>20	封闭	10	15	1	禁止	禁止	2	3
375~500	0~5	行车限制	55	65	4	禁止	禁止	1	3
375~500	5~10	行车限制	45	55	4	禁止	禁止	2	3
375~500	10~15	行车限制	35	45	4	禁止	禁止	2	3

续上表

能见度（m）	积雪深度（cm）	控制方式	控制车速（km/h）	控制车距（m）	照明控制	紧急制动限制	超车限制	除雪	其他对策
375~500	15~20	行车限制	25	30	4	禁止	禁止	2	3
	>20	封闭	10	15	4	禁止	禁止	2	3
300~375	0~5	行车限制	50	60	4	禁止	禁止	1	3
	5~10	行车限制	40	50	4	禁止	禁止	2	3
	10~15	行车限制	30	40	4	禁止	禁止	2	3
	15~20	行车限制	25	30	4	禁止	禁止	2	3
	>20	封闭	10	15	4	禁止	禁止	2	3
250~300	0~5	行车限制	45	55	4	禁止	禁止	1	3
	5~10	行车限制	35	45	4	禁止	禁止	2	3
	10~15	行车限制	25	30	4	禁止	禁止	2	3
	15~20	行车限制	25	30	4	禁止	禁止	2	3
	>20	封闭	10	15	4	禁止	禁止	2	3
200~250	0~5	行车限制	40	50	4	禁止	禁止	1	3
	5~10	行车限制	30	40	4	禁止	禁止	2	3
	10~15	行车限制	20	25	4	禁止	禁止	2	3
	15~20	行车限制	20	25	4	禁止	禁止	2	3
	>20	封闭	10	15	4	禁止	禁止	2	3
150~200	0~5	行车限制	20	25	4	禁止	禁止	1	4
	5~10	行车限制	20	25	4	禁止	禁止	2	4
	10~15	行车限制	15	20	4	禁止	禁止	2	4
	15~20	行车限制	15	20	4	禁止	禁止	2	4
	>20	封闭	10	15	4	禁止	禁止	2	4
0~150	0~5	行车限制	10	15	4	禁止	禁止	1	4
	5~10	行车限制	10	15	4	禁止	禁止	2	4
	10~15	行车限制	10	15	4	禁止	禁止	2	4
	15~20	行车限制	10	15	4	禁止	禁止	2	4
	0~5	封闭	10	15	4	禁止	禁止	1	4
	5~10	封闭	10	15	4	禁止	禁止	2	4
	10~15	封闭	10	15	4	禁止	禁止	2	4
	15~20	封闭	10	15	4	禁止	禁止	2	4
	>20	封闭	10	15	4	禁止	禁止	2	4

注：1表示不铲雪；2表示出动军队铲雪，采用除雪剂等除雪。

表 5.49 风环境高速公路管理单元运营安全管理及应急处置对策

风速	路面情况	控制方式	控制车速（km/h）				控制车距（m）				紧急制动限制	超车限制	其他对策
			轻型客车	大中型客车	集装箱半挂车	小汽车	轻型客车	大中型客车	集装箱半挂车	小汽车			
15~16	干燥	行车限制	60R	80RM	N	N			N	N	禁止	L	1
	湿润	行车限制	40R	70RM	N	N			N	N	禁止	L	3
	积雪	行车限制	P	10R	10R	30	P	P	P	P	禁止	禁止	3
	结冰	封闭	P	P	P	P	P	P	P	P	禁止	禁止	4
16~19	干燥	行车限制	20R	60RM	N	N			N	N	禁止	L	1
	湿润	行车限制	P	40R	80RM	N		P	P	P	禁止	C	3
	积雪	行车限制	P	P	10R	20	P	P	P	P	禁止	禁止	3
	结冰	封闭	P	P	P	P	P	P	P	P	禁止	禁止	4
19~23	干燥	行车限制	P	20R	60RM	N		P	P	N	禁止	C	1
	湿润	行车限制	P	P	45R	85	P	P	P	P	禁止	S	3
	积雪	行车限制	P	P	P	10	P	P	P	P	禁止	禁止	3
	结冰	封闭	P	P	P	P	P	P	P	P	禁止	禁止	4
23~27	干燥	行车限制	P	P	20R	60	P	P	P		禁止	S	1
	湿润	行车限制	P	P	P	50	P	P	P	P	禁止	禁止	3
	积雪	封闭	P	P	P	P	P	P	P	P	禁止	禁止	3
	结冰	封闭	P	P	P	P	P	P	P	P	禁止	禁止	4

第 5 章　高速公路运营风险评估技术与改善

续上表

风速	路面情况	控制方式	控制车速（km/h）				控制车距（m）				紧急制动限制	超车限制	其他对策
			轻型客车	大中型客车	集装箱半挂车	小汽车	轻型客车	大中型客车	集装箱半挂车	小汽车			
27～60	干燥	行车限制	P	P	10R	20					禁止	禁止	3
	湿润	行车限制	P	P	P	10					禁止	禁止	3
	干燥	封闭	P	P	P	P	P	P	P	P	禁止	禁止	4
	湿润	封闭	P	P	P	P	P	P	P	P	禁止	禁止	4
	积雪	封闭	P	P	P	P	P	P	P	P	禁止	禁止	4
	结冰	封闭	P	P	P	P	P	P	P	P	禁止	禁止	4

注：1. 此处的限制车速：N 表示正常车速；60R 表示具体限速值＋限行车道；P 表示禁止通行。
2. 限行车道：R 表示只限在右侧车道行驶；RM 表示对单向三车道高速公路，只限在右侧和中间车道行驶。
3. 限车距：N 表示正常，即无限制；P 表示禁止通行。
4. 超车限制：L 表示轻型客车禁止超车；C 表示大中型客车禁止超车；S 表示集装箱半挂车禁止超车。

在不良气象条件下,高速公路养护人员应采取相应对策确保路面状况良好,并在异常情况路段区域内每隔 2km 设立警示牌或临时限速标志。

根据天气、路况信息,综合上述不良气象条件下应急处置对策,在情况异常路段前方的可变限速标志上显示限速信息,而且要注意对小汽车及货车采取不同的限速标准,并在相应的可变信息标志上打出提示驾驶人注意情况异常路段、谨慎驾驶的信息。

路段内的收费站应在入口处设立警示牌,提示驾驶人情况异常的路段和限速驾驶;当需封闭单车道时,应在情况异常路段前方 1km 被封闭车道上设立安全标志、导向标志和限速标志,并在与被封车道相邻车道的交界处间隔 20m 放置锥形标。如在夜间封闭单车道时,需在被封车道前 1km 处增设频闪灯或其他安全警示灯。

当车道关闭时,应在阻塞路段两端的收费站出口处设立前方车道关闭的提示牌和提示驾驶人由此出口下路的路线引导牌,并设好相应的安全标志。在出口前方 2km 处,也应设立前方 2km 处车道关闭的信息提示牌,并设置限速标志。

5.4.5 长下坡路段智能预警防控体系

长下坡路段智能预警防控体系流程如图 5.32 所示。

5.4.5.1 数据参数分析

国家标准《汽车、挂车及汽车列车外廓尺寸、轴荷及质量限值》(GB 1589—2016)对车辆的外廓尺寸的最大限值如表 5.50 所示。

车辆外廓尺寸最大限值(部分)　　　　表 5.50

车辆类型	轴数	总质量(kg)	车长(mm)	车宽(mm)	车高(mm)
货车	二轴	≤3500	6000	2550	4000
		3500～8000	7000		
		8000～12000	8000		
		>12000	9000		
	三轴	≤20000	11000		
		>20000	12000		
	四轴	—	12000		

续上表

车辆类型	轴数	总质量(kg)	车长(mm)	车宽(mm)	车高(mm)
乘用车及客车	二轴	—	12000	2550	4000
	三轴	—	13700		
半挂车	一轴	—	8600		
	二轴	—	10000		
	三轴	—	13000		

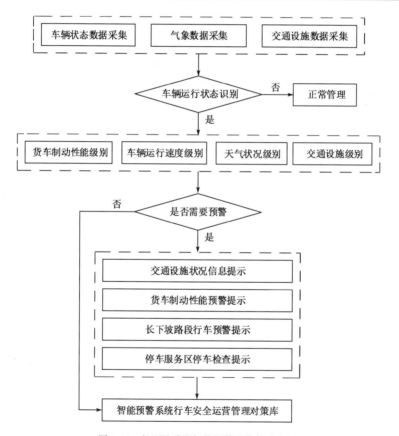

图 5.32 长下坡路段智能预警防控体系流程

由于该标准只规定了车辆外廓尺寸的最大限值,对最小限值未做限制,使得各种车辆车身长度的阈值跨度较大。通过对国内较为普遍常见货车的车身长度进行统计,得到结果为二轴货车的长度在 6~9m,而三轴货车的长度在

9~12m,四轴的车身长度不超过12m,整体封闭式厢式半挂车最大长度也不超过14.6m。二轴大客车的长度通常为12m,三轴大客车的长度通常为13.7m,中型客车的长度通常在6~9m。

根据对长大下坡货车制动毂温升的计算分析结果,按车身长度把车辆分成如表5.51所示三类。

按车身长度(m)的车型分类　　　　　　　　　　表5.51

小型车	中型车	大型车
<6	6~12	>12

根据制动毂温度,将货车的制动毂温度分为三个等级,具体如表5.52所示。

制动毂温度等级划分标准　　　　　　　　　　表5.52

等级	制动毂温度(℃)	等级	制动毂温度(℃)
1	$T \geqslant 260$	3	$T < 200$
2	$T \geqslant 200$		

5.4.5.2 车辆运行控制标准

1. 制动器温升模型

PIARC的温升模型T为变量坡度、坡长、下坡车辆速度、发动机的压缩功率、车辆载重的函数,计算公式如下:

$$T(t) = T_i e^{-k_1 t} + T_a (1 - e^{-k_1 t}) + k_2 P_B (1 - e^{-k_1 t}) \quad (5.13)$$

式中:T_i——制动毂初始温度(℃);

T_a——环境温度(℃);

k_1——修正系数,$k_1 = 1.23 + 0.0256v$;

k_2——修正系数,$k_2 = 0.1 + 0.00208v$;

v——行车速度(mile/h)(1mile = 1.6km);

P_B——制动功率(hp)(1hp = 745.7W)。

2. 长下坡路段限速控制标准

车辆最高行驶速度既要满足曲线路段视距约束条件下的最大行驶速度要

求,又要满足在横向力系数约束条件下的最大行驶速度要求。

(1) 基于视距的安全车速

$$v_1 \leq \sqrt{1244.5216f^2t^2 + 254fS_d} - 35.2778ft \tag{5.14}$$

式中:f——纵向摩擦系数,无量纲,一般取 $0.7 \sim 0.8$;

t——驾驶员感知-制动反应时间(s);

S_d——车辆在行驶过程中保持不撞上前方障碍物的相对安全距离(m),一般情况下,S_d 采用弯道停车视距值。

(2) 基于横向力系数的安全车速

为防止车辆在曲线路段行驶时向外侧发生滑移,必须满足以下条件:

$$v_2 \leq \sqrt{127R(u+i_c)} \tag{5.15}$$

式中:R——平曲线半径(m);

u——横向力系数,无量纲;

i_c——超高横坡坡度(%)。

根据以上分析,车辆通过弯坡组合路段最大限速为 v_1 和 v_2 中的极小值,即:

$$v = \min(v_1, v_2) \tag{5.16}$$

5.4.5.3 预警信息发布流程

根据不同的运行参数及分析,可以针对不同车辆、不同位置及不同气象状态下的运行状态进行不同智能预警信息的发布,发布的信息类型如表 5.53 所示,发布流程如图 5.33 所示。

车辆运行智能预警信息类型 表 5.53

信息类型	VMS 显示内容	路旁广播内容
服务区预告	—	"前方 1km/2km/3km 停车服务区"
弯坡预告	"前方 1.5km 坡陡弯急,减速慢行"	—
弯坡路段警告	—	"小半径曲线路段,车辆减速慢行"
制动毂温度危险预告	"云 M＊＊＊＊＊,注意制动检查"	—
坡陡路段警告 制动毂温度危险预告	"前方 0.5km 坡陡弯急,减速慢行" "前方 0.7km 避险车道" "云 M＊＊＊＊＊,注意制动检查"	—

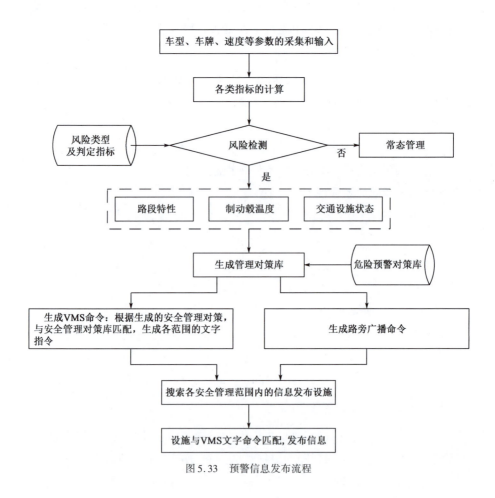

图 5.33　预警信息发布流程

5.5　改善措施后评价

在基于主-客观的高速公路路段运营安全性水平评估及相对应的改善之后，则需要对改善措施的效果，以及改善措施维持的路段安全性水平进行改善措施后评价，利用现有数据及直观的方式进行考察分析。

5.5.1　后评价方法的建立

后评价方法主要应用于对风险评估不满足要求的路段，目的主要是考察两个方面,一是检查是否对之前提出的整改意见做出了实际的整改应用;二是对已实施的整改措施做出效果评价,看能否达到预期要求,若不能达到,则需进一步调整整改方案。由此可以看出,对于后评价方法主要有两个要求:一是在操作上相较之前的评价方法要简练且易操作,二是其评价内容必须包括之前路段评价的方方面面。

结合之前的评价方法以及后评价的要求,对后评价方法的指标选择上考虑以下几个方面。

从评价指标确定的原则角度考虑,根据公路运营安全状态的概念,从公路运营安全性的外在表现,即事故特征、公路交通设施特征和公路用户的生理心理特征三个方面对公路运营安全状态进行评价,可以较为全面地反映运营安全性。

从国内外公路交通安全评价的研究现状来看,事故特征方面的指标应用最早,研究成果最成熟;公路交通设施特征方面的指标近年来的研究较多,研究成果也较丰富;运用公路用户的生理心理特征指标进行公路交通安全评价的研究在近几年得到很快发展。

从公路运营安全管理的角度分析,事故特征方面的指标只能用于被动的事后管理;从事故发生的机理出发,通过分析用户实际行车中蕴含的运营风险高低来评价运营安全性,能够在事故发生之前及时地发现潜在的运营风险,从而可以实现主动的事前管理;通过分析公路交通设施特征对运营安全需求的满足程度来评价公路运营安全性,可以用于预防性的事前管理。综合运用这三方面的指标可以全面、科学地评价公路运营安全状态,满足不同管理决策的需求。

综上所述,对于云南省高速公路运营安全的后评价方法,主要考虑事故特征、道路运营环境主观特征和道路运营环境客观特征三方面的指标,相应的评价指标体系由此三类指标构成。

①持续评价指标:在后评价方法中,用于公路运营安全状态评价的道路运营环境客观特征指标定义为道路运营环境客观安全性(POSI)。通过对道路客观状态的评价,从道路设施及其配套硬件的角度体现运营安全性。

②实时评价指标:道路运营环境主-客观安全性评价比指标。整改过后的道路其最终目的还是要服务于人民,因此,对于整改过后的道路环境,其效果

可以从基于行车驾驶人主观角度的主-客观安全性评价比指标(PSOR)进行评判。

③目标评价指标：事故特征指标。事故特征指标可以直观地反映公路的运营安全性，同时也是整个高速公路安全评价及保障的最终目标。针对实际发生的交通事故进行统计分析，应用数值比较分析来进行评价，反映公路运营安全性的一个定量水平。在静态公路运营安全管理系统中，用于公路运营安全状态评价的事故特征指标选用不同分析周期的事故当量损失率(TAR)。

云南省高速公路运营安全评估指标体系如图5.34所示。

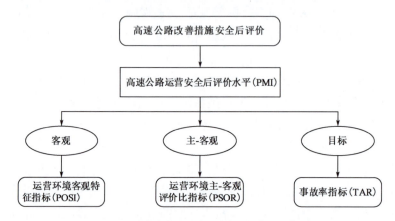

图5.34　云南省高速公路运营安全评估指标体系

5.5.2　后评价方法的操作

公路运营安全状态评价指标体系中的三类指标分别从不同的角度表征公路运营安全状况，为管理者提供多角度的信息，从而为管理决策的制定提供比较全面的参考依据。针对之前进行的高速公路主-客观风险评估所得到的不符合风险要求的路段，分别介绍基于这三类指标的高速公路运营安全后评价方法。值得注意的是，在进行后评价前，必须基于之前进行的高速公路主-客观运营环境安全性综合评价，得到不符合高速公路主-客观运营风险要求的路段，从而明确需要进行后评价的路段，对于每一个需要进行后评价的路段均可按下列步骤操作。

5.5.2.1 POSI 指标评价

对于改善后的道路运营环境客观安全性的分析,可采用与改善前道路运营环境客观安全性状况的评价结果进行对比分析,并且结合对应的整改措施进行相对应的效果评定,因此 POSI 对应的是之前评价不符合风险要求的路段。具体工作如表 5.54 所示。

客观安全性综合后评价　　　　　　　　　　表 5.54

不符合风险要求的路段		客观安全性综合后评价		
整改对象	可能进行的整改措施	评价对象	评价指标	评价结果
道路线形	进行道路线形的调整,即重新设计路线并铺设	道路线形	PLSI	对于原不符合风险要求的路段,重新计算得到 POSI
路面状态	路面坑槽、灌缝、处治面层车辙等。表面涂刷再生沥青混合料、雾封层、裂缝填封、稀浆封层、微表处、石屑封层、热拌沥青混合料薄层罩面等、面层翻修、基层翻修、磨耗层铣刨加罩等措施	路面状态	PTFSI	
交通设施	标志标线的修补、增设、移除或者更换;防眩板、护栏、隔离栅的修补、增设或者更换;隧道通风状况的改善,照明设备的修补、增设或者更换,洞口防护隔离设施的增设、修补或者更换;桥梁过渡段的调整,防护隔离设施和诱导设施的修补、增设或者更换;立交指路标志的修补、移除、增设或者更换,变速车道和匝道横断面的调整	交通设施	PPCSI	

基于以上分析,结合之前介绍的客观安全性综合评价方法的有关计算,得到高速公路客观运营环境后评价流程,如图 5.35 所示。

具体操作方法如下。

(1)若该路段未进行道路线形的整改,则之前进行的高速公路客观运营环境安全性综合评价中得到的客观安全性基准指标 OSI_0 等于后评价基准客观安全性指标 $POSI_0$;若该路段进行了线形的整改,则需要重新进行公路线形评价值(PLSI)的计算,并对之前进行的高速公路客观运营环境安全性综合评价中得到的高速公路自然环境安全性指标(NESI)进行修正后,得到后评价基准客观安全性指标 $POSI_0$。工作流程如图 5.36 所示。

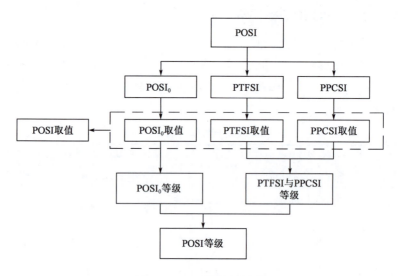

图 5.35　POSI 指标评价流程

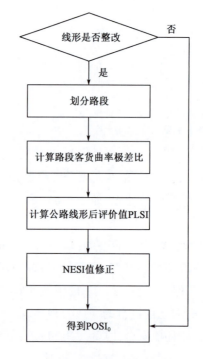

图 5.36　$POSI_0$ 指标评价工作流程

具体计算过程如下。

①将路段划分为 n 个断面,计算每个断面的小客车与大货车的空间曲率,公式如下:

小客车

$$\kappa_{\mathrm{a}} = \frac{\sqrt{di_{\mathrm{t}}^2 - 134.041 i_{\mathrm{t}} |i_{\mathrm{t}}| k_{\mathrm{t}}^2 + k_{\mathrm{t}}^2}}{(1 - 134.041 i_{\mathrm{t}} |i_{\mathrm{t}}|)^{3/2}} \tag{5.17}$$

大货车

$$\kappa_{\mathrm{d}} = \frac{\sqrt{di_{\mathrm{t}}^2 - 250.772 i_{\mathrm{t}} |i_{\mathrm{t}}| k_{\mathrm{t}}^2 + k_{\mathrm{t}}^2}}{(1 - 250.772 i_{\mathrm{t}} |i_{\mathrm{t}}|)^{3/2}} \tag{5.18}$$

$$i_{\mathrm{t}} = \frac{i_{\mathrm{e}} - i_{\mathrm{o}}}{S} t + i_{\mathrm{o}}, \quad k_{\mathrm{t}} = k_{\mathrm{o}} + \frac{k_{\mathrm{e}} - k_{\mathrm{o}}}{S} t, \quad di_{\mathrm{t}} = \frac{i_{\mathrm{e}} - i_{\mathrm{o}}}{S}$$

式中: t ——计算点到线形单元起点距离(m);

k_{o} ——线形单元起点的 xOy 平面曲率(m^{-1});

k_{e} ——线形单元终点的 xOy 平面曲率(m^{-1});

S ——线形单元的 xOy 平面投影曲线长(m);

i_{o} ——线形单元起点的竖平面斜率;

i_{e} ——线形单元终点的竖平面斜率。

②计算每个断面的客货曲率差值 Δm 和断面客货曲率差平均值 $\overline{\Delta m}$。

③计算路段的客货曲率极差比 M_{κ},计算公式如下:

$$M_{\kappa} = \frac{\max \Delta m - \min \Delta m}{\overline{\Delta m}} \tag{5.19}$$

式中: M_{κ} ——客货曲率极差比;

Δm ——断面客货曲率差(m^{-1});

$\overline{\Delta m}$ ——断面客货曲率差平均值(m^{-1})。

④计算公路线形后评价值 PLSI:

$$\mathrm{PLSI} = 10 - M_{\kappa} \tag{5.20}$$

式中：PLSI——道路线形安全性指标后评价值。

⑤计算后评价基准客观安全性指标 $POSI_0$，并得到 $POSI_0$ 安全等级：

$$POSI_0 = (-0.1943PLSI^2 + 3.505PLSI - 6.2897) \times$$
$$(-0.048NESI^2 + 1.0571NESI - 4.792) \quad (5.21)$$

式中：PLSI——道路线形安全性指标后评价值；
$POSI_0$——基准客观安全性指标后评价值；
NESI——自然环境安全性指标。

根据计算值得到 $POSI_0$ 安全等级，如表 5.55 所示。

客观安全性评价指标 $POSI_0$ 分级标准　　　表5.55

分级	客观安全性评价指标	分级	客观安全性评价指标
Ⅰ	7~10	Ⅲ	0~4
Ⅱ	4~7		

（2）若该路段未进行交通设施环境的整改，则之前进行的高速公路客观运营环境安全性综合评价中得到的交通设施安全性评价值 TFSI 等于后评价交通设施安全性评价值 PTFSI；若该路段进行了交通设施环境的整改，则需要重新对路段的交通设施环境进行实地调研，采用交通设施评估方法进行评估与计算，得到后评价交通设施安全性评价值 PTFSI，并推算路段的 PTFSI 水平。工作流程如图 5.37 所示。

①根据交通设施集的分析与评价方法，最终确定整个交通设施安全性评价指标的体系结构及相对应计算流程，具体详见表 2.24。

②构建专家组。

③对需要进行后评价的路段进行调研，得到每一个路段的不同交通设施的专家打分评估值。值得注意的是，路段内若五大类交通设施（交通诱导设施、防护隔离设施、隧道交通设施、桥梁交通设施、立交交通设施）有未更改的，则可直接取之前的评估值；若做出整改，则应重新计算，具体计算过程详见本书第 2 章第 2.2.3.1~2.2.3.5 小节。

④明确路段所属类别，确定各评价值对应权重，具体权重分类如表 5.56 所示。

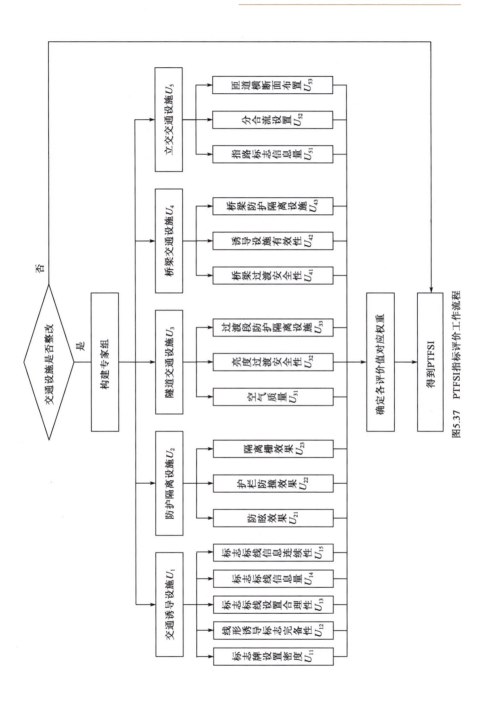

图5.37 PTFSI指标评价工作流程

各路段类型 2 级指标分布 表 5.56

2 级指标	权重							
	T_1 路段	T_2 路段	T_3 路段	T_4 路段	T_5 路段	T_6 路段	T_7 路段	T_8 路段
标志牌设置密度	0.08	0.05	0.05	0.05	0.03	0.03	0.03	0.02
标志标线信息连续性	0.14	0.08	0.08	0.08	0.05	0.05	0.05	0.04
标志标线设置合理性	0.17	0.09	0.09	0.09	0.06	0.05	0.05	0.04
标志标线信息量	0.09	0.05	0.05	0.05	0.03	0.03	0.03	0.02
线形诱导标志完备性	0.12	0.07	0.07	0.07	0.04	0.04	0.04	0.03
防眩效果	0.2	0.1	0.1	0.1	0.06	0.06	0.06	0.05
护栏防撞效果	0.14	0.08	0.07	0.07	0.05	0.05	0.05	0.04
隔离栅效果	0.06	0.04	0.04	0.04	0.02	0.02	0.02	0.02
空气质量		0.08			0.06		0.06	0.05
亮度过渡安全性		0.24			0.18		0.18	0.13
过渡段防护隔离设施		0.12			0.09		0.09	0.07
桥梁过渡安全性			0.08		0.06	0.06		0.04
诱导设施有效性			0.15		0.11	0.11		0.08
桥梁防护隔离设施			0.22		0.16	0.16		0.12
指路标志信息量				0.09		0.07	0.07	0.05
分合流设置				0.13		0.1	0.1	0.07
匝道横断面布置				0.23		0.18	0.18	0.13

⑤对路段内不同检查内容进行相对应的计算与评定,得到最终的交通设施安全性评价指标后评价值:

$$PTFSI = \sum u_{ij} w_{ij} \qquad (5.22)$$

式中:PTFSI——交通设施安全性指标后评价值;

u_{ij}——评价集元素 U_{ij} 评价值;

w_{ij}——评价集元素 U_{ij} 评价值对应权重。

(3)若该路段未进行高速公路路面状况的整改,则之前进行的高速公路客观运营环境安全性综合评价中得到的路面状态安全性指标值 PCSI 等于后评价路面状态安全性指标值 PPCSI;若该路段进行了高速公路路面状况的整改,则需要重新对路段内路面状况进行数据采集,并根据路面评估综合性能的计算方法得到路面状态安全性指标 PPCSI,并推算路段的 PPCSI 水平,工作流程如图 5.38 所示。

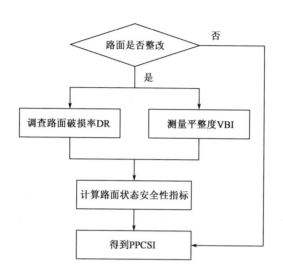

图 5.38 后评价路面状态安全性指标 PPCSI 工作流程

①使用颠簸累积仪或其他设备测量后评价路段的平整度,得到路段的平整度 VBI 数值。

②对路面破坏率进行调查,包括路面龟裂、坑槽、裂缝等,获得路面破坏率 DR 数值,路面破坏率 DR 计算公式如下:

$$\mathrm{DR} = \frac{\sum A_i \omega_i}{A} \quad (5.23)$$

式中:DR——路面破坏率(%);

A_i——第 i 类破损的面积(m^2);

ω_i——破损权重;

A——路面面积(m^2)。

各类破坏的 ω_i 权重取值如表 5.57 所示,其中纵向与横向裂缝面积以实测长度乘以 0.2 m 宽度计算其破坏面积。

路面破损权重　　　　　　　　　　　表5.57

破损类型	权重	破损类型	权重
龟裂	0.8	坑槽	0.9
不规则裂缝	0.3	松散	0.3
纵裂	0.5	沉陷	0.7
横裂	0.3	车辙	0.7

③计算评估路面状态安全性指标值 PPCSI：

$$PPCSI = 10 - 0.092 DR^{0.87} - 4.27 \times 10^{-5} [\lg(1+VBI)]^{7.82} \quad (5.24)$$

式中：DR——路面破坏率(%)；

VBI——路面平整度(mm/km)。

(4)结合上述指标,得到该路段改善后的高速公路客观运营环境安全性的综合评价结果,得到 POSI 指标值和指标等级。

①POSI 指标值的选取是 $POSI_0$、PTFSI 和 PPCSI 综合的结果,计算公式如下：

$$POSI = \min(POSI_0, \sqrt{PTFSI \cdot PPCSI}) \quad (5.25)$$

式中：PTFSI——交通设施安全性后评价指标值；

PPCSI——路面状态安全性后评价指标值；

$POSI_0$——客观安全性基准后评价指标值。

②POSI 指标等级是 $POSI_0$ 指标等级与 PTFSI 和 PPCSI 综合等级的结果,选取这两个等级结果中的最小值作为 POSI 指标的等级,其中 PTFSI 和 PPCSI 综合等级判断如表5.58所示。

交通设施与路面状态安全性水平分级　　　表5.58

PTFSI	PPCSI		
	10~7	7~4	4~0
10~7	Ⅰ	Ⅱ	Ⅱ
7~4	Ⅱ	Ⅱ	Ⅲ
4~0	Ⅱ	Ⅲ	Ⅲ

在这一基础上,得到最终的 POSI 指标等级,如表 5.59 所示。

POSI 指标定性描述 表 5.59

道路客观运营环境特征指标	定性描述
$POSI_1$	道路客观运营环境满足运营安全要求,有利于行车安全,并且具有容错性,整改效果明显
$POSI_2$	道路客观运营环境基本满足运营安全要求,整改效果一般,但具有进一步改善的潜力
$POSI_3$	道路客观运营环境不满足安全要求,对行车安全造成负面影响,整改效果不良,急需进行进一步改善

5.5.2.2 PSOR 指标评价

道路客观条件反作用于驾驶人,驾驶人的正常行车需要对道路客观运营环境的准确认知,因此道路安全性也与驾驶人有一定的关系。因此,判断需要进行后评价的路段是否满足驾驶人行车安全需求,需要从驾驶人主观角度出发进行评判,其流程如图 5.39 所示。

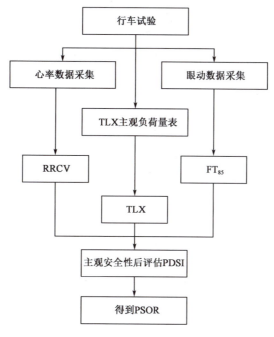

图 5.39 PSOR 评估流程

根据工作流程的分析,具体操作方法如下。

①选取 N 名驾驶人(视条件而定,至少 3 名),在需要进行后评价的路段进行行车试验,量测驾驶人的心率、眼动,并在路段行车结束后告知驾驶人做 TLX 主观负荷量表。

②对每名驾驶人的行车数据进行处理,得到每名驾驶人的心率变异系数 RRCV、眼动 85% 分位注视时间 FT_{85} 和脑力负荷 TLX 指标,并代入公式得到主观安全性后评价指标 PDSI 值,具体处理方法如下。

a. RRCV。

心率变异系数 RRCV 是 R-R 间期标准差 SDNN 与 R-R 间期均值 MRR 的比值,即 $RRCV=\dfrac{SDNN}{MRR}$,用 RRCV 指标来表征驾驶人心率变化、解释驾驶人负荷,驾驶人的 RRCV 随着综合线形值的增大而减小,即 RRCV 值越小驾驶人负荷越大。

MRR 为 R-R 间期的均值,它能说明 R-R 间期平均值的大小,能够反映出心脏单位时间内的搏动次数。

SDNN 为正常 R-R 间期的标准差,与心率的缓慢变化成分相关,SDNN 主要反映交感神经水平,当其值增大时,交感神经活性降低,注意力下降,其计算公式如下:

$$SDNN = \sqrt{\dfrac{\sum(RR_i - MRR)^2}{N}} \quad (5.26)$$

R-R 间期是指心跳每搏之间的时间,R-R 间期是有节律波动的,这种心跳间期有节律的波动被称作心率变异性。

b. FT_{85}。

FT_{85} 为驾驶某一时段内所有注视行为的第 85% 位注视时间,是表征驾驶人眼动行为的指标。其反映的是提取信息的难易程度,同时也是注视区域信息内容和主观信息处理策略的度量标准。

c. TXL。

TLX 是驾驶人在驾驶过程中脑力负荷量的评价指标,TLX 越大代表驾驶人在该路段中脑力负荷越大。TLX 主观负荷量表的计算步骤如下。

(a)负荷因素权重。

采用两两比较法,每个负荷因素对脑力负荷贡献值的相对重要性进行评定,且 6 个因素的权数之和等于 1(表 3.3)。

(b)负荷评价值。

负荷评价值为驾驶人对自身各负荷因素的评价主观分值 γ_i。TLX 要求被试者在完成一项任务之后,针对实际驾驶情况,按照负荷因素描述表中对 6 个因素的描述说明,分别对自己的 6 个因素值做出评价,分值为 1~10。

(c)主观负荷值。

确定了 6 个因素的权数 β_i 和负荷评价值 γ_i 之后,对各因素评价值进行加权求和,即可得出该项设计任务的脑力负荷。计算公式为:

$$\text{TLX} = \sum_{1}^{6} \beta_i \gamma_i \tag{5.27}$$

式中:β_i——负荷因素 i 的权限;

γ_i——负荷因素 i 的负荷评价值。

d. 对每一项求平均值,最终代入以下公式获得该路段主观安全性后评价指标 DSI_h 值:

$$\text{PDSI} = 0.023(1/\text{RRCV}) + 1.051\text{FT}_{85} + 0.260\text{TLX} \tag{5.28}$$

③结合之前得到的 OSI_h 指标值,代入主-客观安全性后评价比指标模型 SOR_h,最终得到主-客观安全性后评价比指标值:

$$\text{PSOR} = \frac{1/\text{PDSI}}{\text{POSI}} = \frac{1}{\text{PDSI} \cdot \text{POSI}} \tag{5.29}$$

式中:PSOR——主-客观安全性后评价比指标;

PDSI——驾驶人主观安全性后评价指标;

POSI——公路客观安全性后评价指标。

PSOR 指标定性描述如表 5.60 所示。

PSOR 指标定性描述 表 5.60

安全等级	定量描述	定性描述
PSOR_1	PSOR < 0.15	道路安全性较高,维持既有水平即可
PSOR_2	0.15 < PSOR < 0.2	道路安全性一般,在维持既有水平的基础上,可适当采取措施进一步降低
PSOR_3	PSOR > 0.2	道路安全性较差,须采取改善措施

5.5.2.3 TAR 指标评价

基于 TAR 指标的评价主要可以从两个方面进行,分别是修正事故当量损失率和事故率绝对值,即 TAR 指标可以分别选取修正事故当量损失率和事故率绝对值作为其指标值,而这个指标值的确定则需要根据事故资料的记录情况确定。工作流程如图 5.40 所示。

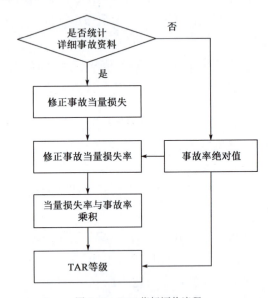

图 5.40 TAR 指标评价流程

(1)根据路段改善后的事故统计资料,选取合适的指标值进行计算,即计算修正事故当量损失率或事故率绝对值,每种指标值的计算如下。

①修正事故当量损失率的计算。

a. 计算修正事故当量损失 M':

$$M' = D + I + E = 80n_D + 20\sum n_I k_I + 30\sum n_E k_E \tag{5.30}$$

式中:M'——修正事故当量损失(万元);

D——死亡损失(万元);

I——受伤损失(万元);

E——经济损失(万元);

n_D——死亡人数(人);

n_1——受伤人数(人);
n_E——受损车辆(辆);
k_1——受伤修正值;
k_E——受损修正值。

b. 计算事故当量损失率 P:

$$P = \frac{M'}{L \cdot AADT \times 365} \quad (5.31)$$

式中:P——修正事故当量损失率(万元/车公里);

M'——修正事故当量损失(万元);

L——路段长度(km);

AADT——折算年平均日交通量(辆/d)。

②事故率绝对值的计算。

根据已有的统计资料,计算事故率绝对值:

$$R_k = \frac{A}{L \cdot AADT \times 365} \times 10^6 \quad (5.32)$$

式中:A——事故数量(起/年);

L——路段长度(km);

AADT——折算年平均日交通量(辆/d)。

(2)若能得出修正事故当量损失率,则可将当量损失率与事故率进行乘积,判断乘积值后得到 TAR 指标等级;若事故统计资料记录有限,不能得出修正事故当量损失率,则可按照计算得出事故率值进行判断,得到 TAR 指标等级。具体描述如表5.61 所示。

事故率指标 TAR 等级 表5.61

安全等级	定量描述		定性描述
	当量损失率与事故率乘积	事故率绝对阈值	
TAR_1	0~5.76	<0.80	事故率很低,维持既有水平即可
TAR_2	5.76~23.04	0.80~1	事故率低于期望水平,在维持既有水平的基础上,可适当采取措施进一步降低
TAR_3	23.04~64	>1	事故率高于期望水平,须采取改善措施

5.5.3 后评价安全水平

后评估是对路段整改效果的评价,而路段的整改效果直观反映在运营安全状态之中。公路运营安全状态即运营安全水平包括多方面属性,各方面属性从不同角度反映运营安全水平。为了确切反映运营安全状态信息,同时评价整改效果,可以采用状态向量的形式予以描述。把运营安全状态看作是由多项属性组成的多维向量,每一项属性参数值的变化范围划分为若干个等级,通过调查和测定确定各项属性所处的向量值。采用一个多维向量来描述运营安全状态,评价改善效果。

运营安全水平向量中的三个变量的重要性又是不等同的,事故率指标相对于事后管理,当事故率处于三级水平时,说明路段上的运营安全问题已经暴露出来,整改效果并不理想,那么管理部门必须采取对策进行进一步的改善。主-客观安全性后评估比指标相对于事前管理,能反映路段上潜在的运营安全问题,当主-客观安全性后评估比处于三级水平时,说明路段整改起到了一定的作用,但是依然存在运营安全问题,只是还没有暴露出来,那么管理部门应该对这些路段给予充分重视,采取适当的对策消除潜在的安全隐患。道路客观运营环境特征指标相对于预防性管理,当道路客观运营环境特征安全性处于三级水平时,说明路段上有可能会出现运营安全问题,管理部门应进行相应的设施改善。因此,可按照事后管理、事前管理和预防性管理三个不同的管理类别,将不同的安全等级与之相对应,如表 5.62 所示。

路段运营安全水平等级与管理类别对照　　　　表 5.62

安全等级	路段运营安全管理类别	安全等级	路段运营安全管理类别
PMI_1	日常维护	PMI_3	预防性管理
			事前管理
PMI_2	预防性管理		事后管理

5.5.3.1 二维向量评价

在实际操作中,有可能会遇到这种情况:道路刚进行完整改而没有事故统计资料,又或前期没有进行详细有效的事故资料统计记录,这些情况都会无法得到实际的事故率指标 TAR 的评级。此时,只有按照后两项指标,即道路客观运营环境特征 POSI 与主-客观安全性后评估比 PSOR 对路段进行后评估。根据运营安全水平向量可进行路段整改效果的评价,对运营安全状态进行判别、诊断和控制。公路运营安全水平分级和整改效果的判别标准如表 5.63 所示。

公路运营安全水平分级与整改效果判别标准　　　表 5.63

安全等级	状态向量特征	状态描述	状态向量等级组合	
			POSI	PSOR
PMI_1	两个变量都处于一级安全水平	运营状态最佳,维持现状即可	Ⅰ	Ⅰ
PMI_2	至少一个变量处于二级安全水平	运营状态一般,有条件时可采取适当措施进一步整改	Ⅰ	Ⅱ
			Ⅱ	Ⅰ
			Ⅱ	Ⅱ
PMI_3	至少一个变量处于三级安全水平	运营状态不良,应采取新的改善措施	Ⅰ	Ⅲ
			Ⅱ	Ⅲ
			Ⅲ	Ⅰ
			Ⅲ	Ⅱ
			Ⅲ	Ⅲ

5.5.3.2　三维向量评价

采用三维向量形式表示公路运营安全状态(图 5.41),评判整改效果,各变量不同等级的每一种组合构成一种运营安全状态。

$$PMI_i = (POSI_i, PSOR_i, TAR_i) \quad (5.33)$$

为了更直观地描述路段整改效果和运营安全水平并且便于不同状态之间的对比,本书引入了雷达图分析方法对路段整改效果和运营安全水平进行显示和深入分析。

雷达图分析方法是基于一种形似导航雷达显示屏上的图形而构建的一种多变量对比分析技术。雷达图法用于公路运营安全水平综合评价,即将三类后评估指标用二维平面图形表示,该图形往往与导航雷达显示屏上的图形十分相似,因而得名。将单项指标用从原点射出的轴表示,单项指标值用该轴上相应的点表示。各单项指标轴从原点射出的角度可根据评价者的经验或由专家评议确定。将二维平面上相邻轴上的点连接起来得到的图形即是描述运营安全水平的雷达图(图 5.42)。

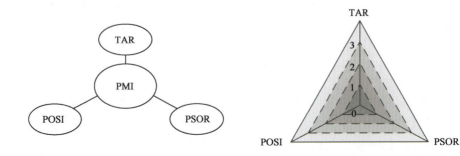

图 5.41　三维向量描述　　　　图 5.42　公路运营安全水平典型雷达图

根据运营安全水平向量及相应的雷达图特征,可进行路段运营安全状态的判别、诊断和控制。根据公路运营安全水平典型雷达图(图 5.62)中不同颜色三角形的覆盖范围,可将公路运营安全水平划分为 A、B、C 三个等级。

公路运营安全水平分级和判别的标准如表 5.64 所示。

公路运营安全水平分级与判别标准　　　　表 5.64

安全等级	状态向量特征	雷达图特征	状态描述
PMI_1	三个变量都处于一级安全水平	绿色区域内	运营状态最佳
			不需要进行安全改善,维持现状即可
PMI_2	至少一个变量处于二级安全水平	绿色区域外	运营状态良好
		蓝色区域内	有条件时可采取适当的改进措施
PMI_3	至少一个变量处于三级安全水平	蓝色区域外	运营状态不良
		黄色区域内	存在一定的安全问题,应采取改善措施

由三维向量表述的公路运营安全状态共有 27 种,经过上述等级划分,处于 A 级状态的有 1 种,处于 B 级状态的有 7 种,处于 C 级状态的有 19 种。

运营安全水平雷达图图形的面积大小能一定程度地反映运营安全状态的好坏,同一状态等级的雷达图中三角形的面积越小,表明运营水平越好。从路段运营安全水平的雷达图也可直观地发现存在的问题。在运营安全水平雷达图中,如果某一单项指标值大于 2,该项指标应给予关注;单项指标越远离中心位置,说明问题越严重,越要及时采取措施加以改善。

基于三维向量和雷达图对路段的整改效果与运营安全水平进行综合评价,可以进行不同路段之间的横向比较,也可以进行同一路段采取不同的整改措施后的纵向比较。横向比较可以对同一时期不同路段的运营安全水平优劣进行对比,通过上述状态等级的划分和判别可以实现;纵向比较可以对路段的整改效果进行对比,并且发掘路段运营安全水平在不同时期的状态变化规律,从而进行管理对策的效果评估,为管理决策的制定提供依据。

各等级公路运营安全状态雷达图如表 5.65 所示。

各等级公路运营安全状态雷达图列表　　　　表 5.65

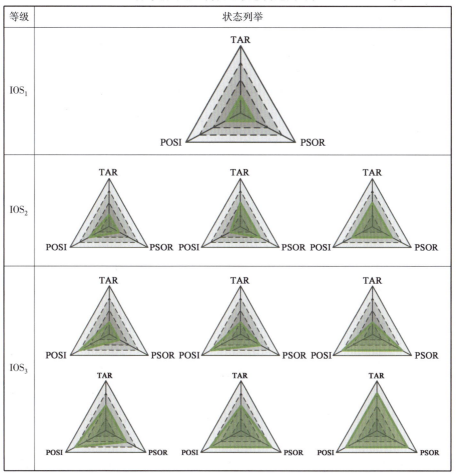

5.5.3.3 整改效果评价

后评价除了需要评价出整改路段安全性措施后的安全等级,更需要对之前所采取的安全性措施进行探讨和分析,为日后的工作提供参考依据。结合针对路段做出的安全性评价以及安全性措施后评价,通过客观安全性指标 OSI 与 POSI、主-客观安全性评价比 SOR 与 PSOR 之间的对比分析,对整改效果做出判断。

OSI、POSI、SOR 与 PSOR 这四类指标其等级选取各为三级,则对客观安全性指标 OSI 与 POSI 等级、主-客观安全性评价比 SOR 与 PSOR 等级之间差值分析,会各有 5 种结果,即(POSI-OSI)与(PSOR-SOR)分别可以计算得出 −1、−2、0、1、2,选取二维向量的表示方法,对于整改效果等级分为三级,具体方式如表 5.66 所示。

路段整改效果判别标准　　　　　　　　　　表 5.66

整改效果等级	向量特征	描述	状态向量等级组合	
			POSI-OSI	PSOR-SOR
A	至少有一个变量提升两个等级	整改效果理想,维持现状即可	2	2
			2	1
			1	2
B	至少有一个变量提升一个等级	整改效果一般,有条件时可采取适当措施进一步整改	1	1
			0	1
			1	0
C	变量均未变化或者变量等级降低	整改效果不佳,应采取新的改善措施	0	0
			−1	−1
			−2	−2
			−1	−2
			−2	−1

采用二维向量形式可以对路段整改效果水平进行全面详细的对比描述,并且便于按照各变量的具体情况确定进一步的管理对策。具体来说,有以下三个方面。

(1)若整改效果等级为一级水平,则说明之前采取的整改措施十分有效,可以作为日后继续进行路段整改的措施依据和参考。

（2）若整改效果等级为二级水平，则说明之前采取的路段整改措施起到了一定的效果，但是效果不是非常明显，需要在原有措施的基础上增加若干改善方法或者加深整改力度，如之前路段整改只是进行了路面的养护改善，而日后的整改工作需要加入交通设施的检查和改善环节等；或者之前的路段整改在交通设施的改善方面只是做到了标志标线的修护，而日后的整改工作则需要考虑标志标线的更改、增设等。具体工作需要参考路段安全性措施后评价中对相应道路设施的评价。

（3）若整改效果等级为三级水平，则说明之前采取的路段整改措施不理想，采取的整改措施是不正确的，结合路段后评价安全性水平需要重新制定整改方案，对高风险路段重新进行相应的整改以满足风险要求，达到满意的整改效果。

5.6 本章小结

本章首先从高速公路安全性评价的周期进行分析，确定不同周期的类型及评价内容，对交通设施及路面两个方面的高速公路客观安全性动态影响因素进行养护管理内容的设计。在这一基础上，研究分析了高速公路运营风险的主要概念和驾驶安全性阈值，并针对高风险路段设计了静态改善对策与动态改善对策，得到了基于两种不同类型及特性的高速公路改善对策与管理模式。最后提出了改善措施后评价方法的分析与研究，确定了改善后安全评价的方法及采用的指标，并对改善效果水平进行了分级。

第6章 工程应用

本书根据项目实际需要、项目研究进展情况以及最终项目研究成果,对多条高速公路进行了相对应的工程应用,主要集中于云南省多条高速公路特殊路段,根据其现有运营及养护管理状态,进行了运营安全性评价,并对其中两条公路采用了主-客观综合性的评价方式,提出相对应的养护改善对策。根据依托工程的实施情况,则可以进一步将改善评价方法推广至全省其他高速公路。

6.1 依托工程情况

本研究基于高速公路的主-客观安全特性,提出了应用于高速公路运营环境安全性评价及改善的方法与标准,应用这套安全性评价工作与程序,可对高速公路的安全性运营现状、高速公路高风险路段的预防以及高速公路安全性改善后效果进行分析。而本研究项目的依托工程为保龙高速公路第七合同段下行线、元磨高速公路第九合同段下行线、昆石高速公路木喳箐段下行线、罗富高速公路者桑段下行线。

6.1.1 保龙高速公路

保山(大官市)至龙陵(龙山卡)高速公路位于云南省西部保山市境内,是国道主干线(GZ65)上海至瑞丽公路云南境内的一段,是国家"五纵七横"的重点项目,是云南省"三纵三横、以昆明为中心对外9个通道"公路网的重要组成部分,是云南省"十五"公路建设的重点工程之一,是保山市规划的"三纵三横,三大通道"地方公路网的主轴线。全线按山岭区双向四车道高速公路标准建设,路基宽度22.5m,行车道宽4×3.5m,桥涵设计荷载为汽车—超20级,挂车—120。

保龙高速公路由于路线横跨怒江,纵断面大致呈"V"形。以怒江为界,将路线分为两段,大官市至怒江段称为保山段,怒江段至龙陵(龙山卡)段称为龙陵段。保山至龙陵方向,保山段为下坡,龙陵段为上坡;龙陵至保山方向,龙陵段为下坡,保山段为上坡。

保龙高速公路共设平曲线102个,平均每1.3km设置1个;全线平曲线总长58.14635km,占路线总长的74.118%;平曲线最小半径204.159m(K520+246.28~K520+725.06);300m半径以下急弯22个;直线最大长度为2333.9m;路线增长系数为1.552。本段路共设竖曲线129个,平均每公里纵坡变更1.644次。竖曲线总长29.56273km,占路线总长的37.683%。

6.1.2 元磨高速公路

元磨高速公路是昆(明)曼(谷)国际大通道中的重要路段。该路段起于元江哈尼族彝族傣族自治县二塘桥,接玉溪至元江高速公路止点,经墨江、通关,止于磨黑,接已建成的磨黑到思茅二级公路;路线全长147.37km,为双向四车道高速公路,设计速度60km/h,路基宽22.5m(其中约11km设计速度为100km/h,路基宽26m);路线经过地区最高海拔2050m(大风垭口),最低海拔470m(红河大桥);比老国道213线缩短里程67km,缩短31%。

6.1.3 昆石高速公路

昆明—石林高速公路(简称昆石高速公路)是《国家公路网规划》中汕头—昆明高速公路和广州—昆明高速公路的交汇段,于2000年12月8日开工建设,2003年11月16日建成通车。昆石高速公路起于昆明市东郊石虎关,止于石林彝族自治县石林风景区,全长78.07km,其中起点至小石坝6.72km为双向八车道,路基宽40.5m;小石坝至半截河67.07km为双向六车道,路基宽26m;半截河至石林4.28km为双向四车道,路基宽24.5m。路线海拔高差接近500m,建成桥梁115座(单幅计)、28745延米,占路线长36.8%;隧道4座、8971延米,占路线长11.5%;桥隧占路线总长48.3%。

昆石高速公路K58~K68段(木喳箐段)2007年9月列为挂牌督办的重大危险隐患整治路段,长约10km,落差315m(高程1883.000~1568.000m),

平均纵坡度约 3.5%，最大纵坡度 i_{max} =4.87%，最小曲线半径 R_{min} =520m。该路段所处区域属构造侵蚀中低山地形地貌区，地质条件复杂。

6.1.4 罗富高速公路

罗富高速公路是衡昆国道主干线（GZ75）和国家高速公路网广昆高速公路云南境内的首段，是滇东南出海的重要通道。该路线由东向西经过平年、者桑、归朝、高邦等地，止于富宁县城北，与富砚高速公路相连。罗富高速公路全长 79.3659km，为双向四车道。罗村口（K0）至皈朝（K49+480）段设计速度为 60km/h，路基宽度 22.5m；皈朝至富宁（K78+803）段设计速度为 80km/h，路基宽度 24.5m（表 6.1）。该公路于 2007 年 10 月 24 日试通车，远景交通量为 2026 年全线平均 26167pcu/d。公路穿越高速峡谷地带，全线有大桥 93 座，中小桥 43 座，隧道 10 座。岩河隧道（K36+375）至者桑（K27+110）段长 9.265km，落差 416.43m（高程 811.000~394.570m），平均纵坡度 $i\geqslant4.5\%$，最大纵坡度 i_{max} =6%，最小曲线半径 R_{min} =430m。

主要技术指标　　　　　　　　　　　　　　　　　　表 6.1

序号	指标名称	指标	
		罗村口至皈朝	皈朝至富宁
1	公路等级	四车道高速公路	四车道高速公路
2	设计速度（km/h）	60	80
3	路基宽度（m）	22.5	24.5
4	行车道宽度（m）	4×3.50	4×3.75
5	平曲线一般最小半径（m）	200	400
6	极限最小半径（m）	125	250
7	最大纵坡（坡长限制）（%）	6(600m)	5(600m)

该高速公路所处区域地形、地貌和地质条件复杂，给高速公路建设和安全保障带来诸多制约因素，部分路段安全隐患突出，至试通车以来就重特大事故不断，尤以岩河至者桑下行线（K38~K26）连续下坡的 12km 路段最为严重。

6.2 高速公路客观安全性评价

6.2.1 保龙高速公路第七合同段下行线

6.2.1.1 公路线形评价

按照长度适中,划分均匀的原则,将保龙高速公路第七合同段下行线划分为 9 个路段,各路段起讫桩号及计算值如表 6.2 所示。

保龙高速公路第七合同段下行线路段　　　表 6.2

路段序号	起点桩号	结束桩号	maxΔm	minΔm	Δm 均值	M_K
1	K559+000	K558+000	0.0004602	0.0000050	0.0001869	2.435
2	K558+000	K557+000	0.0001679	0.0000033	0.0001125	1.463
3	K557+000	K556+000	0.0002112	0.0000076	0.0001339	1.521
4	K556+000	K555+000	0.0002112	0.0000146	0.0001406	1.399
5	K555+000	K554+000	0.0001053	0.0000000	0.0000583	1.808
6	K554+000	K553+000	0.0000672	0.0000000	0.0000429	1.567
7	K553+000	K552+000	0.0000612	0.0000036	0.0000388	1.484
8	K552+000	K551+000	0.0000789	0.0000000	0.0000263	3.005
9	K551+000	K550+000	0.0000965	0.0000079	0.0000363	2.872

各路段线形安全性指标得分如表 6.3、图 6.1 所示。

保龙高速公路第七合同段下行线各路段线形安全性指标得分　　表 6.3

路段	1	2	3	4	5	6	7	8	9
得分	7.565	8.537	8.479	8.601	8.192	8.433	8.516	6.995	7.128

可以看出,保龙高速公路第七合同段下行线总体处于良好状态,而其中路段 8、9 的线形安全性指标相对较低,在 7 左右,需要结合其他评价指标进行分析。

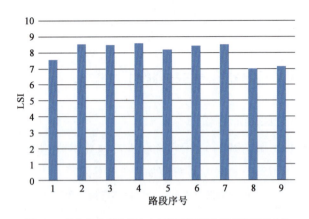

图 6.1　保龙高速公路第七合同段下行线各路段线形安全性

6.2.1.2　路面状态评价

各路段路面状态实测数据和专家评分数据如表 6.4 所示。

保龙高速公路第七合同段下行线路面状态检测数据　　表 6.4

路段序号	起点桩号	结束桩号	平整度(mm/km)	破坏率(%)
1	K559+000	K558+000	1864	1.1
2	K558+000	K557+000	1681	0.8
3	K557+000	K556+000	1765	1.5
4	K556+000	K555+000	1833	2.7
5	K555+000	K554+000	1687	2.7
6	K554+000	K553+000	21171	2.4
7	K553+000	K552+000	1726	1.5
8	K552+000	K551+000	1687	2.1
9	K551+000	K550+000	1899	2.2

根据路面状态安全性指标 PCSI 模型,最终计算得到如表 6.5、图 6.2 所示结果。

保龙高速公路第七合同段下行线路面指标结果　　表6.5

路段序号	起点桩号	结束桩号	PCSI
1	K559+000	K558+000	9.45
2	K558+000	K557+000	9.52
3	K557+000	K556+000	9.44
4	K556+000	K555+000	9.34
5	K555+000	K554+000	9.37
6	K554+000	K553+000	5.78
7	K553+000	K552+000	9.45
8	K552+000	K551+000	9.42
9	K551+000	K550+000	9.36

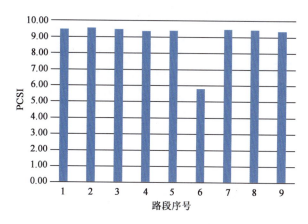

图6.2　保龙高速公路第七合同段下行线路面指标结果

可以看出,4~7号路段路面状况水平较低,而整体均处于良好状态。

6.2.1.3　交通设施评价

1. 路段类型

各路段类型如表6.6所示。

保龙高速公路第七合同段下行线路段划分　　　　表6.6

路段序号	起点桩号	结束桩号	路段类型
1	K559+000	K558+000	T_3
2	K558+000	K557+000	T_3
3	K557+000	K556+000	T_3
4	K556+000	K555+000	T_3
5	K555+000	K554+000	T_1
6	K554+000	K553+000	T_1
7	K553+000	K552+000	T_1
8	K552+000	K551+000	T_4
9	K551+000	K550+000	T_3

2. 分路段项目评价

（1）路段1

路段1的类型为桥梁路段，各项指标得分如表6.7所示。

路段1 交通设施评价结果　　　　表6.7

指标	得分	指标	得分
标志牌设置密度 U_{11}	9	护栏防撞效果 U_{22}	9
线形诱导标志完备性 U_{12}	8.5	隔离栅效果 U_{23}	8.5
标志标线设置合理性 U_{13}	9	桥梁过渡安全性 U_{41}	8
标志标线信息量 U_{14}	9	诱导设施有效性 U_{42}	8.5
标志标线信息连续性 U_{15}	8	桥梁防护隔离设施 U_{43}	8.5
防眩效果 U_{21}	6.5		

（2）路段2

路段2的类型为桥梁路段，各项指标得分如表6.8所示。

路段2 交通设施评价结果　　　　表6.8

指标	得分	指标	得分
标志牌设置密度 U_{11}	8	护栏防撞效果 U_{22}	9
线形诱导标志完备性 U_{12}	8	隔离栅效果 U_{23}	8.5
标志标线设置合理性 U_{13}	8	桥梁过渡安全性 U_{41}	8
标志标线信息量 U_{14}	7	诱导设施有效性 U_{42}	8
标志标线信息连续性 U_{15}	8	桥梁防护隔离设施 U_{43}	8.5
防眩效果 U_{21}	6.5		

(3)路段3

路段3的类型为桥梁路段,各项指标得分如表6.9所示。

路段3交通设施评价结果　　　　　　　　　　　　　　　表6.9

指标	得分	指标	得分
标志牌设置密度 U_{11}	9	护栏防撞效果 U_{22}	9
线形诱导标志完备性 U_{12}	8	隔离栅效果 U_{23}	8.5
标志标线设置合理性 U_{13}	6	桥梁过渡安全性 U_{41}	8
标志标线信息量 U_{14}	9	诱导设施有效性 U_{42}	7.5
标志标线信息连续性 U_{15}	8	桥梁防护隔离设施 U_{43}	8.5
防眩效果 U_{21}	7.5		

(4)路段4

路段4的类型为桥梁路段,各项指标得分如表6.10所示。

路段4交通设施评价结果　　　　　　　　　　　　　　　表6.10

指标	得分	指标	得分
标志牌设置密度 U_{11}	9	护栏防撞效果 U_{22}	9
线形诱导标志完备性 U_{12}	8	隔离栅效果 U_{23}	8.5
标志标线设置合理性 U_{13}	9	桥梁过渡安全性 U_{41}	8
标志标线信息量 U_{14}	9	诱导设施有效性 U_{42}	7.5
标志标线信息连续性 U_{15}	9	桥梁防护隔离设施 U_{43}	8.5
防眩效果 U_{21}	6.5		

(5)路段5

路段5的类型为普通路段,各项指标得分如表6.11所示。

路段5交通设施评价结果　　　　　　　　　　　　　　　表6.11

指标	得分	指标	得分
标志牌设置密度 U_{11}	8.5	标志标线信息连续性 U_{15}	8.5
线形诱导标志完备性 U_{12}	8	防眩效果 U_{21}	6.5
标志标线设置合理性 U_{13}	7	护栏防撞效果 U_{22}	9
标志标线信息量 U_{14}	8.5	隔离栅效果 U_{23}	8.5

(6)路段6

路段6的类型为普通路段,各项指标得分如表6.12所示。

路段6 交通设施评价结果　　　　　　　　　　表6.12

指标	得分	指标	得分
标志牌设置密度 U_{11}	8.5	标志标线信息连续性 U_{15}	9
线形诱导标志完备性 U_{12}	8.5	防眩效果 U_{21}	6.5
标志标线设置合理性 U_{13}	5.5	护栏防撞效果 U_{22}	9
标志标线信息量 U_{14}	8	隔离栅效果 U_{23}	8.5

(7)路段7

路段7的类型为普通路段,各项指标得分如表6.13所示。

路段7 交通设施评价结果　　　　　　　　　　表6.13

指标	得分	指标	得分
标志牌设置密度 U_{11}	7	标志标线信息连续性 U_{15}	9
线形诱导标志完备性 U_{12}	8.5	防眩效果 U_{21}	7
标志标线设置合理性 U_{13}	7	护栏防撞效果 U_{22}	9
标志标线信息量 U_{14}	6	隔离栅效果 U_{23}	8.5

(8)路段8

路段8的类型为立交路段,各项指标得分如表6.14所示。

路段8 交通设施评价结果　　　　　　　　　　表6.14

指标	得分	指标	得分
标志牌设置密度 U_{11}	6.5	护栏防撞效果 U_{22}	9
线形诱导标志完备性 U_{12}	8.5	隔离栅效果 U_{23}	8.5
标志标线设置合理性 U_{13}	7.5	指路标志信息量 U_{51}	8.5
标志标线信息量 U_{14}	7.5	分合流设置 U_{52}	9
标志标线信息连续性 U_{15}	8	匝道横断面布置 U_{53}	8.5
防眩效果 U_{21}	7		

(9)路段9

路段9的类型为桥梁路段,各项指标得分如表6.15所示。

路段9 交通设施评价结果　　　　表6.15

指标	得分	指标	得分
标志牌设置密度 U_{11}	8.5	护栏防撞效果 U_{22}	9
线形诱导标志完备性 U_{12}	8.5	隔离栅效果 U_{23}	8.5
标志标线设置合理性 U_{13}	6	桥梁过渡安全性 U_{41}	8
标志标线信息量 U_{14}	8.5	诱导设施有效性 U_{42}	8
标志标线信息连续性 U_{15}	8	桥梁防护隔离设施 U_{43}	8.5
防眩效果 U_{21}	4.5		

3. 路段得分计算

在得到上述每一路段各项二级指标的得分之后,根据路段类型,采用相应的权重,即可得到每一路段的交通设施安全性得分,如表6.16所示。

保龙高速公路第七合同段下行线各路段交通设施安全性得分　　表6.16

路段	1	2	3	4	5	6	7	8	9
得分	8.4	8.0	8.0	8.2	7.8	7.7	7.7	8.1	7.8

总体来看,该路段的主要问题是公路整体的养护状态不佳,标志标线、护栏及防眩植被方面的养护状态需要进行改进,以保证标志标线及防护设施的有效性。此外,还存在标志的遮挡及标志信息量过于集中等问题,建议进行标志位置的移动及树木的修剪。总体建议如表6.17所示。

保龙高速公路第七合同段下行线各路段交通设施总体建议　　表6.17

序号	建议	必要性
1	标志标线养护	必要
2	护栏设施养护	建议
3	路面整治	建议
4	标志位置调整	必要
5	植被修剪种植	必要

6.2.1.4　自然环境评价

龙陵县地处怒江、龙川江两江之间,高黎贡山山脉由北向南伸入县境,地势呈中部高而东西倾斜之势,全境崇山峻岭,丘陵起伏,河流纵横,最高海拔3001.6m,最低海拔535m,垂直高差2466.6m。龙陵县兼具低纬、季风和山原地势气候特征,形成四季温差小、干湿季分明,垂直变异突出的亚热带山原季风气候。西南受印度洋暖湿气流的影响,形成西面迎风坡多雨,夏无酷热;东部背风雨量适中,无寒暑剧变。年平均气温 14.9℃。最冷为 1 月,月平均气温 7.4℃。由于地形复杂,垂直高差大,局部又分为北热带、南亚热带、中亚热带、北亚热带、南温带、中温带六种气候区,境内山川秀丽、四季如春。

基于气象统计的方式记录整理了评价路段所在地区 2011 年气象资料,统计数据如表 6.18 所示。

保龙高速公路第七合同段下行线气象统计　　　　　　表 6.18

状态类型	暴雨	大雨	中雨	小雨和阵雨	雨夹雪	晴
持续时间(d)	0	15	42	127	0	181
状态评分	1	5	6	8.5	1	10

根据计算公式得到最终自然环境安全性指标计算结果:

$$\text{NESI} = \frac{10 \times 181 + 8.5 \times 127 + 6 \times 42 + 5 \times 15}{181 + 127 + 42 + 15} = 8.81$$

因此,保龙高速公路第七合同段下行线自然环境安全性评价值为 8.81。

6.2.1.5　客观安全性综合评价

结合保龙高速公路第七合同段下行线各路段相关指标的计算结果(表 6.19),得到最终的客观安全性评价数据,如表 6.20 所示。

保龙高速公路第七合同段下行线客观安全性分项指标　　　　表 6.19

路段序号	起点桩号	结束桩号	线形指标	路面指标	交通设施指标	自然环境指标
1	K559+000	K558+000	7.565	9.45	8.4	
2	K558+000	K557+000	8.537	9.52	8	
3	K557+000	K556+000	8.479	9.44	8	
4	K556+000	K555+000	8.601	9.34	8.2	
5	K555+000	K554+000	8.192	9.37	7.8	8.81
6	K554+000	K553+000	8.433	5.78	7.7	
7	K553+000	K552+000	8.516	9.45	7.7	
8	K552+000	K551+000	6.995	9.42	8.1	
9	K551+000	K550+000	7.128	9.36	7.8	

保龙高速公路第七合同段下行线客观安全性评价结果　　　　表6.20

路段序号	起点桩号	结束桩号	客观指标
1	K559+000	K558+000	7.244
2	K558+000	K557+000	7.535
3	K557+000	K556+000	7.525
4	K556+000	K555+000	7.544
5	K555+000	K554+000	7.465
6	K554+000	K553+000	6.671
7	K553+000	K552+000	7.531
8	K552+000	K551+000	6.937
9	K551+000	K550+000	7.018

将保龙高速公路第七合同段下行线的客观安全性评价结果与各分项指标进行比较，得到如表6.21、图6.3所示结果。

保龙高速公路第七合同段下行线客观安全性评价比较结果　　　表6.21

路段序号	起点桩号	结束桩号	OSI	OSI_0
1	K559+000	K558+000	7.244	7.244
2	K558+000	K557+000	7.535	7.535
3	K557+000	K556+000	7.525	7.525
4	K556+000	K555+000	7.544	7.544
5	K555+000	K554+000	7.465	7.465
6	K554+000	K553+000	6.671	7.517
7	K553+000	K552+000	7.531	7.531
8	K552+000	K551+000	6.937	6.937
9	K551+000	K550+000	7.018	7.018

可以看出，各路段分值基本均在7.0以上，而路段6为6.67，其客观安全性评价值小于客观安全性评价基准值，应立即对该路段的路面状态及交通安全设施进行检查，及时采取养护管理措施，保证其公路安全性状态。其他路段除路段1、7、8分值在7.0左右外，均在7.5以上，表明处于较好的运营环境状态。下一步的工作计划应放在进一步完善交通安全设施，并及时对路面状态进行观察，保证其良好的运营环境。有条件时则应进行主观安全性评价，决定最终的养护管理对策。

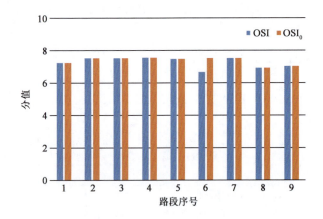

图 6.3 保龙高速公路第七合同段下行线客观安全性分项指标

6.2.2 元磨高速公路第九合同段下行线

6.2.2.1 公路线形评价

同前划分原则,将元磨高速公路第九合同段下行线划分为 9 个路段,各路段起讫桩号及计算值如表 6.22 所示。

元磨高速公路第九合同段下行线路段　　　　　　表 6.22

路段序号	起点桩号	结束桩号	maxΔm	minΔm	Δm 均值	M_K
1	K287+674.88	K287+000	0.0000935	0.0000092	0.0000387	2.178
2	K287+000	K286+000	0.0000128	0.0000035	0.0000044	2.106
3	K286+000	K285+000	0.0003935	0.0000000	0.0001562	2.518
4	K285+000	K284+000	0.0003935	0.0000000	0.0001036	3.797
5	K284+000	K283+000	0.0001990	0.0000000	0.0000914	2.179
6	K283+000	K282+000	0.0003394	0.0000100	0.0001937	1.700
7	K282+000	K281+000	0.0002013	0.0000000	0.0001068	1.885
8	K281+000	K280+000	0.0000153	0.0000000	0.0000129	1.183
9	K280+000	K279+538.94	0.0003015	0.0000000	0.0001268	2.378

各路段线形安全性指标得分如表6.23、图6.4所示。

元磨高速公路第九合同段下行线各路段线形安全性指标得分　表6.23

路段	1	2	3	4	5	6	7	8	9
得分	7.822	7.894	7.482	6.203	7.821	8.300	8.115	8.817	7.622

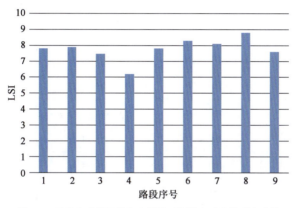

图6.4　元磨高速公路第九合同段下行线各路段线形安全性

可以看出,元磨高速公路第九合同段下行线总体处于良好状态,各路段线形安全性指标基本均在7.5以上。而其中路段4的线形安全性指标相对较低(为6.2),该路段需根据实际情况进行安全设施的重点设计。

6.2.2.2　路面状态评价

其中8个路段路面状态实测数据和专家评分数据如表6.24所示。

元磨高速公路第九合同段下行线路面状态检测数据　表6.24

路段序号	起点桩号	结束桩号	平整度(mm/km)	破坏率(%)
1	K287+000	K286+000	4604	0.5
2	K286+000	K285+000	4398	10.1
3	K285+000	K284+000	3366	3.7
4	K284+000	K283+000	7947	14.8
5	K283+000	K282+000	7906	11.5
6	K282+000	K281+000	5953	4.1
7	K281+000	K280+000	6668	6.2
8	K280+000	K279+000	6618	3.8

根据路面状态安全性指标 PCSI 模型,最终计算得到如表 6.25、图 6.5 所示结果。

表 6.25 元磨高速公路第九合同段下行线路面指标结果

路段序号	起点桩号	结束桩号	PCSI
1	K287+000	K286+000	8.85
2	K286+000	K285+000	8.26
3	K285+000	K284+000	8.90
4	K284+000	K283+000	7.25
5	K283+000	K282+000	7.45
6	K282+000	K281+000	8.30
7	K281+000	K280+000	8.02
8	K280+000	K279+000	8.18

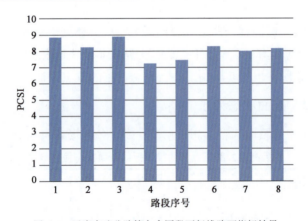

图 6.5 元磨高速公路第九合同段下行线路面指标结果

可以看出,4 号、5 号路段路面状况水平较低,而整体均处于良好状态。

6.2.2.3 交通设施评价

1. 路段类型

各路段类型如表 6.26 所示。

元磨高速公路第九合同段下行线路段划分   表6.26

路段序号	起点桩号	结束桩号	路段类型
1	K287+674.88	K287+000	T_2
2	K287+000	K286+000	T_2
3	K286+000	K285+000	T_1
4	K285+000	K284+000	T_1
5	K284+000	K283+000	T_1
6	K283+000	K282+000	T_1
7	K282+000	K281+000	T_1
8	K281+000	K280+000	T_1
9	K280+000	K279+538.94	T_1

2. 分路段项目评价

(1) 路段1

路段1的类型为隧道路段,各项指标得分如表6.27所示。

路段1交通设施评价结果   表6.27

指标	得分	指标	得分
标志牌设置密度 U_{11}	9	护栏防撞效果 U_{22}	8.5
线形诱导标志完备性 U_{12}	8.5	隔离栅效果 U_{23}	8.5
标志标线设置合理性 U_{13}	9	空气质量 U_{31}	7
标志标线信息量 U_{14}	9	亮度过渡安全性 U_{32}	7
标志标线信息连续性 U_{15}	8.5	过渡段防护隔离设施 U_{33}	7
防眩效果 U_{21}	9		

(2) 路段2

路段2的类型为隧道路段,各项指标得分如表6.28所示。

路段2交通设施评价结果   表6.28

指标	得分	指标	得分
标志牌设置密度 U_{11}	9	护栏防撞效果 U_{22}	8.5
线形诱导标志完备性 U_{12}	8.5	隔离栅效果 U_{23}	8.5
标志标线设置合理性 U_{13}	9	空气质量 U_{31}	7
标志标线信息量 U_{14}	9	亮度过渡安全性 U_{32}	9
标志标线信息连续性 U_{15}	8.5	过渡段防护隔离设施 U_{33}	8.5
防眩效果 U_{21}	9		

（3）路段3

路段3的类型为普通路段，各项指标得分如表6.29所示。

路段3 交通设施评价结果　　　　　　　　　　　表6.29

指标	得分	指标	得分
标志牌设置密度 U_{11}	7	标志标线信息连续性 U_{15}	8.5
线形诱导标志完备性 U_{12}	9	防眩效果 U_{21}	9
标志标线设置合理性 U_{13}	9	护栏防撞效果 U_{22}	8.5
标志标线信息量 U_{14}	8	隔离栅效果 U_{23}	8.5

（4）路段4

路段4的类型为普通路段，各项指标得分如表6.30所示。

路段4 交通设施评价结果　　　　　　　　　　　表6.30

指标	得分	指标	得分
标志牌设置密度 U_{11}	9	标志标线信息连续性 U_{15}	8.5
线形诱导标志完备性 U_{12}	9	防眩效果 U_{21}	9
标志标线设置合理性 U_{13}	9	护栏防撞效果 U_{22}	8.5
标志标线信息量 U_{14}	9	隔离栅效果 U_{23}	8.5

此路段各项指标均较好，无明显不良现象。

（5）路段5

路段5的类型为普通路段，各项指标得分如表6.31所示。

路段5 交通设施评价结果　　　　　　　　　　　表6.31

指标	得分	指标	得分
标志牌设置密度 U_{11}	9	标志标线信息连续性 U_{15}	8.5
线形诱导标志完备性 U_{12}	9	防眩效果 U_{21}	9
标志标线设置合理性 U_{13}	7	护栏防撞效果 U_{22}	8.5
标志标线信息量 U_{14}	9	隔离栅效果 U_{23}	8.5

（6）路段6

路段6的类型为普通路段，各项指标得分如表6.32所示。

路段 6 交通设施评价结果　　　　　　　　　　表 6.32

指标	得分	指标	得分
标志牌设置密度 U_{11}	9	标志标线信息连续性 U_{15}	8.5
线形诱导标志完备性 U_{12}	9	防眩效果 U_{21}	9
标志标线设置合理性 U_{13}	9	护栏防撞效果 U_{22}	8.5
标志标线信息量 U_{14}	9	隔离栅效果 U_{23}	8.5

此路段各项指标均较好,无明显不良现象。

(7) 路段 7

路段 7 的类型为普通路段,各项指标得分如表 6.33 所示。

路段 7 交通设施评价结果　　　　　　　　　　表 6.33

指标	得分	指标	得分
标志牌设置密度 U_{11}	9	标志标线信息连续性 U_{15}	8.5
线形诱导标志完备性 U_{12}	7	防眩效果 U_{21}	9
标志标线设置合理性 U_{13}	9	护栏防撞效果 U_{22}	8.5
标志标线信息量 U_{14}	9	隔离栅效果 U_{23}	8.5

(8) 路段 8

路段 8 的类型为普通路段,各项指标得分如表 6.34 所示。

路段 8 交通设施评价结果　　　　　　　　　　表 6.34

指标	得分	指标	得分
标志牌设置密度 U_{11}	9	标志标线信息连续性 U_{15}	8.5
线形诱导标志完备性 U_{12}	9	防眩效果 U_{21}	9
标志标线设置合理性 U_{13}	9	护栏防撞效果 U_{22}	8.5
标志标线信息量 U_{14}	8.5	隔离栅效果 U_{23}	8.5

此路段各项指标均较好,无明显不良现象。

(9) 路段 9

路段 9 的类型为普通路段,各项指标得分如表 6.35 所示。

路段 9 交通设施评价结果　　　　　表 6.35

指标	得分	指标	得分
标志牌设置密度 U_{11}	8	标志标线信息连续性 U_{15}	8.5
线形诱导标志完备性 U_{12}	9	防眩效果 U_{21}	9
标志标线设置合理性 U_{13}	9	护栏防撞效果 U_{22}	8.5
标志标线信息量 U_{14}	9	隔离栅效果 U_{23}	8.5

此路段各项指标均较好,无明显不良现象。

3. 路段得分计算

在得到上述每一路段各项二级指标的得分之后,根据路段类型,采用相应的权重,即可得到每一路段的交通设施安全性得分,如表 6.36 所示。

元磨高速公路第九合同段下行线各路段交通设施安全性得分　　表 6.36

路段	1	2	3	4	5	6	7	8	9
得分	8.0	8.0	8.6	8.8	8.5	8.8	8.6	8.8	8.8

总体来看,该路段的主要问题是公路整体的养护状态不佳,标志标线、护栏及防眩植被方面的养护状态需要进行改进,以保证标志标线及防护设施的有效性。此外,还存在标志的遮挡及标志信息量过于集中等问题,建议进行标志位置的移动及树木的修剪。总体建议如表 6.37 所示。

元磨高速公路第九合同段下行线各路段交通设施总体建议　　表 6.37

序号	建议	必要性
1	标志标线养护	必要
2	护栏设施养护	建议
3	路面整治	建议
4	标志位置调整	必要
5	植被修剪种植	必要

6.2.2.4　自然环境评价

元江哈尼族彝族傣族自治县位于云南省中南部,东经 101°39′~102°22′,北纬 23°18′~23°55′。县城距市政府所在地玉溪 132km,距省会昆明 220km。县境南北长 64.5km,东西宽 71.5km。其土地总面积 2858km²,其中山区面积

2766.5km²,占96.8%;坝区面积91.5km²,占3.2%。地势西北高、东南低;山脉南北走向,以元江(河)为界,西南支属哀牢山脉,东北支属横断山脉,两山脉逶迤向南延伸,使元江河谷形成了东峨坝、元江坝等河谷盆地;最高海拔2580m,最低海拔327m;气候属低纬高原季风气候;由于地形复杂,立体气候特点突出,山区温凉,坝区炎热。

基于气象统计的方式记录整理了评价路段所在地区2011年气象资料,统计数据如表6.38所示。

元磨高速公路第九合同段下行线气象统计　　　　表6.38

状态类型	暴雨	大雨	中雨	小雨和阵雨	雨夹雪	雾	晴
持续时间(d)	0	20	60	98	0	3	184
状态评分	1	5	6	8.5	1	2	10

根据计算公式得到最终自然环境安全性指标计算结果:

$$\text{NESI} = \frac{10 \times 184 + 2 \times 3 + 8.5 \times 98 + 6 \times 60 + 5 \times 20}{184 + 3 + 98 + 60 + 20} = 8.60$$

因此,元磨高速公路第九合同段下行线自然环境安全性评价值为8.60。

6.2.2.5 客观安全性综合评价

结合元磨高速公路第九合同段下行线各路段相关指标的计算结果(表6.39),得到最终的客观安全性评价数据,如表6.40所示。

元磨高速公路第九合同段下行线客观安全性分项指标　　　表6.39

路段序号	起点桩号	结束桩号	线形指标	路面指标	交通设施指标	自然环境指标
1	K287+674.88	K287+000	7.822	9.45	8	
2	K287+000	K286+000	7.894	8.85	8	
3	K286+000	K285+000	7.482	8.26	8.6	
4	K285+000	K284+000	6.203	8.9	8.8	
5	K284+000	K283+000	7.821	7.25	8.5	8.6
6	K283+000	K282+000	8.3	7.45	8.8	
7	K282+000	K281+000	8.115	8.3	8.6	
8	K281+000	K280+000	8.817	8.02	8.8	
9	K280+000	K279+538.94	7.622	8.18	8.8	

元磨高速公路第九合同段下行线客观安全性评价结果　　表6.40

路段序号	起点桩号	结束桩号	客观指标
1	K287+674.88	K287+000	6.919
2	K287+000	K286+000	6.944
3	K286+000	K285+000	6.784
4	K285+000	K284+000	5.974
5	K284+000	K283+000	6.919
6	K283+000	K282+000	7.053
7	K282+000	K281+000	7.009
8	K281+000	K280+000	7.122
9	K280+000	K279+538.94	6.844

将元磨高速公路第九合同段下行线的客观安全性评价结果与各分项指标进行比较，得到如表6.41、图6.6所示结果。

元磨高速公路第九合同段下行线客观安全性评价比较结果　　表6.41

路段序号	起点桩号	结束桩号	OSI	OSI_0
1	K287+674.88	K287+000	6.919	6.919
2	K287+000	K286+000	6.944	6.944
3	K286+000	K285+000	6.784	6.784
4	K285+000	K284+000	5.974	5.974
5	K284+000	K283+000	6.919	6.919
6	K283+000	K282+000	7.053	7.053
7	K282+000	K281+000	7.009	7.009
8	K281+000	K280+000	7.122	7.122
9	K280+000	K279+538.94	6.844	6.844

可以看出，各路段分值基本均在7.0左右，而路段4为5.97，其他路段整体上较为统一，未有明显的波动性，体现了较好的运营环境状态稳定性。下一步的工作计划应放在进一步完善交通安全设施，并及时对路面状态进行观察，保证其良好的运营环境。有条件时则应进行主观安全性评价，决定最终的养护管理对策。

第6章 工程应用

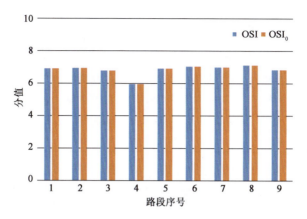

图 6.6 元磨高速公路第九合同段下行线客观安全性分项指标

6.3 高速公路主-客观安全性综合评价

6.3.1 昆石高速公路木喳箐段下行线

6.3.1.1 客观安全性评价

1. 公路线形评价

同前划分原则,将昆石高速公路木喳箐段下行线划分为 12 个路段,各路段起讫桩号及计算值如表 6.42 所示。

昆石高速公路木喳箐段下行线路段　　　　表 6.42

路段序号	起点桩号	结束桩号	maxΔm	minΔm	Δm 均值	M_K
1	K72+000	K71+000	0.0006502	0.0000000	0.0002917	2.229
2	K71+000	K70+000	0.0000034	0.0009839	0.0004452	2.202
3	K70+000	K69+000	0.0009839	0.0000089	0.0002855	3.416
4	K69+000	K68+000	0.0000196	0.0000089	0.0000024	4.440
5	K68+000	K67+000	0.0002588	0.0000000	0.0001493	1.734
6	K67+000	K66+000	0.0002182	0.0000000	0.0000643	3.396
7	K66+000	K65+000	0.0002088	0.0000000	0.0001317	1.585

363

续上表

路段序号	起点桩号	结束桩号	maxΔm	minΔm	Δm均值	M_K
8	K65+000	K64+000	0.0002091	0.0000326	0.0001593	1.108
9	K64+000	K63+000	0.0001243	0.0000003	0.0000977	1.269
10	K63+000	K62+000	0.0002134	0.0000020	0.0000943	2.241
11	K62+000	K61+000	0.0002386	0.0000027	0.0000927	2.543
12	K61+000	K60+000	0.0000988	0.0000003	0.0000461	2.138

各路段线形安全性指标得分如表6.43、图6.7所示。

昆石高速公路木喳箐段下行线各路段线形安全性指标得分　　表6.43

路段	1	2	3	4	5	6	7	8	9	10	11	12
得分	7.771	7.798	6.584	5.560	8.266	6.604	8.415	8.892	8.731	7.759	7.457	7.862

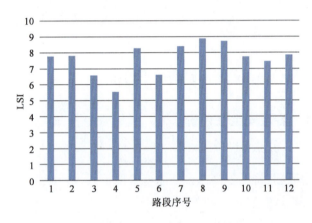

图6.7　昆石高速公路木喳箐段下行线各路段线形安全性

可以看出,昆石高速公路木喳箐段下行线总体处于良好状态,线形安全性指标均值大于7。而其中路段3、4、6的线形安全性指标相对较低,特别是路段4,在5.5左右。经检查,发现该路段上游为一个直线下坡路段,坡度大于4%,而该路段则存在较小半径(600~700m)曲线,其客货曲率变化幅度较大,存在一定震荡格局。因此,应考虑加强该路段的减速辅助设施,其辅助有效性应做进一步考量。

2. 路面状态评价

各路段路面状态实测数据和专家评分数据如表 6.44 所示。

昆石高速公路木喳箐段下行线路面状态检测数据 表 6.44

路段序号	起点桩号	结束桩号	平整度(mm/km)	破坏率(%)
1	K72+000	K71+000	3283	4
2	K71+000	K70+000	3118	3.9
3	K70+000	K69+000	2293	3.4
4	K69+000	K68+000	5958	5.5
5	K68+000	K67+000	5925	5.4
6	K67+000	K66+000	4362	4.6
7	K66+000	K65+000	4934	4.9
8	K65+000	K64+000	4894	4.9
9	K64+000	K63+000	5112	5
10	K63+000	K62+000	4985	4.9
11	K62+000	K61+000	6847	6
12	K61+000	K60+000	4666	4.7

根据路面状态安全性指标 PCSI 模型,最终计算得到如表 6.45、图 6.8 所示结果。

昆石高速公路木喳箐段下行线路面指标结果 表 6.45

路段序号	起点桩号	结束桩号	PCSI
1	K72+000	K71+000	8.90
2	K71+000	K70+000	8.94
3	K70+000	K69+000	9.17
4	K69+000	K68+000	8.21
5	K68+000	K67+000	8.22
6	K67+000	K66+000	8.61
7	K66+000	K65+000	8.46
8	K65+000	K64+000	8.47
9	K64+000	K63+000	8.42
10	K63+000	K62+000	8.45
11	K62+000	K61+000	7.99
12	K61+000	K60+000	8.54

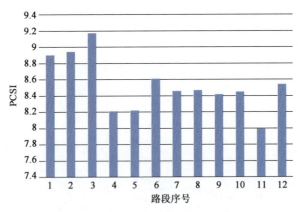

图 6.8　昆石高速公路木喳箐段下行线路面指标结果

可以看出,4 号、5 号与 11 号路段路面状况水平较低,而整体均处于良好状态。

3. 交通设施评价

各路段类型如表 6.46 所示。

昆石高速公路木喳箐段下行线路段划分　　表 6.46

路段序号	起点桩号	结束桩号	路段类型
1	K72+000	K71+000	T_1
2	K71+000	K70+000	T_3
3	K70+000	K69+000	T_1
4	K69+000	K68+000	T_1
5	K68+000	K67+000	T_1
6	K67+000	K66+000	T_3
7	K66+000	K65+000	T_3
8	K65+000	K64+000	T_3
9	K64+000	K63+000	T_1
10	K63+000	K62+000	T_3
11	K62+000	K61+000	T_3
12	K61+000	K60+000	T_3

在得到每一路段各项二级指标得分(略)之后,根据路段类型,采用相应的权重,即可得到每一路段的交通设施安全性得分,如表 6.47 所示。

昆石高速公路木喳箐段下行线各路段交通设施安全性得分　　表6.47

路段	1	2	3	4	5	6	7	8	9	10	11	12
得分	8.5	8.4	8.3	7.7	8.6	8.3	8.5	8.2	8.0	8.6	8.3	8.5

总体来看,该路段的主要问题是公路整体的养护状态不佳,标志标线、护栏及防眩植被方面的养护状态需要进行改进,以保证标志标线及防护设施的有效性。此外,还存在标志的遮挡及标志信息量过于集中等问题,建议进行标志位置的移动及树木的修剪。总体建议如表6.48所示。

昆石高速公路木喳箐段下行线各路段交通设施总体建议　　表6.48

序号	建议	必要性
1	标志标线养护	必要
2	护栏设施养护	建议
3	路面整治	建议
4	标志位置调整	必要
5	植被修剪种植	必要

4. 自然环境评价

昆石高速公路木喳箐段所处石林彝族自治县属亚热带低纬高原山地季风气候,具有"冬无严寒、夏无酷暑、四季如春、干湿分明"的特点。夏秋半年为雨季(每年5~10月),冬春半年为旱季(11月至次年4月)。境内气候具有一定的分带性。海拔1500~1600m的低谷河槽地区,年均气温为16~16.6℃,相当于中亚热带气候;海拔1600~1800m的坝区、缓丘区,年均气温为14.8~15.9℃,相当于中亚热带气候;海拔1800~2150m的山区、半山区,年均气温在12.8~14.7℃,相当于温带气候;海拔在2150m以上的老圭山主峰,年均气温低于12.7℃,相当于中温带气候。

公路段年平均温度15.5℃,最热月为7月,平均气温20.8℃;最冷月为1月,平均气温8.2℃。该区温度随海拔增加而降低,大致每增高100m,平均气温降低0.59℃。多年平均无霜期252天。

公路段境内降水不均,多年平均降水量为967.9mm。雨季降水量占全年降水量的80%~88%,旱季降水量仅占12%~20%。境内平均湿度为75%。

基于气象统计的方式记录整理了评价路段所在地区2011年气象资料,统计数据如表 6.49 所示。

昆石高速公路木喳箐段下行线气象统计　　　表 6.49

状态类型	暴雨	大雨	中雨	小雨和阵雨	雨夹雪	晴
持续时间(d)	0	11	18	118	1	217
状态评分	1	5	6	8.5	1	10

根据计算公式得到最终自然环境安全性指标计算结果：

$$NESI = \frac{10 \times 217 + 8.5 \times 118 + 6 \times 18 + 5 \times 11 + 1 \times 1}{217 + 118 + 18 + 11 + 1} = 9.14$$

因此，昆石高速公路木喳箐段下行线自然环境安全性评价值为 9.14。

5. 客观安全性综合评价

结合昆石高速公路木喳箐段下行线各路段相关指标的计算结果（表 6.50），得到最终的客观安全性评价数据，如表 6.51 所示。

昆石高速公路木喳箐段下行线客观安全性分项指标　　　表 6.50

路段序号	起点桩号	结束桩号	线形指标	路面指标	交通设施指标	自然环境指标
1	K72+000	K71+000	7.771	8.9	8.5	
2	K71+000	K70+000	7.798	8.94	8.4	
3	K70+000	K69+000	6.584	9.17	8.3	
4	K69+000	K68+000	5.56	8.21	7.7	
5	K68+000	K67+000	8.266	8.22	8.6	
6	K67+000	K66+000	6.604	8.61	8.3	9.14
7	K66+000	K65+000	8.415	8.46	8.5	
8	K65+000	K64+000	8.892	8.47	8.2	
9	K64+000	K63+000	8.731	8.42	8	
10	K63+000	K62+000	7.759	8.45	8.6	
11	K62+000	K61+000	7.457	7.99	8.3	
12	K61+000	K60+000	7.862	8.54	8.5	

昆石高速公路木喳箐段下行线客观安全性评价结果　　表 6.51

路段序号	起点桩号	结束桩号	客观指标
1	K72+000	K71+000	7.924
2	K71+000	K70+000	7.935
3	K70+000	K69+000	7.193
4	K69+000	K68+000	6.185
5	K68+000	K67+000	8.090
6	K67+000	K66+000	7.210
7	K66+000	K65+000	8.124
8	K65+000	K64+000	8.182
9	K64+000	K63+000	8.171
10	K63+000	K62+000	7.924
11	K62+000	K61+000	7.935
12	K61+000	K60+000	7.193

将昆石高速公路木喳箐段下行线的客观安全性评价结果与各分项指标进行比较,得到如表 6.52、图 6.9 所示结果。

昆石高速公路木喳箐段下行线客观安全性评价比较结果　　表 6.52

路段序号	起点桩号	结束桩号	OSI	OSI_0
1	K72+000	K71+000	7.924	7.924
2	K71+000	K70+000	7.935	7.935
3	K70+000	K69+000	7.193	7.193
4	K69+000	K68+000	6.185	6.185
5	K68+000	K67+000	8.090	8.090
6	K67+000	K66+000	7.210	7.210
7	K66+000	K65+000	8.124	8.124
8	K65+000	K64+000	8.182	8.182
9	K64+000	K63+000	8.171	8.171
10	K63+000	K62+000	7.919	7.919
11	K62+000	K61+000	7.777	7.777
12	K61+000	K60+000	7.961	7.961

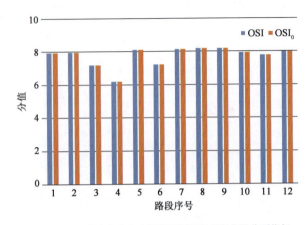

图 6.9 昆石高速公路木喳箐段下行线客观安全性分项指标

可以看出,各路段分值基本均在 7.0 以上,而路段 4 为 6.185,其客观安全性评价值明显小于其他路段,同时路段 6 为 7.21,为各路段倒数第二,建议对路段 4 公路线形安全性进行进一步分析,如利用运行速度等进行相关安全性指标检查,并针对其变化特性对相对应的交通设施进行改善。路段 6 则建议作为交通设施与路面状态管理重点路段之一,对其进行及时的养护管理查看,避免其客观安全性的进一步降低。

6.3.1.2 主观安全性评价

1. RRCV

各路段 RRCV 值如表 6.53 所示。

昆石高速公路木喳箐段下行线驾驶人时域指标数据 表 6.53

路段序号	起点桩号	结束桩号	MRR	SDNN	RRCV
1	K72+000	K71+000	754	22	0.029
2	K71+000	K70+000	782	33.9	0.043
3	K70+000	K69+000	826	30.9	0.037
4	K69+000	K68+000	753	33	0.044
5	K68+000	K67+000	793	49.7	0.063
6	K67+000	K66+000	772	17	0.022
7	K66+000	K65+000	677	20.9	0.031

续上表

路段序号	起点桩号	结束桩号	MRR	SDNN	RRCV
8	K65+000	K64+000	735	35.1	0.048
9	K64+000	K63+000	715	19.4	0.027
10	K63+000	K62+000	746	33.2	0.045
11	K62+000	K61+000	809	23	0.028
12	K61+000	K60+000	775	43	0.055

2. FT_{85}

各路段 FT_{85} 值如表 6.54 所示。

昆石高速公路木喳箐段下行线驾驶人注视行为参数数据　　表 6.54

路段序号	起点桩号	结束桩号	FT_{85}
1	K72+000	K71+000	1.518
2	K71+000	K70+000	0.517
3	K70+000	K69+000	1.318
4	K69+000	K68+000	0.952
5	K68+000	K67+000	0.717
6	K67+000	K66+000	0.951
7	K66+000	K65+000	0.617
8	K65+000	K64+000	0.668
9	K64+000	K63+000	1.585
10	K63+000	K62+000	0.882
11	K62+000	K61+000	1.112
12	K61+000	K60+000	0.946

3. TLX

各路段 TLX 值如表 6.55 所示。

昆石高速公路木喳箐段下行线脑力负荷 TLX 计算值　　表 6.55

路段编号	起点桩号	结束桩号	TLX
1	K72+000	K71+000	5.27
2	K71+000	K70+000	6.67
3	K70+000	K69+000	5.60
4	K69+000	K68+000	3.27

续上表

路段编号	起点桩号	结束桩号	TLX
5	K68+000	K67+000	7.53
6	K67+000	K66+000	5.20
7	K66+000	K65+000	6.07
8	K65+000	K64+000	6.47
9	K64+000	K63+000	4.87
10	K63+000	K62+000	5.47
11	K62+000	K61+000	6.60
12	K61+000	K60+000	5.87

4. 主观安全性评价结论

应用道路主观安全性评价模型：

$$DSI = 0.023(1/RRCV) + 1.051FT_{85} + 0.260TLX$$

将以上各分项试验数据代入上式，计算结果如表6.56和图6.10所示。

昆石高速公路木喳箐段下行线驾驶人主观安全指数 DSI   表6.56

路段序号	起点桩号	结束桩号	RRCV	FT_{85}	OSI	TLX	DSI
1	K72+000	K71+000	0.029	1.518	7.924	5.270	1.88
2	K71+000	K70+000	0.043	0.517	7.935	6.670	1.405
3	K70+000	K69+000	0.037	1.318	7.193	5.600	1.73
4	K69+000	K68+000	0.044	0.952	6.185	3.270	1.185
5	K68+000	K67+000	0.063	0.717	8.090	7.530	1.54
6	K67+000	K66+000	0.022	0.951	7.210	5.200	1.7
7	K66+000	K65+000	0.031	0.617	8.124	6.070	1.485
8	K65+000	K64+000	0.048	0.668	8.182	6.470	1.43
9	K64+000	K63+000	0.027	1.585	8.171	4.870	1.89
10	K63+000	K62+000	0.045	0.882	7.919	5.470	1.43
11	K62+000	K61+000	0.028	1.112	7.777	6.600	1.855
12	K61+000	K60+000	0.055	0.946	7.961	5.870	1.47

第6章 工程应用

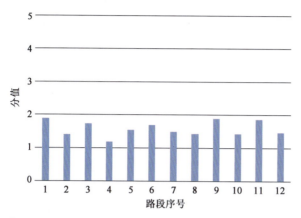

图 6.10　昆石高速公路木喳箐段下行线驾驶人主观安全指数 DSI

DSI 值越大,代表驾驶人主观安全性越低;相反,DSI 值越小,代表驾驶人主观安全性越高,通过表 6.56 中 DSI 值可以判断出各路段主观安全性的大小。根据图 6.10 中数据,可以看出,主观安全性指标总体为 1~2,其中路段 1、9、11 的 DSI 取值较高,接近 2,说明这几个路段的驾驶人安全感受较低,运营环境让驾驶人产生一定的负荷。

6.3.1.3　主-客观安全性综合评价

将客观安全性评价结果及主观安全性评价结果代入计算公式,得到如表 6.57 和图 6.11 所示主-客观安全性综合评价结果。

昆石高速公路木喳箐段下行线主-客观评价结果　　表 6.57

路段序号	起点桩号	结束桩号	OSI	DSI	SOR
1	K72+000	K71+000	7.92	1.88	0.07
2	K71+000	K70+000	7.94	1.41	0.09
3	K70+000	K69+000	7.19	1.73	0.08
4	K69+000	K68+000	6.18	1.19	0.14
5	K68+000	K67+000	8.09	1.54	0.08
6	K67+000	K66+000	7.21	1.70	0.08
7	K66+000	K65+000	8.12	1.49	0.08
8	K65+000	K64+000	8.18	1.43	0.09

续上表

路段序号	起点桩号	结束桩号	OSI	DSI	SOR
9	K64+000	K63+000	8.17	1.89	0.06
10	K63+000	K62+000	7.92	1.43	0.09
11	K62+000	K61+000	7.78	1.86	0.07
12	K61+000	K60+000	7.96	1.47	0.09

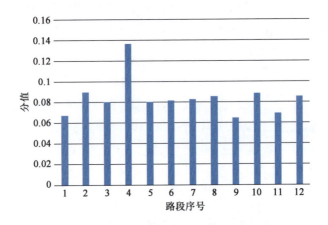

图 6.11 昆石高速公路木喳箐段下行线主-客观评价结果

可以看出,昆石高速公路木喳箐段下行线的 SOR 指标基本均在 0.06~0.09 之间,根据研究得到的标准,并通过 85% 位安全性系数的分析,可以得到以下结果:

①路段 1、9、11 为非常安全的路段,短期内不需要进行相关的安全性评价与整治。

②路段 2、3、5、6、7、8、10 与 12 的 SOR 在 0.08 左右,为安全性水平中等路段,需关注其公路养护管理状态,保证其路段的安全性水平得到有效维持。

③路段 4 的安全性问题较为突出,需尽快进行相对应的安全设施改善,如有条件则应进行道路线形方面的优化,结合道路标志标线及路侧护栏降低事故的发生率及发生事故后的严重程度。

6.3.2 罗富高速公路者桑段下行线

6.3.2.1 客观安全性评价

1. 公路线形评价

同前划分原则,将罗富高速公路者桑段下行线划分为8个路段,各路段起讫桩号及计算值如表6.58所示。

罗富高速公路者桑段下行线路段　　　　表6.58

路段序号	起点桩号	结束桩号	$\max\Delta m$	$\min\Delta m$	Δm 均值	M_K
1	K38+000	K37+000	0.0002214	0.0000208	0.0001582	1.267
2	K37+000	K36+000	0.0001149	0.0000844	0.0000086	3.542
3	K36+000	K35+000	0.0000673	0.0000000	0.0000185	3.637
4	K35+000	K34+000	0.0002921	0.0000000	0.0000999	2.923
5	K34+000	K33+000	0.0002686	0.0000000	0.0000699	3.844
6	K33+000	K32+000	0.0002505	0.0000000	0.0001245	2.013
7	K32+000	K31+000	0.0002451	0.0000054	0.0001443	1.661
8	K31+000	K30+000	0.0002387	0.0000000	0.0001442	1.656

各路段线形安全性指标得分如表6.59、图6.12所示。

罗富高速公路者桑段下行线各路段线形安全性指标得分　　　　表6.59

路段	1	2	3	4	5	6	7	8
得分	8.733	6.458	6.363	7.077	6.156	7.987	8.339	8.344

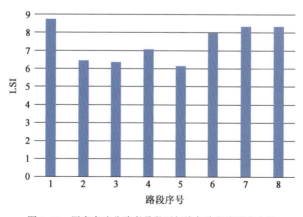

图6.12　罗富高速公路者桑段下行线各路段线形安全性

可以看出，罗富高速公路者桑段下行线总体处于良好状态，线形安全性指标在 6~9。而其中路段 2、3、5 的线形安全性指标相对较低，在 6~6.5，经调研发现这几处路段均采用较长纵坡结合较小半径平面曲线设计，同时伴随有较大的下坡，对空间曲率的波动性较大。因此，其线形设计安全性指数相对于其他路段较低，车辆的行车状态较为离散。

2. 路面状态评价

各路段路面状态实测数据和专家评分数据如表 6.60 所示。

罗富高速公路者桑段下行线路面状态检测数据　　表 6.60

路段序号	起点桩号	结束桩号	平整度(mm/km)	破坏率(%)
1	K38+000	K37+000	4591	1.7
2	K37+000	K36+000	4553	2.8
3	K36+000	K35+000	4761	3.6
4	K35+000	K34+000	5222	10.1
5	K34+000	K33+000	7148	3.7
6	K33+000	K32+000	4893	8.2
7	K32+000	K31+000	5705	4.6
8	K31+000	K30+000	2348	5.6

根据路面状态安全性指标 PCSI 模型，最终计算得到如表 6.61 和图 6.13 所示结果。

罗富高速公路者桑段下行线路面指标结果　　表 6.61

路段序号	起点桩号	结束桩号	PCSI
1	K38+000	K37+000	8.76
2	K37+000	K36+000	8.69
3	K36+000	K35+000	8.59
4	K35+000	K34+000	8.08
5	K34+000	K33+000	8.08
6	K33+000	K32+000	8.27
7	K32+000	K31+000	8.32
8	K31+000	K30+000	9.02

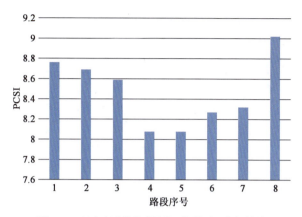

图 6.13　罗富高速公路者桑段下行线路面指标结果

可以看出,4 号、5 号路段路面状况水平较低,而整体均处于良好状态。

3. 交通设施分段评价

各路段类型如表 6.62 所示。

罗富高速公路者桑段下行线路段划分　　　　表 6.62

路段序号	起点桩号	结束桩号	路段类型
1	K38+000	K37+000	T_1
2	K37+000	K36+000	T_2
3	K36+000	K35+000	T_5
4	K35+000	K34+000	T_3
5	K34+000	K33+000	T_3
6	K33+000	K32+000	T_5
7	K32+000	K31+000	T_3
8	K31+000	K30+000	T_3

在得到每一路段各项二级指标得分(略)之后,根据路段类型,采用相应的权重,即可得到每一路段的交通设施安全性得分,如表 6.63 所示。

罗富高速公路者桑段下行线各路段交通设施安全性得分　　表 6.63

路段	1	2	3	4	5	6	7	8
得分	7.2	8.9	8.5	8.6	8.4	8.4	8.6	8.9

总体来看,该路段的主要问题是公路整体的养护状态不佳,标志标线、护栏及防眩植被方面的养护状态需要进行改进,以保证标志标线及防护设施的

有效性。此外，还存在标志的遮挡及标志信息量过于集中等问题，建议进行标志位置的移动及树木的修剪。总体建议如表6.64所示。

罗富高速公路者桑段下行线各路段交通设施总体建议　　　　表6.64

序号	建议	必要性
1	标志标线养护	必要
2	护栏设施养护	建议
3	路面整治	建议
4	标志位置调整	必要
5	植被修剪种植	必要

4. 自然环境评价

罗富高速公路者桑段处于亚热带季风气候，春温高于秋温，光热充沛，雨热同季，夏长冬短。据多年气象资料统计，年平均气温19.0～22.1℃，大于10℃，年积温6230～7855℃，全年无霜期330～363天，年平均日照1405～1889h，年平均降雨量1113～1713mm。

基于气象统计的方式记录整理了评价路段所在地区2011年气象资料，统计数据如表6.65所示。

罗富高速公路者桑段下行线气象统计　　　　表6.65

状态类型	暴雨	大雨	中雨	小雨和阵雨	雨夹雪	晴
持续时间(d)	1	24	20	133	2	185
状态评分	1	5	6	8.5	1	10

根据计算公式得到最终自然环境安全性指标计算结果：

$$NESI = \frac{10 \times 185 + 8.5 \times 133 + 6 \times 20 + 5 \times 24 + 1 \times 1 + 2 \times 1}{185 + 133 + 20 + 24 + 1 + 1} = 8.83$$

因此，罗富高速公路者桑段下行线自然环境安全性评价值为8.83。

5. 客观安全性评价结果

结合罗富高速公路者桑段下行线各路段相关指标的计算结果（表6.66），得到最终的客观安全性评价数据，如表6.67所示。

罗富高速公路者桑段下行线客观安全性分项指标　　　　表6.66

路段序号	起点桩号	结束桩号	线形指标	路面指标	交通设施指标	自然环境指标
1	K38+000	K37+000	8.733	8.76	7.2	8.83
2	K37+000	K36+000	6.458	8.69	8.9	
3	K36+000	K35+000	6.363	8.59	8.5	
4	K35+000	K34+000	7.077	8.08	8.6	
5	K34+000	K33+000	6.156	8.08	8.4	
6	K33+000	K32+000	7.987	8.27	8.4	
7	K32+000	K31+000	8.339	8.32	8.6	
8	K31+000	K30+000	8.344	9.02	8.9	

罗富高速公路者桑段下行线客观安全性评价结果　　　　表6.67

路段序号	起点桩号	结束桩号	线形指标
1	K38+000	K37+000	7.598
2	K37+000	K36+000	6.591
3	K36+000	K35+000	6.514
4	K35+000	K34+000	7.024
5	K34+000	K33+000	6.337
6	K33+000	K32+000	7.445
7	K32+000	K31+000	7.539
8	K31+000	K30+000	7.540

将罗富高速公路者桑段下行线的客观安全性评价结果与各分项指标进行比较，得到如表6.68、图6.14所示结果。

罗富高速公路者桑段下行线客观安全性评价比较结果　　　　表6.68

路段序号	起点桩号	结束桩号	OSI	OSI_0
1	K287+674.88	K287+000	7.598	7.598
2	K287+000	K286+000	6.591	6.591
3	K286+000	K285+000	6.514	6.514
4	K285+000	K284+000	7.024	7.024
5	K284+000	K283+000	6.337	6.337
6	K283+000	K282+000	7.445	7.445
7	K282+000	K281+000	7.539	7.539
8	K281+000	K280+000	7.540	7.540

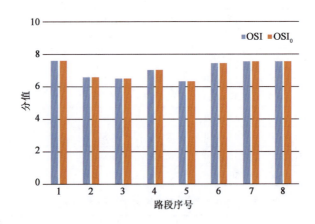

图 6.14 罗富高速公路者桑段下行线客观安全性分项指标

可以看出,各路段分值基本均在 7.0 以上,而路段 3、4 与 6 较整体低,接近 7,需及时采取养护管理措施,保证其公路安全性状态。其他路段分值均在 7.5 以上,同时分值较为统一,体现了较好的运营环境状态与稳定性,下一步的工作计划应放在进一步完善交通安全设施,并及时对路面状态进行观察,保证其良好的运营环境。

6.3.2.2 主观安全性评价

1. RRCV

各路段 RRCV 值如表 6.69 所示。

罗富高速公路者桑段下行线驾驶人时域指标数据　　表 6.69

路段序号	起点桩号	结束桩号	MRR	SDNN	RRCV
1	K38+000	K37+000	756	38.7	0.051
2	K37+000	K36+000	856	29.3	0.034
3	K36+000	K35+000	835	22.9	0.027
4	K35+000	K34+000	766	32.2	0.042
5	K34+000	K33+000	677	15.9	0.023
6	K33+000	K32+000	786	18.1	0.023
7	K32+000	K31+000	801	20.3	0.025
8	K31+000	K30+000	778	27.0	0.035

2. FT_{85}

各路段 FT_{85} 值如表 6.70 所示。

罗富高速公路者桑段下行线驾驶人注视行为参数数据　　表 6.70

路段序号	起点桩号	结束桩号	FT_{85}
1	K72+000	K71+000	0.102
2	K71+000	K70+000	0.174
3	K70+000	K69+000	0.345
4	K69+000	K68+000	0.334
5	K68+000	K67+000	0.327
6	K67+000	K66+000	0.365
7	K66+000	K65+000	0.246
8	K65+000	K64+000	0.115

3. TLX

各路段 TLX 值如表 6.71 所示。

罗富高速公路者桑段下行线脑力负荷 TLX 计算值　　表 6.71

路段编号	起点桩号	结束桩号	TLX
1	K38+000	K37+000	5.71
2	K37+000	K36+000	5.26
3	K36+000	K35+000	6.26
4	K35+000	K34+000	6.52
5	K34+000	K33+000	5.47
6	K33+000	K32+000	6.41
7	K32+000	K31+000	7.26
8	K31+000	K30+000	3.29

4. 主观安全性评价结论

应用道路主观安全性评价模型：

$$DSI = 0.023(1/RRCV) + 1.051 FT_{85} + 0.260 TLX$$

将以上各分项试验数据代入上式，计算结果如表 6.72 和图 6.15 所示。

罗富高速公路者桑段下行线驾驶人主观安全指数 DSI　　表 6.72

路段序号	起点桩号	结束桩号	RRCV	FT_{85}	TLX	DSI
1	K38+000	K37+000	7.598	7.598	7.598	2.04
2	K37+000	K36+000	6.591	6.591	6.591	2.22
3	K36+000	K35+000	6.514	6.514	6.514	2.83
4	K35+000	K34+000	7.024	7.024	7.024	2.59
5	K34+000	K33+000	6.337	6.337	6.337	2.75
6	K33+000	K32+000	7.445	7.445	7.445	3.05
7	K32+000	K31+000	7.539	7.539	7.539	3.06
8	K31+000	K30+000	7.540	7.540	7.540	1.64

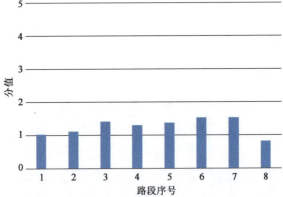

图 6.15　罗富高速公路者桑段下行线驾驶人主观安全指数 DSI

DSI 值越大,代表驾驶人主观安全性越低;相反,DSI 值越小,代表驾驶人主观安全性越高,通过表 6.72 中 DSI 值可以判断出各路段主观安全性的大小。根据图 6.15 中数据可以看出,主观安全性指标总体为 1~1.5,其中路段 3、5、6、7 的 DSI 取值较高,接近 1.5,说明这几个路段的驾驶人安全感受较低,运营环境让驾驶人产生一定的负荷。

6.3.2.3　主-客观安全性综合评价

将客观安全性评价结果及主观安全性评价结果代入计算公式,得到如表 6.73 和图 6.16 所示主-客观安全性综合评价结果。

罗富高速公路者桑段下行线主-客观评价结果　　　表6.73

路段序号	起点桩号	结束桩号	OSI	DSI	SOR
1	K38+000	K37+000	7.60	1.02	0.13
2	K37+000	K36+000	6.59	1.11	0.14
3	K36+000	K35+000	6.51	1.42	0.11
4	K35+000	K34+000	7.02	1.30	0.11
5	K34+000	K33+000	6.34	1.38	0.11
6	K33+000	K32+000	7.45	1.53	0.09
7	K32+000	K31+000	7.54	1.53	0.09
8	K31+000	K30+000	7.54	0.82	0.16

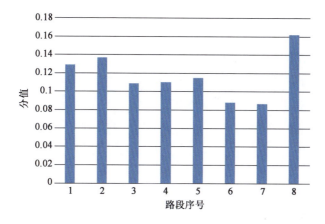

图6.16　罗富高速公路者桑段下行线主-客观评价结果

可以看出,罗富高速公路者桑段下行线的 SOR 指标基本均在 0.08~0.14之间,根据研究得到的标准,并通过85%位安全性系数的分析,可以得到以下结果:

①路段6、7为较为安全的路段,短期内不需要进行相关的安全性评价与整治,建议进行中期评价予以关注。

②路段3、4、5的 SOR 在 0.11 左右,为安全性水平中等路段,但安全性状态也不容乐观,需关注其公路养护管理状态,保证其路段的安全性水平得到有效维持。此外,建议提高公路安全性设施水平,进一步提高该路段的安全性。

③路段1、2、8的安全性问题较为突出,需尽快进行相对应的安全设施改善,如有条件则应进行道路线形方面的优化,结合道路标志标线及路侧护栏降低事故的发生率及发生事故后的严重程度。

结　　语

本书的结论主要概括为以下几个方面：

（1）从高速公路客观运营环境的组成因素分析出发，将高速公路客观运营环境分为公路线形特性、路面状态、交通设施状态及自然环境特性 4 个方面。根据这些不同因素的特性建立相对应的评价方法及评价指标，并分析其组成关系，最终提炼出综合性的客观环境评价指标，用于对高速公路客观运营环境进行安全性评价，并给出参考标准。

（2）从高速公路用户感知测试的指标及特性出发，对常用生理心理测量方法进行了试验与敏感性分析，确定了能够用于进行高速公路主观安全性评价的试验类型与测试指标。研究分析确定采用心率变异系数 RRCV、85 位注视时间 FT_{85} 与量表负荷指数 TLX 这 3 类指标相组合的方式构建道路用户主观安全性感知指标，并采用主成分分析法建立指标之间的权重关系及最终的计算方式。利用这一指标，对高速公路自由流路段、非自由流路段及不良气象环境下高速公路用户主观安全性感知特征进行计算及分析，得到不同运营环境下的用户生理心理特性及指标变化规律。在此基础上，研究设计了高速公路行车风险的基本模式和结构，确定了评价行车风险的方法与所采用的指标。

（3）从高速公路主观安全性与客观安全性关系出发，分析两种安全性的变化对高速公路实际安全状态的影响及发展规律。同时，提出 3 类用于评价高速公路运营安全性的事故率分析指标，对不同指标的特性及应用方法进行研究与分析，并结合主-客观安全性研究成果提出了相对应的风险阈值。在此基础上，对高速公路的养护管理指标进行分析，提出基于高速公路主-客观安全性的养护管理指标及评价方法。

（4）从高速公路安全性评价的周期出发，确定不同周期的类型及评价内容，对交通设施及路面两个方面的高速公路客观安全性动态影响因素进行养护管理内容的设计。在此基础上，研究分析了高速公路运营风险的主要概念和驾驶安全性阈值，并针对高风险路段设计静态改善对策与动态改善对策，得到基于两种不同类型及特性的高速公路改善对策与管理模式。最后提出了改善措施后评价方法的分析与研究,确定了改善后安全评价的方法及采用的指标,并对改善效果水平进行了分级。

本书的主要创新点归结为以下三点:

(1)详细完整地对高速公路客观运营环境进行了分析与研究,提炼出基于多方面因素的客观环境安全性评价指标,并在此基础上进行了计算与分析,得到了相对应的评价方法和参考标准。

(2)对高速公路驾驶人的主观安全性评价指标进行了试验与分析,并在国外研究成果的基础上,进一步对高速公路客观环境作用与公路驾驶人主观感受以及高速公路最终的运营安全性状态的内在联系及关系进行了分析与研究,得到了相对应的基于主-客观运营风险的评估模型及养护管理指标。

(3)对高速公路安全性评价的整体进行了研究与分析,提出了基于不同安全性评价周期的安全性评价内容及相对应的标准,构建了较为成熟与完整的安全性评价体系,可为今后高速公路安全性评价工作提供参考材料。

随着我国公路建设进程的发展,高速公路的安全性评价将成为高速公路建设的重要组成部分之一,同时也不再只局限于科学研究,而将会更多地应用于工程实践。本书基于高速公路主-客观安全性,并特别针对山区高速公路的运营安全及运营风险,通过建立主观安全性、客观安全性评价模型,以及相对应的判别标准,提出了高速公路运营风险计算方法,以及相对应的运用规则。

本书可为今后国内高速公路运营管理及安全性评价提供理论参考及设计经验。但应认识到,目前的研究结论更多地偏向于理论与试验研究,存在一定的局限性。受到数据规模及工程应用规模的限制,各项计算指标及影响因素可能会因道路、环境的不同而有所差异,其成果应用也有一定的局限性;同时,随着道路材料及汽车技术的发展,车辆的性能在不断改善,模型理论中的部分参数可能与今后实践中的数据存在偏差。因此,本书研究成果还需要不断地更新和完善,以减小与实际应用的差距,并进一步开展工程实践,为指导实际工作提供更有力、更翔实的依据。

参考文献

[1] 郭忠印,方守恩.道路安全工程[M].北京:人民交通出版社,2002.

[2] 张丽君.灾害性天气高速公路行车控制标准研究[D].上海:同济大学,2006.

[3] 冯民学,顾松山,卞光辉.高速公路浓雾监测预警系统[J].中国公路学报,2004,17(3):92-97.

[4] 于泉,任福田.山东省高速公路监控系统中主线可变限速值程序设计[J].公路交通科技,2004,21(4):83-85.

[5] 隽志才,姚宏伟,朱泰英,等.高速公路可变限速系统的社会经济影响评价[J].公路交通科技,2004,21(5):104-108.

[6] 姚丽亚,魏连雨,李春宝.区域路网中交通事件影响范围及诱导分析[J].河北工业大学学报,2005,34(2):24-27.

[7] DIAL R,GLOVER F,KARNEY D,et al. A computational analysis of alternative algorithms and labeling techniques for finding shortest path trees[J]. Network,1979,25(3):215-248.

[8] 杨晓光.基于ITS的高速公路紧急救援管理系统研究[J].上海公路,2002(1):4-8.

[9] 张小东,高建平,孔令旗.高速公路连续长下坡路段行车安全分析[J].山东交通科技,2005(01):17-19.

[10] 樊军,柳本民,郭忠印,等.公路重大交通基础设施哑铃型路网构网算法[J].同济大学学报(自然科学版),2007(04):481-485.

[11] 刘伟铭,管丽萍,尹湘源.基于决策树的高速公路事件持续时间预测[J].中国公路学报,2005(01):103-107.

[12] 张小东.高速公路出入口区域安全性分析[D].上海:同济大学,2005.

[13] 撒元功,胡郁葱,徐建闽.高速公路动态交通流的神经网络模型[J].华南理工大学学报(自然科学版),2002(08):91-94.

[14] 郭寒英,石红国.突发事件下路网运行时间可靠性研究[J].公路交通科

技,2005(08):102-105.

[15] 姚裕春,姚令侃,王元勋.山区道路灾害及环境影响分析[J].灾害学,2004(01):18-22.

[16] 郭云开,王钦,彭文澜.高速公路生态环境的遥感评价[J].公路与汽运,2008(03):137-139.

[17] 李宁,黄树青,顾卫,等.红外热像仪在公路小气候监测中的应用[J].公路交通科技,2006(09):154-158.

[18] KHOURY G A, MOLAG M. Actual time tunnel safety—A new approach[J]. Tunnels and Tunnelling International,2005,37(7):46-48.

[19] O'CONNOR J S. Bridge safety assurance measures taken in New York State[J]. Transportation Research Record,2000(1):187-192.

[20] DHAKAL R P. Financial risk assessment methodology for natural hazards[J]. Bulletin of the New Zealand Society for Earthquake Engineering,2006,39(2):91-105.

[21] RAHARDJO H, LI X W, TOLL D G, et al. The effect of antecedent rainfall on slope stability[J]. Geotechnical and Geological Engineering,2001,19(3-4):371-399.

[22] 吕能超,王玉刚,周颖,等.道路交通安全分析与评价方法综述[J].中国公路学报,2023,36(04):183-201.

[23] 陈富坚,郭忠印,陈富强,等.公路平曲线半径的可靠性设计[J].哈尔滨工业大学学报,2012,44(04):100-104.

[24] 陈富坚,郑峰,徐培培.基于货车制动安全的公路长大下坡可靠性设计方法[J].北京工业大学学报,2017,43(07):1100-1107.

[25] 赵仕林.山区公路交通安全设施组合方案效用研究[D].昆明:昆明理工大学,2022.

[26] 赵成涛.城郊地区高等级道路安全评价体系研究[D].天津:河北工业大学,2022.

[27] 程瑞,盘烨,代军吉,等.公路路侧事故风险评估与路侧安全设计研究综述[J].中国安全科学学报,2023,33(09):214-226.

[28] 陈坚,邱智宣,彭涛,等.建成环境对城市交通事故严重程度影响研究

[J]. 重庆交通大学学报(自然科学版),2023,42(03):105-111+150.
[29] KUMAR S,TOSHNIWAL D. Severity analysis of powered twowheeler traffic accidents in Uttarakhand,India[J]. European Transport Research Review,2017,9(2):1-10.
[30] 陶达,黄玉勇,吴玉卓,等.长时驾驶任务中脑力负荷多维特征变化趋势研究[J].中国公路学报,2023,36(11):456-464.
[31] 李雪玮,赵晓华,黄利华,等.桥形标复杂度对驾驶人脑电认知特性的影响机理[J].西南交通大学学报,2021,56(05):913-920.
[32] 关伟,杨柳,江世雄,等.脑电在交通驾驶行为中的应用研究综述[J].交通运输系统工程与信息,2016,16(03):35-44.
[33] 刘建蓓,马小龙,张志伟,等.基于心电分析的青藏高原驾驶人疲劳特性[J].交通运输工程学报,2016,16(04):151-158.
[34] 陶达,黄玉勇,吴玉卓,等.长时驾驶任务中脑力负荷多维特征变化趋势研究[J].中国公路学报,2023,36(11):456-464.